Gouvernance et développement humain

Volume 1

IUA Institut Universitaire d'Abidjan
01BP 12159 Abidjan 01, Tél. 22 42 22 65 / 07 23 18 62 / 05 23 52 35, Fax: 22 42 27 24
www.iuaci.org
DEPARTEMENT DE SCIENCE POLITIQUE

Revue Ivoirienne de Gouvernance et d'Etudes Stratégiques (RIGES)

La **Revue Ivoirienne de Gouvernance et d'Etudes Stratégiques (RIGES)** est le fruit d'une collaboration entre le Département de science politique de l'**Institut Universitaire d'Abidjan (IUA)** et les Editions **L'Harmattan – Côte d'Ivoire**. La RIGES se veut un support de publication d'articles originaux et de très bonne qualité scientifique portant aussi bien sur des thématiques de gouvernance nationale que sur des questions relavant de la gouvernance mondiale. S'il est indéniable que cette revue a germé dans un département de science politique, elle ne saurait être perçue comme une plate-forme de publication exclusivement réservée aux politologues et autres politistes. La RIGES s'inscrit résolument dans une perspective transdisciplinaire et offre même l'opportunité aux chercheurs de Côte d'Ivoire et d'ailleurs de publier des travaux en langues étrangères (Anglais, Allemand, Espagnol, etc.). Par conséquent, elle encourage vivement la soumission de travaux émanant de toutes les disciplines-sœurs des sciences sociales et des humanités.

En termes de périodicité, la RIGES est une revue semestrielle dont le premier numéro paraîtra en mai et le deuxième en décembre de chaque année académique. Elle dispose, en outre, d'un comité de rédaction et d'un comité scientifique composé d'enseignants de rang magistral ivoiriens et étrangers dont la notoriété scientifique est plus qu'établie. Botiagne Marc Essis, Directeur du Département de science politique de l'Institut Universitaire d'Abidjan (IUA), est le Directeur de publication de la RIGES. Chaque numéro de la RIGES comportera un éditorial, un dossier thématique et une rubrique éclectique (*varia*). Les prescriptions typographiques et autres recommandations aux auteurs retenues par la RIGES seront déclinées dans un document qui fera ultérieurement l'objet de diffusion.

Abidjan, le 02 mars 2016

Dr. Botiagne Marc ESSIS

Directeur de Département

Revue Ivoirienne de Gouvernance
et d'Études Stratégiques

GOUVERNANCE
ET DEVELOPPEMENT HUMAIN

Volume 1
Sociologie politique
et développement humain

L'Harmattan

5-7, rue de l'École-Polytechnique ; 75005 Paris
http://www.editions-harmattan.fr
ISBN : 978-2-343-10886-5
EAN : 9782343108865

SOMMAIRE

ÉDITORIAL

Ainsi que propulsé par Armatya Sen, lauréat du Prix Nobel d'économie 1998, philosophe et économiste d'origine indienne, le concept du développement humain est parvenu à s'imposer comme un concept consubstantiel à celui de gouvernance. Ainsi, le succès de toute initiative de gouvernance est assujetti à la rigoureuse prise en compte de la variable qualitative qu'est le développement humain. Toute chose qui a donc motivé le choix de la thématique *GOUVERNANCE ET DÉVELOPPEMENT HUMAIN* pour ce tout premier numéro de la *Revue Ivoirienne de Gouvernance et d'Études Stratégiques* (RIGES). Les contributions enregistrées par ce numéro s'articulent globalement autour de la sociologie politique, de la gouvernance sectorielle – sécurité, santé, mines, tourisme – et de la gouvernance locale.

Les contributions relevant de la sociologie politique ont été proposées par Yédoh Sébastien Lath, Patrizio Transcende, Botiagne Marc Essis, Gnamien Kouamé Pascal, Ayewa Noël Kouassi, Kouakou Laurent Assouanga et Agba Yoboué Kouadio Michel (**volume 1**). Dans sa contribution touchant spécifiquement à la sociologie électorale en Afrique, Yédoh Sébastien Lath voit dans les élections organisées depuis l'avènement du multipartisme le déterminant même de la consolidation de la démocratie en Afrique. Il prend, toutefois, soin de relever que dans certains contextes, elles ont donné lieu à des dérives. Quant à la contribution de Patrizio Transcende, elle s'inscrit beaucoup plus dans le cadre de la gouvernance mondiale et considère les crises économiques actuelles comme étant la résultante de la défense des intérêts des oligarchies financières. Toute chose qu'il identifie comme étant la véritable entrave au développement humain dans le contexte actuel de la mondialisation. Ce constat le fonde donc à en appeler à un renouvellement, voire à un recadrage normatif du concept d'État. Botiagne Marc Essis s'est, de son côté, intéressé à la sociologie politique de la Côte d'Ivoire, plus spécifiquement à démocratie et à la gouvernance telles que vécues par les Ivoiriens consécutivement à la crise postélectorale. Il en est arrivé à la conclusion que la représentation politique, la participation politique, la délibération politique et la coopération politique y sont suboptimales, tandis que la gouvernance y souffre d'un certain nombre d'incohérences et d'inefficience. Il en est arrivé à recommander la prise en compte de la consanguinité programmatique entre les concepts de démocratie et de gouvernance en vue de la promotion du développement humain en Côte d'Ivoire. Gnamien Kouamé Pascal s'est, lui, appesanti sur la gouvernance électorale en Côte d'Ivoire. Plus spécifiquement, il a procédé à une évaluation de la culture numérique chez les Ivoiriens. Il considère, en effet, la culture numérique comme étant le déterminant du succès ou non de l'introduction du vote électronique en Côte d'Ivoire. Quant à la contribution d'Ayewa Noël Kouassi, elle voit en la diversité linguistique un pertinent vecteur de promotion du développement durable, contrairement à une vision afro-pessimiste qui y voit un facteur inhibitif aux efforts de développement. Kouakou Laurent Assouanga impute, pour sa part, la détérioration du climat politique en Côte d'Ivoire à une conjugaison de facteurs tels que les inimitiés entre leaders politiques, l'instrumentalisation des dignitaires religieux et traditionnels ainsi que l'immixtion des organisations de la société civile dans le jeu politique. Enfin, convaincu de l'impact gouvernantiel de l'épistémologie ainsi que des approches pédagogiques qu'elle a vu naître, Agba Yoboué Kouadio Michel s'évertue à faire percevoir la pertinence de la Pédagogie par Objectifs pour une société en développement telle que la Côte d'Ivoire ; restituant ainsi toute la pertinence de cette approche en termes d'efficiente dissémination du savoir et donc de développement humain.

Quant aux contributions touchant à une déclinaison sectorielle particulière de la gouvernance, elles ont été proposées par Prégnon Claude Nahi, Guipié Gérard Eddie, Bamba Ladji, Sanogo Yanourga Moussa, Ouffoué Allomo Marina ainsi que par le collectif Bissou Guikahué Daniel, Koffie-Bikpo Céline Yolande et Aphing-Kouassi Germain (**volume 2**). La contribution de Prégnon Claude Nahi touche à la gouvernance sécuritaire en Afrique et fait un constat d'inefficacité des reformes des systèmes de sécurité. Toute chose que l'auteur impute aux dysfonctionnements structurels, institutionnels et politiques auxquels fait face le continent africain. S'inscrivant aussi dans la gouvernance sécuritaire, Guipié Gérard Eddie salue la réaction des autorités ivoiriennes consécutivement aux attaques de Grand-Bassam. S'appuyant sur cette expérience, il considère que la réponse sécuritaire apportée par les pouvoirs publics ivoiriens face à la montée en puissance du takfirisme armé est adéquate, même s'il y a des efforts additionnels à fournir. Quant à la contribution de Bamba Ladji, elle se préoccupe de cerner les déterminants de la recrudescence de la cybercriminalité et son corolaire de recours au mysticisme chez les jeunes d'Abidjan. Entre autres facteurs, cette contribution identifie clairement la fascination du gain facile et la dépravation des mœurs comme étant les principaux catalyseurs de ce phénomène de société. Abordant la problématique de la gouvernance hospitalière et médicale en Côte d'Ivoire, Sanogo Yanourga Moussa fait le constat d'une malgouvernance, elle-même, liée à la corruption et au laxisme. Il recommande le scrupuleux recours à la Constitution comme gage d'équité gouvernantielle dans ce secteur. Ouffoué Allomo Marina s'est, elle, félicitée des réformes initiées dans le secteur de l'extractif en Côte d'Ivoire. Saluant particulièrement l'adoption de la loi No 2014-138 du 24 mars 2014 portant Code minier en Côte d'Ivoire, elle a, tout de même, déploré l'inefficience qui plombe quelque peu ce secteur. Enfin, la contribution de Bissou Guikahué Daniel et al. a levé un coin de voile sur les insuffisances inhérentes à la gouvernance touristique dans la Région du Sud-Comoé en Côte d'Ivoire.

À côté de cela, les contributions s'inscrivant dans le cadre de la gouvernance locale ont été fournies par Gogbé Téré et Kobénan Appoh Charlesbor, par le collectif Gogbé Téré, Kouassi N'guessan Gilbert, Touré Mamoutou et Aka Assalé Félix, ainsi que par le collectif Konan Kouamé Hyacinthe, Diomandé Gondo et Kra Kouadio Joseph (**volume 2**). Pour Gogbé Téré et Kobenan Appoh Charlesbor, l'Université Félix Houphouët-Boigny est clairement parvenue à se positionner comme un véritable acteur de développement dans la ville d'Abidjan. Et ce, de par sa démographie et son implication dans l'animation socio-culturelle de la capitale ivoirienne. Quant à la contribution de Gogbé Téré et al., elle se focalise sur la problématique de l'occupation anarchique de la voierie à Adjamé du fait du commerce informel. Toute chose qui compromet gravement la structuration de l'espace ; enjeu majeur inhérent à toute politique d'urbanisation. *Last but not least*, la contribution de Konan Kouamé Hyacinthe et al. lève un coin de voile sur les tenants et les aboutissants des conflits agriculteurs-éleveurs dans la Sous-préfecture de Sohouo dans le Nord de la Côte d'Ivoire, touchant ainsi du doigt une thématique majeure de la gouvernance locale en Côte d'Ivoire. Les auteurs voient en la promotion de l'élevage intensif la solution durable à ces conflits qui sont, à l'évidence, un obstacle aussi bien à la gouvernance qu'au développement humain.

Enfin, la rédaction de cet éditorial m'offre une belle opportunité d'exprimer toute ma gratitude à tous ceux et celles qui, d'une manière ou d'une autre, ont contribué à porter la RIGES sur les fonts baptismaux. Je pense tout particulièrement au Prof. Francisco MELEDJE DJEDJRO, au Prof. Nadine MACHIKOU, au Prof. Paul GHILS, au Prof. Roch YAO GNABELI, au Prof. Paul ANOH, au Prof. Abraham GADJI et au Prof. Yédoh Sébastien LATH. Qu'il me soit, par-delà, permis de remercier tous ceux qui ont spontanément accepté de faire partie du comité scientifique et du comité de rédaction de la RIGES.

Botiagne Marc ESSIS

Directeur de publication

LES ÉLECTIONS PLURALISTES EN AFRIQUE. UNE ANALYSE ILLUSTRATIVE DE LA DIALECTIQUE ENTRE CRISE POLITIQUE ET COHÉSION SOCIALE DANS LES PROCESSUS ÉLECTORAUX[1]

Yédoh Sébastien LATH
lath_yedo@yahoo.fr
Maître de Conférences Agrégé des Facultés de droit
Directeur du Laboratoire d'Études Constitutionnelle, Administrative et Politique (LECAP)
Université Félix Houphouët-Boigny de Cocody (ABIDJAN)

Résumé

Depuis le déclenchement du processus démocratique dans les années 1990, la tenue des élections pluralistes revêt une double physionomie. On peut ainsi distinguer les élections de transition ou d'ouverture démocratique et les élections de consolidation démocratique. Si la généralisation des élections de transition s'offre comme l'expression de la démocratisation, celles-ci conduisent dans certains cas à des dérives pouvant à l'extrême entraîner des crises politiques. Cependant, dans quelques États, des scrutins sont régulièrement organisés dans des conditions démocratiquement acceptables ; les élections pluralistes entrent alors progressivement dans les mœurs politiques en se présentant comme un facteur de renforcement du lien social et de stabilité politique. Cette étude tend alors à relever les vertus de l'élection dans la dynamique de démocratisation des États d'Afrique. Mais, elle s'attèle à mettre par

[1] Cette étude date de 2009. Elle avait été proposée pour paraître à « la revue de science politique », qui devait paraître dans le cadre du projet de création d'un Laboratoire de science politique initié par le Professeur Lanciné SYLLA, Professeur à l'UFR Sciences de l'Homme et de la Société (à la retraite), Doyen Honoraire de l'ex-Faculté des Lettres, Arts et Sciences Humaines (FLASH). Le projet n'ayant pas abouti pour des raisons diverses, notamment le départ à la retraite du Professeur Lanciné SYLLA, la présente étude n'a donc pu être publiée. Nous la proposons à la Revue Ivoirienne de Gouvernance et d'Etudes Stratégiques (RIGES) en honneur du Professeur Lanciné SYLLA ; ce grand Maître, Précurseur de la science politique en Côte d'Ivoire, qui a été membre de mon Jury de Thèse et qui m'a communiqué le goût des études politiques.

ailleurs en évidence, par une analyse illustrée d'expériences vécues et de pratiques observées, les conséquences néfastes des dérives électoralistes sur l'ordre démocratique et la cohésion sociale.

Mots-clés

Afrique – Élections – Pluralisme – Crises

INTRODUCTION

L'élection politique est au centre de tout système de gouvernement pratiquant la démocratie représentative[2]. S'inscrivant dans cette orientation, les systèmes constitutionnels africains de l'ère démocratique accordent une place de choix au processus électoral[3]. Cela, dans la mesure où l'élection valorise l'accès au pouvoir d'État par la voie démocratique[4].

Depuis leurs accessions à l'indépendance, les États africains connaissent des processus électoraux leur permettant d'assurer périodiquement la consultation des citoyens et la désignation des dirigeants politiques. Toutefois, d'une façon générale, les élections des premières années de la période post-indépendance organisées dans le cadre des systèmes de parti unique s'inscrivaient dans un contexte unanimiste et exclusionniste[5] peu favorable à la démocratie concurrentielle[6]. Il n'existait aucune liberté dans la présentation des candidatures ; même les élections législatives étaient organisées sous l'autorité du parti-État[7].

Face à cette situation, dans les années 1990, des mécontentements vont s'élever progressivement et se généraliser par l'effet de la mobilisation collective regroupant aussi bien des forces de la société civile[8] que politique[9]. Ce mouvement de contestation démocratique[10]

---

[2] Rafaâ Ben ACHOUR, Jean GICQUEL, Slobodan MILACIC : (sous la dir. de), *La démocratie représentative devant un défi historique*, Bruylant, Bruxelles, 2006.

[3] André CABANIS et Michel LOUIS MARTIN, *Les Constitutions d'Afrique francophone, Evolutions récentes*, Editions Karthala, Paris, 1999 ; Augustin LOADA et Luc M. IBRIGA, *Droit constitutionnel et institutions politiques*, PADEG, Burkina-Faso, 2007.

[4] Jean-Claude MASCLET, *Droit électoral*, 1ère édition, Puf, Paris, 1989.

[5] Dmitri Georges LAVROFF, *Les systèmes constitutionnels en Afrique noire*, Editions A. Pedone, Paris, 1976 ; Maurice-Pierre ROY, *Les régimes politiques du tiers monde*, LGDJ, Paris, 1977.

[6] Pierre-François GONIDEC, *Les systèmes politiques africaines*, 2ème édition, LGDJ, Paris, 1978.

[7] Francis Vangah WODIE, *Institution politique et droit constitutionnel en Côte d'Ivoire*, PUCI, Abidjan, 1996 ; Joseph OWONA, *Droit constitutionnel et régime politique africains*, Berger-Levrault, Paris, 1985.

[8] Célestin MONGA, *Anthropologie de la colère : société civile et démocratie en Afrique noire*, l'Harmattan, 1994 ; Joseph-Louis HOUNTON, « Rôle de la société civile dans le soutien du processus démocratique », *Afrique Démocratie et Développement*, n°011, 1996, p. 83 à 84.

est conforté par le nouveau contexte international, marqué par la fin de la guerre froide et le discours de la Baule[11], qui fait des élections pluralistes une conditionnalité de l'aide publique au développement octroyée aux États africains par les bailleurs de fonds occidentaux[12].

L'avènement des élections pluralistes reste par conséquent lié à l'instauration du multipartisme dans les systèmes constitutionnels africains et au renouveau du constitutionnalisme. Il marque ainsi la fin de la démocratie consensuelle ou unanimiste reposant sur le système du parti unique.

Cependant, s'il est vrai que les processus électoraux du début des années 1960 se sont caractérisés par le règne du parti unique dans la majorité des États africains, le fait est que quelques-uns se sont inscrits dans l'exception. Il est, par conséquent, inexact de considérer l'Afrique comme un bloc monolithique où le parti unique a régné sans partage. En effet, déjà en 1985, on comptait une dizaine d'Etats africains à régime politique pluripartite, soit plus du cinquième des pays du continent. Parmi ceux-ci, citons : le Maroc, le Sénégal, la Gambie, la Tunisie, l'Égypte, le Soudan, les îles Maurice, les Seychelles, le Zimbabwe, le Botswana[13]. C'est en cela que le Doyen Ibrahima FALL s'insurge contre la forte sympathie et les clameurs publiques dont l'avènement du multipartisme a fait l'objet de la part

---

[9] Jean-Pascal DALOZ et Patrick QUANTIN, *Transitions démocratiques africaines*, Editions Karthala, Paris, 1997. Voir également, ZAHIR FARES, *Afrique et Démocratie*, L'Harmattan, Collection « Afrique 2000 », Paris, 1993 ; Francis AKINDES, « Les transitions démocratiques à l'épreuve des faits - Réflexion à partir des expériences des pays d'Afrique noire francophone », *in* : Christine DESOUCHE (sous la dir. de), *Bilan des Conférences nationales et autres processus de transition démocratique*, Acte de la Conférence régionale africaine préparatoire (IVe Conférence internationales sur les démocratie nouvelles ou rétablies), Organisation Internationale de la Francophonie, Paris, 2000 ; J.-B. Kuassi MONKOTON, « Une nouvelle voie d'accès au pluralisme politique : la conférence nationale souveraine », *Afrique 2000*, VII, p. 41-53.

[10] Jérôme LAFARGUE, *Contestation démocratique en Afrique, Sociologie de la protestation au Kenya et Zambie*, KARTHALA – IFRA, 1996.

[11] Yves Ekoué AMAÏZO, « Après la Baule : la « démocrafricaine » ou l'interdépendance inachevée », *Revue Générale de stratégie*, AGIR, 2001.

[12] Arsène-Joël ADELOUI, *Transitions démocratiques et coopération au développement. Approche comparative Bénin, Mali, Niger et Togo*, Thèse de Doctorat, Chaire UNESCO des droits de la personne et de la démocratie, Université d'Abomey-Calavi (Bénin).

[13] Keith PANTER-BRICK, « Trois exceptions à la règle: le multipartisme à Maurice, au Botswana et au Nigeria », *in* Gérard CONAC (sous la dir. de), *L'Afrique en transition vers le pluralisme politique*, Economica, Paris, 1993.

des spécialistes de droit constitutionnel et de science politique sans que ceux-ci n'aient retenu suffisamment leur attention sur l'évolution du parti unique au multipartisme[14].

En effet, " [tout se passe encore aujourd'hui, comme si, jusqu'aux événements de 1989 qui ont bouleversé le paysage socio-politique des pays de l'Europe centrale et de l'Est, l'Afrique s'était trouvée dans une situation figée, marquée par le règne sans partage d'un système monopartisan, clos, rigide et antidémocratique, et comme si les récentes mutations en Europe étaient les clefs d'explication du vent de multipartisme qui secoue actuellement de très nombreux États africains"[15]. Outre qu'une telle image est inexacte, elle passe sous silence le phénomène de libéralisation socio-politique progressive qu'a connu l'Afrique[16]. Du monopartisme intégral, on est passé au monopartisme aménagé, puis au multipartisme limité, avant d'en venir au multipartisme intégral[17].

L'Afrique avait donc amorcé une marche lente, mais sûre vers la démocratie pluraliste à sa façon. Toutefois, il est incontestable que les années 1990 ont été marquées par l'émergence d'une nouvelle ère avec des données nouvelles : la généralisation d'un processus démocratique fondé sur le libéralisme politique. Cette étape de l'évolution politique des États africains va impulser une nouvelle dynamique dans le processus de dévolution du pouvoir en favorisant l'institutionnalisation du pluralisme électoral.

Au demeurant, si la pratique des élections pluralistes s'est généralisée à l'ensemble des États africains, elle a cependant été marquée à la fois par des dérives qui tendent à troubler les acquis démocratiques. Bien plus, dans certains États, les élections pluralistes ont entraîné des crises chaotiques conduisant à l'extrême à une fragilisation du système politique ou même du système de la

---

[14] Ibrahim FALL, « Esquisse d'une théorie de la transition : du monopartisme au multipartisme en Afrique », *in* Gérard CONAC (sous la dir. de), *L'Afrique en transition vers le pluralisme politique*, Economica, Paris, 1993.

[15] Ibrahim FALL, *idem*.

[16] Lanciné SYLLA, « La gestion démocratique du pluralisme socio-politique en Afrique. Deux modèles : démocratie concurrentielle et démocratie consociationnelle », *Annales de l'université d'Abidjan*, Tome XII, ethnosociologie 1984, p. 27 et s.

[17] Ismaïla Madior Fall, *Évolution constitutionnelle du Sénégal : de la veille de l'indépendance aux élections de 2007*, CREDILA, CREPOS, Dakar, 2007, 181 p. ; Abdou Latif COULIBALY, *Le Sénégal à l'épreuve de la démocratie. Enquête sur 50 ans de lutte et de complots au sein de l'élite socialiste*, L'Harmattan, Paris, 1999, 294 p.

représentation nationale. S'agit-il de simples crises de croissance résultant de la gestation d'une nouvelle ère démocratique ou de crises congénitales liées à l'inadaptation du pluralisme électoral aux sociétés politiques africaines ? Ce qui laisserait entrevoir un certain reflux du processus démocratique.

En tout état de cause, le mouvement de démocratisation des États africains, à l'ère du multipartisme, donne d'observer deux modalités dans la tenue des élections pluralistes. Dans les premiers moments du déclenchement du processus démocratique, les élections pluralistes tendaient à assurer une ouverture démocratique **(I)**. Ce mouvement va conduire progressivement dans quelques États à une consolidation du processus démocratique **(II)**.

I. LES ELECTIONS PLURALISTES DE TRANSITION OU D'OUVERTURE DEMOCRATIQUE

Dans le contexte politique des années 1990, les élections pluralistes ont pris une importance particulière. Cela dans la mesure où elles constituaient le pilier de la démocratisation du système de la représentation des populations longtemps abusées par des gouvernants auto-proclamés ou élus par des procédés pseudo-démocratiques[18]. Ainsi, les élections de transition s'offrent comme l'expression de la dynamique démocratique (A). Cependant, elle conduit, dans certains cas, à des dérives politiques (B).

A. La généralisation des élections pluralistes, expression de la démocratisation

Suite à la consécration du libéralisme politique, les élections pluralistes s'offrent davantage comme le levier de la démocratisation des États d'Afrique. Cela d'autant plus qu'elles restituent aux citoyens leur droit politique fondamental : celui de participer à la gestion des affaires publiques en désignant leurs représentants. Par conséquent, les gouvernants n'exercent pas un pouvoir personnel, mais plutôt une charge publique qui leur impose certaines obligations, notamment celle de gouverner et de répondre du mandat qui leur a été confié par

[18] Francis Vangah WODIE, « Régimes militaires et constitutionnalisme en Afrique », *Penant*, 1990, p.195 et s.

le peuple[19]. On peut dès lors comprendre à quel point l'avènement du pluralisme électoral s'avère indispensable à l'essor démocratique des États africains.

Il ne peut en être autrement dans la mesure où la généralisation des élections pluralistes marque une rupture avec le système du parti unique. Ce qui met fin à la pratique des élections non concurrentielles(1) et ouvre la voie à la compétition électorale(2).

1. La fin des élections non concurrentielles

Le principe d'élections pluralistes, libres et honnêtes a fait l'objet d'une consécration internationale et même nationale. La consécration internationale de ce principe cardinal de la démocratie libérale résulte aussi bien de l'apport important de certains instruments universels[20] que des conventions et chartes régionales relatives aux droits de l'homme[21]. Par ailleurs, au plan national, les différentes constitutions

[19] Voir notre étude, « La "représentation" des citoyens dans les systèmes politiques contemporains », *Débats Courrier d'Afrique de l'Ouest*, n°29 - Novembre 2005, p.15 à 20.

[20] L'article 21 de la Déclaration universelle des droits de l'homme adoptée et proclamée par l'Assemblée générale des Nations Unies dans sa résolution 217A du 10 décembre 1948 et les articles 1 et 25 du Pacte international relatif aux droits civils et politiques consacrent le droit de participation des citoyens aux affaires publiques. Par ailleurs, plusieurs textes postérieurs viennent consolider la consécration du principe d'élections pluralistes, libres et honnêtes. Il s'agit de la Résolution 43/157 du 8 décembre 1988, intitulé "Renforcement de l'efficacité du principe d'élections périodiques et honnêtes", adoptée sans vote par l'Assemblée générale des Nations Unies. Par ailleurs, depuis sa 49e session, l'Assemblée générale adopte régulièrement des résolutions relatives à l'appui du système des Nations Unies à la promotion et à la consolidation des nouvelles démocraties ou démocraties rétablies. Ces différentes résolutions sont d'ailleurs à l'origine des conférences internationales tenues à manille en 1988, à Managua en juillet 1994, à Bucarest en septembre 1997, à Cotonou en décembre 2000 et à Oulan Bator (Mongolie), le 12 septembre 2002, sur la consolidation des démocraties nouvelles ou rétablies.

[21] Les principes de la démocratie électorale sont consacrés par les différentes conventions régionales en matière des droits de l'homme. D'abord, la Convention européenne des droits de l'homme du 4 novembre 1950 dispose dans l'article 3 du protocole (additionnel) n°1: « *les Hautes parties contractantes s'engagent à organiser, à des intervalles raisonnables, des élections libres au scrutin secret, dans des conditions qui assurent la libre expression de l'opinion du peuple sur le choix du corps législatif*". Ensuite, la Convention interaméricaine des droits de l'homme de 1969 prescrit que *"1- tous les citoyens doivent jouir des droits et facultés ci-après énumérés : a- de participer à la direction des affaires publiques, (...); b- d'élire ou d'être élu dans le cadre de consultations périodiques authentiques, (...); c- d'accéder, à égalité de conditions générales, aux fonctions publiques de leur pays...*

des États d'Afrique s'attachent à consacrer le droit de suffrage comme un droit fondamental des citoyens sous la poussée de l'institutionnalisation du pluralisme politique[22].

Lorsqu'on parle des élections non concurrentielles en Afrique, il convient d'apporter quelques précisions liées à l'évolution politique des États africains. D'abord, historiquement et traditionnellement, l'élection au suffrage universel n'a pas toujours été utilisée dans le processus de désignation des gouvernants en Afrique ; c'est un procédé récent lié au système colonial. Ensuite, il convient de relever que, d'une façon générale, l'avènement des élections concurrentielles dans les Etats de l'Afrique indépendante trouve ses plus apparentes manifestations dans les années 1980[23].

Par contre, les élections au suffrage universel sont apparues sur le continent africain pendant la période coloniale[24], et plus particulière en ce qui concerne les territoires sous colonisation française à la suite de l'intervention de la loi-cadre de 1956. Il s'agit donc d'un "phénomène relativement neuf, tributaire d'un système de pensée, d'une conception de l'organisation politique étrangère au départ à ce continent, mais récupéré et proprement subvertie dans le combat pour l'indépendance"[25]. C'est en cela que l'évolution politique des États africains vers les systèmes du parti unique, à la suite de l'accession à l'indépendance, a imprimé aux élections un caractère compétitif limité

». Enfin, la Charte africaine des droits de l'homme et des peuples postule dans le paragraphe premier de son article 13 : « *tous les citoyens ont le droit de participer à la direction des affaires publiques de leur pays, soit directement, soit par l'intermédiaire de représentants librement choisis et, ce, conformément aux règles édictées par la loi* ».

[22] K. Dodzi KOKOROKO, *Contribution à l'étude de l'observation internationale des élections*, Thèse pour le Doctorat en droit, Université de Poitiers, Faculté de droit et de sciences sociales, mars 2005, p.56 à 61.

[23] Tessy D. BAKARY, *Les élections législatives ivoiriennes de novembre 1980 et le système politique : essai d'analyse des comportements électoraux*, CEAN, 1985.

[24] Jean-François BAYART, François CONSTANTIN, Christian COULON, Denis MARTIN, « Par le canal du scrutin, Comment dépouiller les élections africaines ? », *in* D.G. LAVROFF (Sous la dir. de), *Aux urnes l'Afrique !, Élections et pouvoirs en Afrique noire*, Edition A. Pedone, Paris, 1978, p. 1 à 24.

[25] Jean-François BAYART, François CONSTANTIN, Christian COULON, Denis MARTIN, « Par le canal du scrutin, Comment dépouiller les élections africaines ? », art. précit.

: on a pu parler d'élections non concurrentielles basées sur la recherche du consensus national et la cohésion sociale[26].

À proprement parler, seules les élections présidentielles présentaient un caractère typiquement non concurrentiel, dans la mesure où la fonction de Président de la République était une prérogative monopolistique du Chef du parti État. Par contre, en ce qui concerne l'élection des députés à l'Assemblée nationale, la pratique s'est progressivement répandue d'enregistrer au sein du parti unique une pluralité de candidature. C'est ce système que certains auteurs ont qualifié de "démocratie consociationnelle"[27] ou encore "démocratie consensuelle"[28] fonctionnant sur la base d'un consensus social.

En tout état de cause, le fait est que les élections organisées dans ce contexte de monopartisme n'admettaient la compétition ou la concurrence qu'entre les élites du parti unique. Bien plus, seuls les plus fidèles compagnons du chef du parti État parvenaient à faire acte de candidature à l'élection des députés. Même si, en apparence, elles paraissaient compétitives, il s'agissait en réalité d'élections organisées dans un cadre semi-concurrentiel excluant toute candidature en dehors du parti unique et contrôlées par les instances de direction du Parti.

La signification d'une élection concurrentielle dépend, d'abord de la procédure selon laquelle les candidatures sont retenues et ensuite de l'exercice effectif du droit de suffrage. Or dans le contexte du parti unique, c'est le Parti qui arrête la liste des candidats, même si à partir des années 1980, dans certains États tels que la Côte d'Ivoire[29] et le Gabon[30], on a enregistré un revirement dans cette pratique par la dissociation de l'élection du Président de la République de celle des députés.

---

[26] Jacques Mariel NZOUANKEU, « L'Afrique devant l'idée de démocratie », *Revue internationale des sciences sociales*, n°128, mai 1991, p. 397 - 409 ; Laciné SYLLA, art. précit.

[27] Lanciné SYLLA, « La gestion démocratique du pluralisme socio-politique en Afrique. Deux modèles : démocratie concurrentielle et démocratie consociationnelle », art. précit.

[28] Jacques Mariel NZOUANKEU, « L'Afrique devant l'idée de démocratie », art. précit.

[29] Yves BRARD et Michel VIOU, « La démocratisation des institutions politiques de la Côte d'Ivoire », *RJPIC*, 1982, p. 735 et s.

[30] François HERVOUET, « Le processus de concentration des pouvoirs par le Président de la République au Gabon », Penant, 1983, p. 5 à 25.

En Éthiopie, fort de l'inexistence de parti politique ce fut l'empereur qui nommait les sénateurs parmi les hauts fonctionnaires, les évêques, les officiers, etc. quant aux députés seuls pouvaient être candidats les propriétaires de biens meubles d'une valeur de 2.000 dollars éthiopiens ou immeubles de 1.000 dollars. En plus leur candidature devait être approuvée par 500 électeurs au moins.

En régime de parti unique, une condition importante généralement déterminante, pour être retenu comme candidat ou député à l'Assemblée nationale, est l'allégeance à la personne du chef du parti qui dans un tel système est également le chef de l'Exécutif. En effet, lorsque le système monopartisan était assorti d'une compétition au sein du parti unique entre plusieurs candidats, notamment en ce qui concerne les élections législatives, le comportement des acteurs électoraux prenait un sens particulier. Auprès des électeurs, les candidats arguent de leur proximité du pouvoir central, c'est-à-dire des relations privilégiées qu'ils entretiennent avec le chef de l'État, pour promettre bienfaits et réalisations au bénéfice de tous ceux qui les éliront. Cela, dans l'intention de construire une popularité confortable pouvant justifier leur candidature auprès des instances du parti.

En outre, il y a un élément facilitateur qui est le fait de détenir déjà un mandat représentatif. Ainsi en guise d'exemple Pierre-François GONIDEC fait remarqué que « *sur 80 candidats aux élections législatives sénégalaises de 1968, 52 députés de la précédente Assemblée avaient été désignés par le Parti. Au Cameroun, à l'Assemblée nationale fédérale, en 1969-1970, il y avait seulement 7 nouveaux venus, les autres étant déjà antérieurement membres de l'Assemblée. En 1973, sur 120 candidats, 79 appartenaient aux précédentes Assemblées politiques* »[31].

Toutefois, la libéralisation de la vie politique africaine dans les années 90 va conduire au pluripartisme et par ricochet à l'ouverture de la compétition électorale.

2. L'ouverture de la compétition électorale

L'ouverture de la compétition électorale opérée dans le cadre du processus démocratique est caractérisée par la libéralisation de l'espace politique. Tout citoyen qui remplit les conditions légales peut se présenter aux élections politiques, indépendamment de toute appartenance à une idéologie officielle ou à un quelconque parti

[31] P. – F GONIDEC, *Les systèmes politiques Africains*, *op. cit.*

politique. On peut donc noter que "l'un des aspects les plus perceptibles, aussi bien par nos peuples que les observateurs extérieurs, de l'avènement de la démocratie en Afrique, ce sont les élections pluralistes"[32]. Cependant, la question de l'éligibilité à la présidence de la République s'est posée avec une persistance et une gravité particulières dans certains États, notamment en Côte d'Ivoire et en Zambie.

En tout état de cause, depuis les années 90, à la suite de la possibilité reconnue à l'opposition de quitter les champs de la clandestinité pour entrer dans la légalité en se constituant en partis politiques, l'organisation d'élections pluralistes est devenue un critère de l'évolution des systèmes constitutionnels. On entrevoit ainsi la fin de trente années de démocratie unanimiste et subséquemment les prémices de l'engagement des États africains sur la voie de la démocratie pluraliste. Ainsi, "Au Niger, comme dans bon nombre de pays africains, la Conférence nationale souveraine tenue à partir du 26 juillet 1991 a permis d'instituer un pouvoir de transition dont le but principal était de conduire le processus démocratique à son terme par l'organisation d'élections concurrentielles « libres » dans un système multipartisan qu'une nouvelle constitution devrait consacrer"[33].

Dans le même ordre de l'évolution des systèmes constitutionnels africains, les élections présidentielles gabonaises du 5 décembre 1993 constituent une étape politique décisive, dans le cadre du processus démocratique engagé depuis la conférence nationale d'avril 1990. En effet, depuis l'accession de ce pays à l'indépendance en 1960, ce fut la première fois que les Gabonais étaient appelés à choisir librement un Président parmi plusieurs candidats. Au nombre de treize (13) desquels se trouvait le Président sortant Omar BONGO, au pouvoir depuis 26 ans, ces candidats sollicitaient les suffrages d'une population électorale pendant longtemps abusée[34].

Le phénomène du pluralisme électoral a également atteint les régimes militaro-civils. Il en va ainsi au Togo avec le régime du Général Eyadema qui connaîtra sa première élection présidentielle

---

[32] Me Aloa Sadikou Ayo, « Élections démocratiques en Afrique de l'Ouest et du Centre, Bilan critique et perspectives », *Afrique Démocratie*, Vol. 1, n°1, Mars 1994, p.6.

[33] Ali ILLIASSOU et Mahaman Tidjani ALOU, « Processus électoral et démocratisation au Niger », *Politique africaine*, 1994, p.128 et s.

[34] Joseph John – NAMBO, « Parodie d'élection présidentielle au Gabon », *Politique africaine*, 1994, p.133 et s.

pluripartite, le 25 août 1993, avec un taux officiel de participation de 36%. Il faut faire remarquer que « si les élections d'avril 1958, qui ont porté Sylvanus Olympio au pouvoir, furent placées sous le contrôle des Nations Unies, tel n'est plus le cas pour l'élection présidentielle de 1993. Celle-ci se déroule dans le seul cadre de l'accord de Ouagadougou ", signé le 11 juillet 1993 entre, d'une part, la délégation présidentielle et le gouvernement togolais et, d'autre part, le collectif des organisations d'opposition ; accord survenu suite à la médiation du Président burkinabé B. Comparé, avec la participation de représentants français et allemand »[35].

Il est même arrivé que des États qui ont connu plusieurs années de conflit armé s'inscrivent dans la dynamique de la pratique des élections pluralistes. C'est ainsi qu'au Mozambique, deux ans après la célébration à Rome de l'accord de paix entre le gouvernement du Frelimo (Front de libération du Mozambique) et la Renamo (Résistance nationale mozambicaine), les premières élections libres de l'histoire du pays se sont déroulées les 27, 28 et 29 octobre 1994. Un peu plus de six millions d'électeurs recensés étaient appelés à choisir le Président de la République et les deux cent cinquante (250) députés à l'Assemblée nationale parmi douze candidats à la magistrature suprême et quatorze (14) partis[36].

Il est vrai que ces différentes élections se sont déroulées dans un contexte de démocratisation inachevée ; mais le fait est qu'elles ont eu le mérite d'inaugurer le pluralisme politique par la multitude de candidatures. Elles permettent d'affirmer que, quelles que soient les déviances et les difficultés constatées, la tenue d'élections pluralistes est une réalité en Afrique. Bien plus, la candidature au poste de Président de la République ou même de député à l'Assemblée nationale n'est plus une prérogative monopolistique d'un chef charismatique, ni non plus celle d'un parti esseulé usant de moyens pseudo-démocratiques pour recueillir l'adhésion des citoyens.

Un jour nouveau s'est levé sur les processus électoraux en Afrique. Cela d'autant plus que la tenue d'élections pluralistes offre un cadre d'épanouissement à la jouissance et l'exercice par les citoyens de leur droit de suffrage. Ainsi, pour garantir des scrutins justes, honnêtes et transparents, les États africains se sont inscrits dans une nouvelle

---

[35] Marc PILON, « L'observation des processus électoraux : enseignements de l'élection présidentielle au Togo (août 1993) », *Politique africaine*, No 56 , 1994.

[36] Luis De BRITO, « Des élections pour la paix au Mozambique », *Politique africaine*, n°56, 1994, p.144 à 146.

tendance en se dotant de commissions électorales indépendantes chargées d'organiser et/ou de superviser les élections[37].

La première commission électorale nationale est apparue au Bénin, à la suite de la Conférence nationale. Depuis, la création de commissions indépendantes, autonomes ou même semi-autonomes, chargées des élections, est devenue une réponse de principe au refus des partis politiques d'opposition et des associations de la société civile de confier l'organisation des élections aux gouvernements en place. Cet état de fait se justifie par les griefs formulés contre l'Administration jugée partisane et cherchant presque toujours à maintenir le pouvoir en place par des manœuvres frauduleuses.

Ainsi, l'expérience des Commissions électorales, notamment, au Bénin, en Afrique du Sud, au Burkina Faso, en Côte d'Ivoire, au Ghana, au Libéria, au Mali, au Niger, au Togo permet de noter une évolution institutionnelle décisive des processus électoraux à l'ère du multipartisme.

Toutefois, la mise en œuvre de ces processus électoraux de transition démocratique bien qu'assurant une sortie du totalitarisme partisan reste marquée, dans bien des cas, par certaines dérives.

B. Les élections pluralistes, sources de dérives politiques

Si à partir des années 1990, les élections pluralistes se sont offertes comme l'expression de la démocratisation en cours, elles ont dans certains cas conduit à des dérives plus ou moins importantes. Ainsi, la pratique des élections pluralistes dans le contexte du renouveau démocratique laisse subsister des régimes autocratiques (1) et des conflits électoraux (2).

La persistance des pratiques autocratiques

Il est vrai que l'effondrement des systèmes de parti unique a conduit à l'émergence et à la généralisation des élections pluralistes, mais la tenue d'une élection, même lorsqu'elle est compétitive et ouverte à plusieurs partis politiques, ne suffit pas à caractériser un régime démocratique. C'est dire que des régimes autocratiques

[37] Selon une étude du Programme des Nations Unies pour le développement (PNUD), sur 148 systèmes électoraux recensés en 1999, 79 (53,37%) ont institué une commission électorale indépendante, contre 29 (19,37%) où l'Administration a toujours en charge l'organisation des élections et 40 (27,02%) qui ont adopté un système mixte où l'Administrations organise des élections supervisées par une commission.

peuvent être établis à l'issue d'élections pluralistes du fait de l'usage de la fraude électorale et des pratiques pseudo-démocratiques.

*** L'usage persistant de la fraude électorale**

La fraude électorale est une dérive répandue en Afrique. Elle apparaît sous plusieurs formes internes ou externes aux régimes et politiques électoraux.

Au cours des premières élections pluralistes de l'ère du multipartisme, l'idée selon laquelle "on n'organise pas des élections pour les perdre"[38] s'est progressivement répandue au sein des classes dirigeantes et a servi de vecteur directeur dans l'élaboration des politiques électorales.

C'est ainsi qu'en Côte d'Ivoire, après avoir autorisé le multipartisme seulement en 1990, le législateur électoral imposera, à quelques jours des élections présidentielles du mois d'octobre 1990, aux candidats de l'opposition, en voie d'organisation, le versement de la somme de vingt millions au titre du cautionnement de l'acte de candidature. Bien entendu, l'organisation de l'élection par le Ministère de l'intérieur[39] et l'implication de l'armée, des préfets et sous-préfets dans le processus électoral ont été présentées par l'opposition comme les raisons de la victoire du candidat du parti au pouvoir[40]. Comme par une survivance de la lutte pour la maîtrise des institutions électorales, la dissolution de la commission électorale indépendante, en février 2010, par le recours à l'article 48 de la Constitution ivoirienne du 1er août 2000 relatif aux pouvoirs exceptionnels du Président de la

---

[38] Pour nombre de dirigeants africains, la philosophie des élections se résume dans les propos, désormais célèbres, tenus par le Président congolais Pascal LISSOUBA : « *On n'organise pas des élections pour les perdre* ».

[39] La Commission électorale indépendante (CEI) n'a été instituée que sous l'empire de la Constitution et du code électoral de 2000, à l'issue de la transition militaro-civile de 1999.

[40] Contestant la publication tardive des listes électorale le 27 octobre 1990, c'est-à-dire à la vieille de l'élection présidentielle du 28 octobre 1990 au mépris des dispositions de la loi électorale, l'expulsion des délégués du Front Populaire Ivoirien (FPI) des bureaux de vote, les bureaux de vote fictifs, le votes multiples de certains électeurs, le dépouillement du scrutin hors des lieux de vote…, le candidat Laurent GBAGBO a saisi la Chambre constitutionnelle de la Cour suprême par une requête en date du 2 novembre 1990. Mais, estimant que le requérant ne rapporte pas la preuve de ses allégations, la Haute Cour a rejeté ladite requête dans son arrêt n°05 du 25 novembre 1990.

République, est apparu à l'opposition politique comme une tentative de confiscation du processus électoral de sortie de crise.

Lorsqu'elle est mise en œuvre dans le cadre des régimes militaro-civils, la détermination de la politique électorale s'inscrit davantage dans une logique de confiscation du processus électoral par les tenants du pouvoir. L'exemple des premières élections pluralistes en Guinée permet de rendre compte du rôle déterminant de l'autorité investie du pouvoir électoral dans le déroulement et l'issue du scrutin. Dans le cadre des élections de sortie de la transition consécutive au coup d'État du 3 avril 1984, les États généraux pour le changement démocratique, issus en avril 1993 d'un rapprochement entre le forum démocratique national et une autre coalition (la Convention de l'opposition démocratique), avaient pour souci de veiller à l'institution d'une Commission électorale indépendante[41].

Ce mouvement d'opposition estimait que la mise en place d'un organe impartial chargé de superviser les procédures électorales était la seule garantie pouvant permettre d'obtenir des élections transparentes et crédibles. Mais, dans sa logique de conservation du pouvoir, le chef de l'État, ayant rompu arbitrairement le processus de mise en place des institutions qui découlaient de la nouvelle Constitution, a décidé d'annuler le scrutin législatif qu'il avait initialement fixé au 27 décembre 1992 et qui devait précéder le scrutin présidentiel. Aussi, inversa-t-il l'ordre des élections, "probablement pour minimiser le risque que soit compromis son avenir à la tête de l'État, et chargea son efficace Ministre de l'intérieur, Réné Alseny Gomez, d'organiser et de contrôler la bataille électorale"[42]. Finalement, le processus électoral se prolongera dans la durée puisque l'élection présidentielle eut lieu le 19 décembre 1993 et les législatives furent repoussées au juin 1995.

Ainsi, peu enclin à se défaire de la culture de la personnalisation du pouvoir, le Général-Président Lansana CONTE a pu opérer un conditionnement de la population sur une longue période et mettre en place un dispositif électoral pouvant lui assurer la victoire[43]. En effet,

---

[41] Benoît LOOTVOET, « Guinée ; les tentations du passé : élément d'analyse de la scène politique », *L'Afrique politique* 1996 : Démocratisation, arrêt sur images, Karthala, Paris, 1996, p.85 à 108.

[42] Benoît LOOTVOET, art. *op. cit.*, p.91.

[43] La victoire de Lansana CONTE était certaine, dans la mesure où le Général-Président n'entendait aucunement perdre les élections, compte tenu du dispositif mis en place. Ainsi, après avoir annulé, sous prétexte de fraudes massives, les résultats

la Commission nationale électorale de Guinée a été créée par le décret n°93/196 du 6 octobre 1993, mais ses compétences ont été rectifiées, deux mois plus tard, par un décret n°93/225 du 8 décembre 1993, c'est-à-dire onze jours seulement avant le scrutin présidentiel. En plus, les membres de la Commission, qui avaient été nommés par un décret n°93/225 du 19 décembre 1993 et placés sous l'autorité du Ministère de l'intérieur, n'ont pu prêter serment que neuf jours avant les élections présidentielles[44].

Cette expérience de la Commission nationale électorale (CNE) de Guinée soumet une interrogation à tout observateur des processus électoraux de l'ère du multipartisme, à savoir : les Commissions nationales électorales, telles qu'elles existent de nos jours dans la plupart des États africains, concourent-elles véritablement à assurer l'intégrité des processus électoraux ?

* Les pratiques pseudo-démocratiques

Si l'institution des Commissions électorales constitue un progrès indéniable des systèmes électoraux africains, le fait est qu'en pratique des dérives et insuffisances sont régulièrement constatées. C'est dire que la reconnaissance formelle de l'indépendance et des compétences des commissions électorales ne sont pas toujours suffisantes pour garantir l'intégrité et la transparence d'un scrutin. Cela, dans la mesure où dans le contexte africain, ces commissions électorales sont en permanence exposées aux empiètements des acteurs politiques et à des pressions d'origines diverses tendant à infléchir leur position.

- Les pressions exercées sur les commissions électorales.

Les Commissions électorales du Niger et de la Côte d'Ivoire, ou même du Kenya et du Zimbabwe, ont connu des pressions exercées par des régimes militaires voulant s'imposer au cours des élections présidentielles. Au Niger, la Commission électorale nationale indépendante est entrée en conflit avec le pouvoir militaire sur la question de la révision du fichier électoral et sur la détermination de la date précise des élections de 1996. Le régime du général Baré

---

des circonscriptions électorales de Kankan et de Siguiri (le fief du candidat Alpha CONDE où celui-ci revendiquait 93,7% des suffrages), le 4 janvier 1994, la Cour suprême a déclaré le Général Lansana CONTE élu avec 51,70% des suffrages exprimés. Le reste des suffrages étant reparti entre Alpha CONDE (19,55%), Mamadou Bâ (13,37%), Siradiou DIALLO (11,86%), autres candidats (3,52%).

[44] Benoît LOOTVOET, art. *op. cit.*

MAÏNASSARA "voulant aller vite et prendre ses adversaires de vitesse, fixa unilatéralement la date du scrutin l'assortissant d'une disposition non prévue par le code électoral : l'étalement du vote sur deux jours, les 7 et 8 juillet 1996, officiellement pour permettre à l'ensemble des électeurs de voter sur toute l'étendue du territoire"[45].

Mais, en réalité, il s'agit pour le pouvoir militaire d'un moyen pouvant lui permettre de contrôler le processus électoral. En effet, lorsque la tendance lui apparut défavorable à la fin du premier jour du scrutin, celui-ci décida de dissoudre la Commission électorale nationale indépendante au motif qu'elle n'était pas impartiale et avait outrepassé ses attributions en procédant à une proclamation partielle des résultats.

C'est ainsi que des militaires s'emparèrent des urnes ; les candidats de l'opposition, dont le Président déchu MAHAMANE Ousmane, furent placés en résidence surveillée ; une Commission nationale électorale (CNE) fut créée en lieu et place de la Commission électorale nationale indépendante (CENI). Cette nouvelle commission proclama le Général Baré MAÏNASSARA élu dès le premier tour du scrutin avec 52, 22% des voix exprimées contre 19,75% pour son adversaire MAHAMANE Ousmane.

Le même scénario s'est produit en Côte d'Ivoire où la Commission nationale électorale (CNE) refusa de proclamer, à l'issue du scrutin d'octobre 2000, "les résultats tronqués qui donnaient le Général GUEÏ vainqueur de l'élection présidentielle"[46]. Le pouvoir militaire décida alors de dissoudre la Commission nationale électorale (CNE) et en fît arrêter le Président et certains membres. Il confia au ministère de l'intérieur le soin de proclamer les résultats définitifs ; tout naturellement, le Général GUEÏ fut annoncé élu dès le premier tour du scrutin, alors que la tendance lui était défavorable au moment de la dissolution de la CNE. Cette situation entraîna un soulèvement populaire qui contraignit le général GUEI à abandonner le pouvoir.

- Les dissensions et dysfonctionnements au sein des commissions électorales.

Au Togo, des dissensions au sein du bureau de la Commission électorale nationale consécutives à l'organisation des élections de 1998

---

[45] Honoré K. GUIE, « Les Commissions électorales en Afrique de l'Ouest », *Débats - Courrier d'Afrique de l'Ouest*, n°11, Janvier 2004, p.17.

[46] Honoré K. GUIE, « Les Commissions électorales en Afrique de l'Ouest », art. *op. cit.*

ont conduit à la démission des membres proches du pouvoir. Cette démission, qui est intervenue avant le dépouillement total des voix, avait été officiellement justifiée par l'impossibilité de travailler dans la sérénité au sein du bureau de la Commission électorale nationale.

Ainsi, face au dysfonctionnement de ladite commission, le 24 juin 1998, le Ministre de l'intérieur et de la sécurité a proclamé le Président GNASSINGBE Eyadéma vainqueur de l'élection présidentielle avec 52% des voix au premier tour du scrutin. Cette victoire est confirmée en juillet 1998 par la cour constitutionnelle qui a estimé que le Ministre de l'intérieur pouvait se substituer à la Commission électorale nationale dans les circonstances.

Il est donc incontestable que les dissensions ou les désaccords entre les différents partis représentés au sein de la commission électorale troublent ou paralysent la mise en œuvre normale du processus électoral. Il en est ainsi des tergiversations observées depuis 2002 dans la composition du Bureau de la Commission Electorale Indépendante (CEI) en Côte d'Ivoire du fait de la crise politique. Les dissensions répétitives entre le parti au pouvoir et ceux de l'opposition ont fortement affecté l'autorité et le prestige de la Commission électorale indépendante[47].

La Commission électorale nationale indépendante (CENI) du Mali a également connu des dysfonctionnements. En effet, alors que dans le cadre des élections de 1997, la responsabilité de l'organisation du scrutin avait été confiée à la commission électorale nationale indépendante, plusieurs insuffisances ont été constatées dans la mise en œuvre du processus électoral. L'insuffisante préparation et organisation des scrutins a mis en cause la gestion technique et financière de la commission créée seulement quelques mois avant les échéances électorales, et entraîné une crise de confiance de la classe politique dans sa capacité à gérer seule le processus électoral.

En guise de solution et dans le souci de préserver la crédibilité des élections, le gouvernement malien et les partis politiques ont convenu d'adopter un système mixte impliquant trois structures différentes. Le Ministère de l'aménagement du territoire et des collectivités locales conserve sa fonction d'organisateur des élections, la Commission électorale nationale indépendante, en tant qu'organe indépendant, est chargée de superviser toutes les opérations liées aux élections et d'en

[47] Les situations de crises au sein de la CEI ont atteint leur paroxysme à la suite du contentieux des 429.000 inscriptions litigieuses sur la liste électorale provisoire.

garantir la transparence, la Direction générale aux élections, autre organe indépendant, a pour mission de gérer le fichier électoral. Ces trois entités ont assuré pleinement leurs missions lors des élections générales de 2002 au Mali. Mais, ce n'est pas toujours que les modifications des attributions d'une commission électorale paraissent justifiées et acceptables pour toute la classe politique.

En retenant la modification de la loi électorale opérée, le 6 février 2003, par l'Assemblée nationale du Togo, on peut bien noter qu'un pouvoir peut s'assurer d'une victoire électorale en dépouillant une commission électorale de ses attributions principales. En effet, la victoire du Général GNASSINGBE Eyadema à l'élection présidentielle de 2003 est la conséquence des réformes qui ont permis de confier l'organisation des consultations électorales au Ministère de l'intérieur, en ne reconnaissant à la Commission électorale nationale indépendante[48] (CENI) que le simple pouvoir de veiller à leur régularité[49].

Au-delà des expériences sus-indiquées, on peut conclure que l'institution des Commissions électorales est une avancée notable dans l'organisation des élections pluralistes en Afrique. Mais, ces commissions ne pourront assurer véritablement la garantie de l'intégrité du suffrage que si et seulement si les citoyens, qui sont désignés pour les animer, parviennent à résister à toutes les pressions et autres sollicitations.

---

[48] Pour des raisons de transparence des scrutins, souvent évoquées par l'opposition, le code électoral, élaboré en avril 2000 dans le cadre de l'Accord-cadre conclu en juillet 1999 entre la mouvance du président GNASSINGBE Eyadema et l'opposition, avait confié l'organisation et la supervision des scrutins à la Commission électorale nationale indépendante, créée à cet effet. Sa composition avait été arrêtée à 20 membres, à raison de 10 pour la mouvance et autant pour l'opposition, avec un président élu au sein des membres par les pairs. Cette configuration paritaire avait été pendant longtemps la source de nombre de blocages dans la prise des décisions de la CENI jusqu'à la dissolution de cet organe en décembre 2001, sans pouvoir organiser une seule consultation électorale.

[49] Selon la justification officielle de la Commission des Lois du Parlement, il s'agit, par la modification du code électoral, « *d'éviter des retards et des blocages et de rendre plus opérationnelle la CENI* ». « *La CENI, désormais sortie de cet engrenage de confusion d'attribution dans laquelle elle s'était engouffrée, doit mieux jouer son rôle et assurer une supervision effective sur les actes d'organisation que posera l'administration en matière électorale* », a ajouté le ministre de l'Intérieur, le chef d'Escadron François BOKO, au terme du vote des députés.

- La modification de la constitution à des fins électoralistes.

Dans certains cas, les dirigeants recourent à des procédés pseudo-constitutionnels pour se maintenir au pouvoir. La pratique la plus répandue est le recours au procédé de la révision frauduleuse de la Constitution pour mettre fin à la limitation du mandat[50].

Le 30 décembre 2002, le parlement togolais avait procédé à une réforme constitutionnelle qui permettait notamment au chef de l'État, s'il le désire, de briguer un troisième mandat présidentiel. Élu en août 1993, lors des toutes premières consultations pluralistes au Togo, et réélu en juin 1998, le Président GNASSINGBE Eyadema devait quitter le pouvoir en 2003, au terme de son second et dernier mandat présidentiel, conformément à la Constitution de 1992. Mais, il procédera à une révision constitutionnelle pour se maintenir au pouvoir ; en revanche, son plus farouche opposant, Gilchrist Olympio, en exil depuis plusieurs années, était écarté d'office de la course à la présidentielle[51]. C'est également par une manipulation de la Constitution togolaise que Faure GNASSINGBE va succéder en 2005 à son père, qui décédait dans des conditions inattendues au pouvoir. Le procédé de la révision frauduleuse de la constitution à des fins électoralistes a été pratiqué par les Présidents Idriss DEBY du Tchad, Lansana CONTE de la Guinée, Robert MUGABE du Zimbabwe, Paul BIYA du Cameroun, Ben ALI de la Tunisie, Oumar BONGO du Gabon…

Bien souvent, comme on a pu l'indiquer subsidiairement, ces pratiques autocratiques entraînent de vives réactions de protestation pouvant conduire à l'extrême à des conflits électoraux.

La recrudescence des conflits électoraux

Aussi simple qu'il puisse paraître, le procédé de l'élection n'est pas aisé à cerner : si l'on s'en tient aux passions qu'elle suscite et aux violences qu'elle génère, il y a toujours une aventure dans une échéance électorale. La question des conflits électoraux n'est donc pas spécifiquement liée à la pratique électorale des années 1990. Cela, dans la mesure où, il ne peut se tenir d'élections sans qu'une quelconque contestation ne s'élève.

---

[50] Augustin LOADA, « La limitation du nombre de mandats présidentiels en Afrique francophone », *Revue électronique Afrilex* n°3/2003, p.139 à 174.

[51] Les modifications apportées à la Constitution exigent du candidat à la présidence une résidence permanente d'au moins 12 mois sur le territoire national.

Mais, dans le contexte africain, les conflits électoraux sont d'une fréquence et d'une intensité tels qu'ils peuvent paraître déviationnistes, s'inscrivant ainsi dans une certaine anormalité.

*** La récurrence des conflits électoraux à caractère politique**

L'évolution des systèmes électoraux africains s'est opérée en un cycle de trois étapes : élections pluralistes - élections monopartisanes - élections pluralistes. Contrairement aux élections organisées dans le cadre du monopartisme, les élections pluralistes des régimes multipartites paraissent intrinsèquement génératrices de conflits électoraux. Ces conflits prennent généralement deux principales formes : une forme juridique et une forme politique.

Les conflits électoraux à caractère juridique sont toutes les formes de contestations nées de la compétition électorale et susceptibles d'être résolues par des mécanismes juridiques ou juridictionnels selon des procédures préétablies. Ainsi, on parle du contentieux électoral pour désigner tous les litiges pouvant être soumis à l'arbitrage d'un juge légalement compétent. Dans certains cas, une autorité administrative indépendante, telle que la commission chargée des élections, est même compétente pour connaître de certaines contestations, notamment celles portant sur la liste électorale.

Dans le cadre des élections de transition, le contentieux électoral n'a pas connu une évolution singulière : le contentieux des élections présidentielles demeure toujours rare et le contentieux des élections législatives garde encore sa relative fréquence ; par contre, les conflits électoraux à caractère politique connaissent une certaine recrudescence. Ce sont des contestations d'une certaine intensité, qui bien qu'émergeant dans le cadre de la mise en œuvre du processus électoral, ne sont pas juridiquement organisées, ni susceptibles d'être résolues par des mécanismes prévus par la législation électorale. L'objet de ces conflits consiste à contester la législation électorale elle-même ou la nier purement et simplement par le recours à des moyens de pression politique, notamment des manifestations publiques violentes, pour dénoncer une pratique électorale jugée irrégulière.

Les trois cycles de l'évolution des processus électoraux africains permettent de constater que les conflits électoraux à caractère politique sont récurrents dans les systèmes politiques pratiquant les élections pluralistes. Déjà, dans le cadre des élections pluralistes du début des indépendances organisées sous l'ère des premiers régimes multipartites, on avait pu noter des actes de violences inter-partisanes ou intra-partisanes[52]. C'est justement, pour mettre fin à ces conflits électoraux que la plupart des dirigeants africains optèrent pour le système du monopartisme privilégiant les élections non concurrentielles.

Ces dirigeants affirmaient que les nécessités de la construction nationale et du développement exigent discipline et cohésion, que la démocratie concurrentielle risquerait, en donnant libre cours aux rivalités ethniques, régionales, religieuses de miner le champ politique d'armes de destruction redoutables eu égard aux tâches prioritaires que le régime s'est fixées[53]. Dans certains cas, tel que celui de la Zambie[54], plus que les violences physiques qui accompagnent les campagnes électorales, c'est surtout la difficulté pour les détenteurs du pouvoir de contrôler les affrontements politiques entre différentes tendances inter et intra-partisanes qui a amené le Président Kenneth KAUNDA à initiées les reformes constitutionnelles de 1973 établissant un régime de parti unique et le principe des élections non concurrentielles[55].

Par conséquent, c'est naturellement que le retour ou l'avènement de l'ère du multipartisme consécutive au processus démocratique des années 1990 a généré une recrudescence des conflits électoraux, surtout sous leur forme politique. Ces conflits ont généralement pour cause d'une part les pratiques autocratiques et d'autre part la mauvaise compréhension du sens de la compétition électorale.

* Les principales causes des conflits électoraux : les pratiques autocratiques et les violences électorales

Les pratiques autocratiques et les violences qui minent les processus électoraux constituent les principales causes de la violence électorale en Afrique. En effet, face à la volonté de confiscation du pouvoir par certains dirigeants, les partis d'opposition se sont érigés en contre-pouvoir politique pour contester et faire ombrage à toutes les formes d'imposture ou d'accaparement du processus électoral. Ce

---

[52] D. G. LAVROFF (sous la dir. de), *Aux urnes l'Afrique*, A. Pedone, Paris, 1978.

[53] Christian COULON, « Élections, factions et idéologies au Sénégal », *in* D. G. LAVROFF (sous la dir. de), *Aux urnes l'Afrique, op. cit.*, p. 149.

[54] François CONSTANTIN, « Jours d'élections en Zambie - l'électeur arbitre d'une partie à moitié jouée », *in* (sous la dir. de) D. G. LAVROFF, *op. cit.*, p. 25 à 78.

[55] Les premières élections non concurrentielles se sont tenues le 5 décembre 1973, soit moins 6 (six) mois après la réforme constitutionnelle instituant le régime du parti unique en Zambie.

mouvement de protestation a fortement marqué les élections de transition ou de sortie de dictature.

L'élection présidentielle de 1990 en Côte d'Ivoire a été caractérisée par des violences sans précédent dans le processus électoral de ce pays. Il en va de même de l'élection présidentielle de 1993 au Togo. Depuis, on assiste à une recrudescence des conflits électoraux dans le cadre de la démocratisation des États africains. Au cours de l'élection présidentielle de 1995 en Côte d'Ivoire, le "Boycott actif" organisé par certains partis d'opposition, notamment le Rassemblement des Républicains (RDR) et le Front Populaire Ivoirien (FPI) a donné lieu à de violentes manifestations sévèrement réprimées par les forces de l'ordre. Dans un mouvement continu, ces conflits liés au processus électoral vont connaître une amplitude décisive dans le cadre des élections d'octobre 2000 qui marque la fin de la transition militaro-civile[56], puis dans le cadre du processus électoral de sortie de crise. On a pu observer une violente répression des manifestations de l'opposition politique organisées, sous l'égide du Rassemblement des houphouëtistes pour la paix et la démocratie (RHDP), suite à la dissolution de la Commission électorale indépendante par le Président de la République au moyen de l'article 48 de la Constitution du 1er août 2000.

De même qu'en Côte d'Ivoire, les élections pluralistes organisées dans le cadre de la transition démocratique togolaise posent problème. En effet, déjà en 1993, l'élection présidentielle au Togo était boycottée par l'opposition, toutefois celle-ci participa aux élections législatives de 1994 qui marquèrent la fin de la période de transition. L'opposition obtint la majorité des sièges à l'Assemblée nationale, mais grâce à un jeu habile, suscitant de nouvelles alliances, le Président GNASSINGBÉ Eyadéma et son parti, le Rassemblement du peuple togolais (RPT), réussirent à garder le pouvoir. Au cours de

---

[56] Prétextant, d'une fraude massive qui aurait été organisée par le candidat du Front Populaire Ivoirien, parti d'opposition, le Général GUEI a dissout la Commission électorale et s'est fait proclamé vainqueur de l'élection présidentielle du dimanche 22 octobre 2000. Ainsi, répondant à l'appel du candidat du Front Populaire Ivoirien, Monsieur Laurent GBAGBO, plusieurs manifestants occupèrent les rues de la capitale et des principales villes de l'intérieur du pays pour exiger le départ de Général GUEI. En riposte, les forces militaires et de sécurité favorables au Général GUEI tenteront de disperser les manifestants en tirant, à certains endroits, à balle réelle sur la foule en colère, faisant plusieurs victimes.

cette période, plusieurs opposants politiques ont trouvé la mort dans conditions mystérieuses[57].

La conséquence de ces violences électorales est que même aujourd'hui, plusieurs personnalités à l'origine du changement démocratique au Togo se trouvent maintenant en exil ou vivent en semi-clandestinité à l'intérieur de leur pays à la suite de la répression exercée par les forces de sécurité.

Par ailleurs, en juin 1998 et mars 1999[58], le Togo a connu de nouvelles élections ; il a fallu pour la première fois renouveler toute la classe politique issue des élections pluralistes de 1993 et 1994. Or, comme lors des précédentes consultations, ce cycle électoral a été entaché de nombreuses vagues de contestations et les forces de sécurité ont à nouveau utilisé la violence pour opprimer la population civile[59]. C'est tout naturellement qu'en 2005 la répression fut utilisée pour assurer la succession au pouvoir de GNASSINGBE Eyadema par son fils Faure GNASSINGBE.

---

[57] Cela a notamment été le cas de EDEH Gaston, député du Comité d'Action pour le Renouveau (CAR) et de ses compagnons en février 1994, entre les deux tours des législatives. Un autre responsable, BRUCE David, secrétaire du Président du Haut Conseil de la République (HCR) a "disparu" en 1994 et, depuis, l'on est sans nouvelles de lui.

[58] Aux élections législatives de mars 1999 boycottées par l'opposition, le RPT, parti au pouvoir, a obtenu une majorité de 79 sièges sur 81. L'Union Européenne a estimé qu'en raison de l'absence "de tous les principaux partis d'opposition au processus électoral et du taux de participation au vote", la nouvelle assemblée "ne pourra pas refléter correctement la volonté politique du peuple togolais".

[59] Des centaines de personnes ont été exécutées de manière extrajudiciaire et des dizaines de civils dont des militants de l'opposition ont été arrêtés et torturés. Après la proclamation des résultats de l'élection présidentielle de juin 1998, des marches de protestation, réunissant des milliers de manifestants ont été dispersées par les l'absence "de tous les principaux partis d'opposition au processus électoral et du taux de participation au vote", la nouvelle assemblée "ne pourra pas refléter correctement la volonté politique du peuple togolais".

[59] Des centaines de personnes ont été exécutées de manière extrajudiciaire et des dizaines de civils dont des militants de l'opposition ont été arrêtés et torturés. Après la proclamation des résultats de l'élection présidentielle de juin 1998, des forces de sécurité et des dizaines de sympathisants de l'opposition ont été arrêtés. En août 1998, à la suite de l'annonce d'une attaque militaire contre le Togo près de sa frontière avec le Ghana, les forces de sécurité ont attaqué à la roquette les maisons appartenant aux dirigeants du Parti Démocratique pour le Renouveau (PDR) et de l'Union des Forces du Changement (UFC). Plusieurs personnes ont été blessées au cours de ces attaques.

À l'observation, le Togo et la Côte d'Ivoire se présentent comme l'un des États d'Afrique francophone où les conflits électoraux connaissent une fréquence et une intensité extrêmes. D'ailleurs, comme il fallait s'y attendre, la dernière élection togolaise du 24 avril 2005 a également généré de nombreuses violences électorales[60]. De même en Côte d'Ivoire, fort du souvenir douloureux des violences électorales de 1990, 1995 et 2000, l'issue du processus électoral de sortie de crise paraît à la fois inquiétante et marquée de quelques surprises.

Les confusions et les tergiversations dans la mise en œuvre d'un processus électoral peuvent contrarier son aboutissement et virer dans la violence politique, dès lors que les acteurs politiques ne parviennent à s'entendre sur les procédures électorales d'arbitrage du jeu électoral. Ce scénario s'est reproduit à l'issue de l'élection présidentielle malgache du 16 décembre 2001 avec la montée de la contestation violente de la rue[61]. Après avoir annoncé à tous les médias que la proclamation des résultats du premier tour des élections présidentielles à Madagascar prendra au moins un mois, 10 jours plus tard, le ministère malgache de l'intérieur, responsable de l'organisation de ces élections, affiche les résultats de plus de 99 % des bureaux de vote[62].

Face à cette publication inattendue des résultats provisoires du scrutin au profit du Président sortant Didier RATSIRAKA, les partisans de Marc RAVALOMANANA se rassemblèrent pour exiger d'abord la vérité des urnes. Mais, lorsque celle-ci fut devenue impossible en raison du refus de la confrontation des procès verbaux par le parti du Président sortant, la foule exigea que les résultats du parti de l'opposant RAVALOMANANA soient pris en compte et donc

---

[60] Les conflits électoraux manifestement ouverts au cours de la préparation du scrutin se sont intensifiés lorsque la Présidente de la commission électorale annonçait, le 26 avril 2005, que M. Faure GNASSINGBE avait remporté l'élection avec 60,22% des suffrages exprimés, devant M. AKITANI Bob (38,19%) et M. Harry OLYMPIO (0,55%). Quoique provisoires, la proclamation de ces résultats a entraîné des émeutes et de violentes manifestations opposant les partisans de Bob AKITANI à l'Armée.

[61] Andrianaivo Ravelona RAJAONA, « Le juge, les urnes et la rue. Figures judiciaires et variations juridiques autour de la crise politique malgache », *Revue Juridique et Politique*, n°4, 2003, p. 391 à 444.

[62] Ces résultats ont été communiqué au Ministre de l'intérieur par "coups de téléphone" et par communications par poste B.L.U., sans l'appui d'aucun document officiel, et diffusés à grande échelle par les médias publics, médias contrôlés par le pouvoir en place.

proclama la victoire de celui-ci au premier tour[63]. De violentes manifestations opposèrent, à partir du 21 février 2002, les partisans des deux leaders politiques et l'issue du scrutin dépendait de la capacité de mobilisation de chaque camp.

Finalement, ce sont les partisans de Marc RAVALOMANANA qui parviennent à imposer leur leader à la tête de l'État[64]. C'est dans ce contexte qu'une certaine "Cour constitutionnelle malgache" publia les résultats définitifs en déclarant Monsieur Marc RAVALOMANA vainqueur au premier tour de l'élection présidentielle du 16 décembre 2002 avec 51,46% des suffrages exprimés contre 35,90% pour le Président sortant Didier RATSIRAKA.

Les conflits électoraux, surtout lorsqu'ils revêtent une forme politique, peuvent avoir des effets pernicieux sur l'ordre social ; ils peuvent à l'extrême conduire à une guerre civile[65]. Cela s'explique par le fait que toute période électorale se présente comme un moment de relâchement de la légitimité des gouvernants, car la fin des mandats électifs met tous les citoyens légalement aptes en situation de prétendre à l'accession au pouvoir d'État.

Au Burundi, le souvenir des élections qui ont mal tourné en 1993 est toujours vivace dans les esprits, où elles sont perçues notamment comme l'une des causes directes de la guerre civile dans le pays, après l'assassinat du premier Président Hutu élu démocratiquement, Melchior NDADAYE.

Les troubles consécutifs à l´élection présidentielle de 2000 en Côte d'Ivoire et la contestation du régime du Président Laurent GBAGBO, vainqueur proclamé à l'issue du scrutin, par certaines forces politiques, constituent sans doute l'une des causes du conflit ivoirien éclaté le 19 septembre 2002[66]. Les conflits électoraux liés aux élections

---

[63] André BRIGOT, « Madagascar : des élections à la guerre civile ? », *Débats stratégiques*, n°61 - Mars 2002.

[64] Mais à la mi-mars, les forces liées au gouvernement du président sortant Didier Ratsiraka bloquent la ville de Tamatave, empêchant tout véhicule de sortir de cette grande localité portuaire, qui abrite également la plus importante raffinerie de pétrole de l'île. Ce blocus a paralysé la capitale, Antananarivo, où les réserves de carburant étaient désormais épuisées. La ville maritime est devenue la capitale de l'Etat sécessionniste proclamé par les cinq gouverneurs des provinces autonomes malgaches fidèles à Ratsiraka.

[65] André BRIGOT, art. précit.

[66] Il s'agite, dans un premier temps, du Rassemblement des Républicains (RDR) de Monsieur Alassane OUATTARA, puis des mouvements rebelles, c'est-à-dire des "forces nouvelles".

algériennes à l'Assemblée nationale de 1991 offrent également une image parfaite du lien qui peut exister entre les violences électorales et l'éclatement d'une guerre civile[67].

S'il est incontestable que les conflits électoraux sont fréquents dans le processus d'évolution des systèmes constitutionnels des États d'Afrique, il faut toutefois noter que, progressivement, on assiste à des processus électoraux qui répondent aux exigences démocratiques. : il s'agit des élections de consolidation du processus démocratique.

II. LES ELECTIONS PLURALISTES DE CONSOLIDATION DU PROCESSUS DEMOCRATIQUE

Le processus démocratique, amorcé dans les années 1990, connaît des fortunes diverses du fait de la variabilité des pratiques électorales. Ainsi, contrairement à certains États qui ne parviennent pas encore à s'assurer des élections pacifiques et transparentes, d'autres s'efforcent d'organiser des scrutins dans des conditions démocratiquement acceptables.

Les élections pluralistes entrent progressivement dans les mœurs et se présentent ainsi comme un facteur de renforcement du lien social (A) et de stabilité politique (B).

A. Les élections pluralistes, facteur de renforcement du lien social

Aucune communauté politique ne peut devenir une réalité sociale et historique durable, si ses différentes composantes ne sont pas unies par la commune volonté de vivre ensemble et de forger une nation ; le

[67] Les premiers résultats des élections législatives algériennes de décembre 1991 indiquaient que le Front Islamique du Salut était en passe de remporter 2/3 des sièges. Sur les 430 sièges, 231 furent remportés par le parti islamiste avec une majorité des votes dès le premier tour. Le conflit commença en décembre 1991, quand le gouvernement, sous couvert d'un coup de force militaire, annula les élections après les résultats du premier tour, anticipant une victoire du Front Islamique du Salut (FIS), motivé par la crainte que ce dernier mettrait fin à la démocratie pour instaurer une théocratie. Après l'interdiction du FIS et l'arrestation de milliers de ses membres, différents groupes de la guérilla islamiste émergèrent rapidement et commencèrent une lutte armée contre le gouvernement et ses partisans. La guerre civile algérienne, qui coûta la vie à plus de 100 000 personnes, se termina par la victoire du gouvernement, suivi de la reddition de l'Armée Islamique du Salut et la défaite en 2002 du Groupe Islamique Armé (GIA). En 1999, l'élection d'un nouveau Président, Abdelaziz BOUTEFLIKA fut suivie d'une nouvelle loi amnistiant la plupart des combattants. Ce qui motiva un retour progressif à la vie politique normale.

lien national étant le fondement sociologique de l'existence juridique d'un État.

Dès les premières années de l'indépendance, les dirigeants africains ont considéré l'élection comme un facteur de construction de l'unité nationale. Malheureusement, les caractères unanimiste et exclusionniste des élections organisées sous le système du monopartisme et la persistance actuelle des pratiques autocratiques dans certains États en ont subverti la fonction sociale. En tout état de cause, la réalité de l'évolution politique des systèmes constitutionnels donne de noter que, dans quelques États africains, l'élection remplit une double fonction de cohésion sociale (1) et d'arbitrage des conflits (2).

1. La construction de la cohésion sociale par les élections pluralistes

Si dans certains États africains, les processus électoraux génèrent des crises politiques, il faut noter que de plus en plus l'élection assure pleinement sa fonction sociale. En effet, dans plusieurs cas, les élections pluralistes à l'ère du multipartisme se sont présentées comme un facteur d'unité et de cohésion de la société[68]. Elles ont réuni les citoyens pour le choix à faire en commun et rassemblé la nation autour de son destin : la continuité de l'État. Cette continuité ne pouvant se faire que par le renouvellement périodique des instances gouvernantes de l'État, c'est-à-dire la Présidence de la République et le Parlement.

L'élection permet ainsi à l'État d'assurer sa survie et sa permanence dans le temps et dans l'espace. L'unité du corps électoral produit un resserrement des liens sociaux ; le suffrage s'exprimant toujours en faveur du candidat le plus représentatif. Au surplus, les citoyens votent en général pour ce qui les unit, non pour ce qui les divise.

Dans les régimes africains en voie de démocratisation, les élections pluralistes sont confrontées à l'enjeu de la construction et du renforcement du lien social, c'est-à-dire la consolidation de l'unité nationale. Cette réalité s'affirme de plus en plus dans l'évolution politique des Etats ayant connu plusieurs années de crises ouvertes. Outre le récent cas du Ghana, les cas les plus probants sont ceux du Bénin et de l'Afrique du Sud.

---

[68] Jean-Claude MASCLET, *Droit électoral*, 1ère édition, Puf, Paris, 1989.

*** Le cas du Bénin : l'ancrage du lien national dans la culture électorale des citoyens**

L'évolution du processus électoral au Bénin, de 1991 à 2001, montre un certain ancrage du lien national dans la culture politique des citoyens[69]. C'est ainsi que les dernières élections présidentielles du 5 mars 2006 ont permis une certaine consolidation du processus démocratique en cours depuis 1990 et donné une vue d'ensemble de la psychologie de l'électorat. Des trente-trois dossiers de candidature enregistrés par la Commission Electorale Nationale Autonome (CENA), vingt-six ont été définitivement retenus par la Cour constitutionnelle[70], dans sa décision EL - P 06-004 relative aux candidats à la Présidence de la République publiée le 30 janvier 2006.

---

[69] Le gouvernement de transition, mis en place en 1990, ayant ouvert la voie au retour de la démocratie et du multipartisme, le Premier ministre, Nicéphore SOGLO, battit le Président sortant Mathieu KEREKOU à l'élection présidentielle de mars 1991. Cependant, les ajustements structurels et la compression des dépenses publiques recommandées par le FMI ravivèrent le mécontentement de la population. Après avoir perdu sa majorité au sein de l'Assemblée législative, le Président SOGLO, accusé de népotisme par ses adversaires, fut battu par Mathieu KEREKOU qui revint au pouvoir lors de la présidentielle du 17 mars 1996. Dans cette nouvelle phase, en mars 2001, Mathieu KEREKOU fut réélu Président de la République avec 84 % des voix. À l'âge de 67 ans, il entamait donc un second et dernier mandat consécutif dans des conditions économiques difficiles. D'ailleurs, étant âgé de 72 ans et frappé par la limite d'âge fixée à 70 ans par Constitution, il ne se présentera pas aux élections présidentielles du 5 mars 2006.

[70] Selon la décision de la Cour rendue publique lundi 30 janvier 2006 à Cotonou, trois candidatures ont été recalées pour inaptitude médicale à la fonction du Président de la République, à savoir celles de Daniel Shalom, Vincent Emmanuel Ahounou et Adébayo Ananie. Deux autres candidatures, celles de Lary Egoundoukpè et Alidou Tamama, ont été rejetées pour non-paiement de la caution de 5 millions de francs CFA tandis que Edgar Alias et Yaro Sourakatou se sont désistés en faveur de l'ancien Président de la Banque Ouest-Africaine de Développement (BOAD), le Dr Yayi Boni. Ainsi parmi les 26 candidatures autorisées par la haute juridiction figurent deux femmes, dont la candidate malheureuse au scrutin présidentiel de mars 2001, Marie Elise Gbédo, et Célectine Zanou, ancienne Directrice du cabinet du Président Mathieu Kérékou. La liste comprend également huit habitués à la course présidentielle, notamment Me Adrien Hougbédji, Président du Parti du Renouveau Démocratique (PRD), Bruno Amoussou, Président du Parti Social Démocrate (PSD) et Lionel Agbo du Congrès Africain pour le Renouveau Démocratique (CARD). Les autres habitués sont Gatien Houngbédji de l'Union pour le Développement Economique et Social (UDES) et Séverin Adjovi du Rassemblement des Démocrates pour la Liberté et la reconstruction nationale (RDL-Vivoten).

Le déroulement du scrutin en deux tours montre bien qu'aucun parti ou leader politique n'a pu recueillir la majorité absolue des voix. Il y a ainsi une rupture décisive avec les élections non concurrentielles de l'ère du monopartisme où on enregistrait des scores faramineux au premier tour du scrutin. Mieux, la victoire du candidat indépendant et ancien Président de la Banque Ouest Africaine de Développement (BOAD) aux élections présidentielles de mars 2006 montre bien un affaiblissement du militantisme partisan au Bénin. En effet, avec 74,51% des suffrages, M. Yayi BONI, nouveau venu sur l'échiquier politique, remportait le deuxième tour des élections présidentielles du 19 mars 2006, face à son challenger Adrien HOUNGBEDJI qui ne totalise que 25,49 % des voix[71].

Ces résultats montrent bien qu'au Bénin, les citoyens ne votent plus pour un parti politique ; mais plutôt en considération de la personne pouvant leur procurer le développement politique, économique et social. C'est dire que de plus en plus, tout en s'attachant aux pesanteurs tribales et ethniques les électeurs se réfèrent aux valeurs républicaines pouvant promouvoir et renforcer la cohésion sociale. En tout état de cause, il ne faut pas ignorer qu'à "l'étape actuelle du processus démocratique du Bénin, les facteurs ethnolinguistiques et éco-culturels participent fortement à la détermination des votes de l'électorat"[72].

La Cour constitutionnelle a également autorisé les candidatures de trois membres du gouvernement actuel du Président Mathieu Kérékou, à savoir le Ministre d'Etat chargé du Plan et du Développement, Zul Kifu Salami, le Ministre de la Culture, de l'Artisanat et du Tourisme, Antoine Dayori, et celui des Mines, de l'Energie et de l'Hydraulique, Kamarou Fassassi. Outre ces candidatures, la haute juridiction a déclaré recevable les candidatures des présidents des grandes institutions du pays comme le Président de l'Assemblée nationale, Antoine Idji Kolawolé, et celui du Conseil économique et social, Raphiou Toukourou. Elle a aussi retenu celles de hauts fonctionnaires d'institutions internationales, en l'occurrence Yayi Boni de la Banque Ouest- Africaine de Développement (BOAD) et Richard Sènou de la Banque mondiale.

[71] Ces résultats ont été déclarés le mercredi 22 mars 2006 par la Commission Electorale Nationale Autonome, après le décompte de 97,20% des bulletins de vote.

[72] Machioudi DISSOU, *Le Bénin et l'épreuve démocratique, Les élections des élections de 1991 à 2001*, L'Harmattan, Paris 2002, p.114.

*** Le cas de l'Afrique du Sud : la construction de l'unité nationale par l'unité du corps électoral**

Les élections parlementaires à l'Assemblée nationale et les élections provinciales, tenues en Afrique du Sud le 27 avril 1994, ont marqué le point culminant d'une période de bouleversements politiques. Ainsi, cet État multiracial, longtemps inégalitaire, est passé d'un régime autoritaire à une démocratie multipartite marquant ainsi la fin de quatre décennies d'apartheid.

Ces premières élections multipartites et démocratiques ont ouvert la voie à une nouvelle dynamique sociale tendant au renforcement du lien national. Alors qu'auparavant, seulement 13% de la population, les Blancs, participaient à la désignation des dirigeants, ce sont au total 35 millions de Sud-Africains, Blancs, Noirs, Métis et Indiens, qui venaient de se voir accorder le droit de vote. La construction de l'unité nationale passait alors par l'unité du corps électoral dans le choix des représentants de la Nation.

Au cours de ces élections, le système électoral appliqué fut le mode de représentation proportionnelle au scrutin de liste (RPSL) nationale. La moitié de l'Assemblée nationale (200 députés) a été élue à l'aide de neuf listes provinciales et l'autre moitié, à l'aide d'une liste nationale (la représentation proportionnelle au scrutin de liste). En fait, on a établi une seule circonscription pour l'ensemble du pays en vue de faciliter la conversion des suffrages en sièges (élection de 400 députés) et aucun seuil de représentation n'a été imposé[73].

Le fait que le Congrès National Africain de Mandela - d'une force irrésistible - aurait sans doute remporté les élections à l'Assemblée nationale[74] sous quelque système électoral que ce soit, surtout en ce

---

[73] Les premières ébauches de la loi électorale avaient établi le seuil de représentation parlementaire à 5 % du vote national, mais au titre des compromis à l'endroit de partis plus petits, le Congrès National Africain et le Parti National ont consenti, au début de 1994, à abandonner tout seuil « obligatoire ». Cependant, on n'accorda de portefeuille, dans le premier cabinet (gouvernement) d'unité nationale, qu'aux partis comptant 20 députés ou plus, soit 5 % de l'Assemblée.

[74] Les résultats officiels de ces premières élections multiraciales sud-africaines furent publiés début mai 1994. Les Sud-africains avaient voté pour élire leurs représentants au Parlement et dans les Conseils provinciaux. À cette fin, 9 nouvelles provinces avaient été constituées à la place des 4 anciennes, réintégrant les dix Bantoustans indépendants ou autonomes. L'ANC remporta 63 % des voix nationales (soit 252 sièges) et 7 des 9 nouvelles provinces. Le Parti National, National Party (NP) arriva en second avec 23 % des voix (soit 82 sièges), essentiellement celles des Blancs, des Métis et des Indiens. Grâce aux Métis d'ailleurs, le National Party

qui concerne le système majoritaire[75], ne diminue en rien l'importance du choix du système de la représentation proportionnelle à scrutin de liste (RPSL) fait par l'Afrique du Sud pour ses premières élections. Cela dans la mesure où, plusieurs observateurs soutiennent que le système de la représentation proportionnelle (RP) a été un facteur déclencheur de la création du climat d'inclusion et de réconciliation qui a entouré les élections. De plus, cela a conduit à un déclin de la violence politique, faisant de l'Afrique du Sud un gage d'espérance et de stabilité pour le reste de l'Afrique qui connaît encore des périodes troubles.

Le choix du système électoral a eu également un impact sur la composition du Parlement, surtout en ce qui concerne la représentation des groupes ethniques et des femmes. L'Assemblée nationale sud-africaine, assermentée en mai 1994, était formée de plus de 80 anciens députés du précédent Parlement sous le régime de l'apartheid. C'est le seul point de ressemblance qu'on peut établir entre l'ancien et le nouveau Parlement. Par contraste direct avec les bouleversements qu'a connus l'Afrique du Sud, s'y côtoient tous les

---

remporta la province du Cap-Occidental avec 59 % des voix et échoua de justesse dans la province du Cap-du-Nord avec 40 % des voix (contre juste 50 % à l'ANC). L'Inkatha Freedom Party (IFP) obtint 10 % des voix (soit 43 sièges) et une représentation provinciale presque uniquement au KwaZulu-Natal avec 50 % des voix obtenus malgré la fraude électorale observée. Le Front de la Liberté (FF-VF) parvint à atteindre 2,8 % des suffrages (soit 9 sièges). Le parti démocratique (DP) arriva en 4ème position avec 1,8 % des voix (soit 7 sièges) essentiellement au Cap et à Johannesburg. Enfin, le Congrès Pan Africain (PAC) et le Parti Chrétien Démocrate Africain (ACDP) recueillent respectivement 1,2 % des voix (soit 5 sièges) et 0,5 % des voix (soit 2 sièges).

[75] Sous l'ancien régime, le Parlement composé essentiellement de Blancs avait toujours été élu d'après le système majoritaire. L'ANC, détenant un fort pouvoir de négociation, était très avantagé par le maintien du système majoritaire. Étant donné que seulement cinq des 700 circonscriptions jouissaient d'une majorité blanche, l'ANC, en recueillant 50 % à 60 % du vote populaire, pouvait s'attendre à remporter haut la main entre 70 % et 80 % des sièges du Parlement. Cependant, l'ANC choisit une toute autre voie, parce qu'il se rendit compte que les inégalités relatives au système électoral « à un seul gagnant » déstabiliseraient à long terme les intérêts de la minorité et de la majorité. Le RPSL a aussi permis d'éviter les controverses politiques ayant trait au découpage de circonscriptions. D'ailleurs, ce système cadrait bien avec l'esprit de partage du pouvoir exécutif que l'ANC et les Nationalistes considéraient comme le principe fondamental d'une constitution provisoire. Aujourd'hui, tous les principaux partis politiques appuient l'utilisation de la représentation proportionnelle, même s'il existe quelques divergences relativement aux variantes à utiliser.

jours, Noirs et Blancs, communistes et conservateurs, Zoulous et Xhosas, musulmans et chrétiens.

L'utilisation du système de représentation proportionnelle a grandement contribué à la diversité de la nouvelle Assemblée nationale. Les listes nationales de candidats ont permis aux partis de présenter des candidats issus de groupes ethniques fort divers, dans l'espoir qu'ils fassent appel au plus grand nombre d'électeurs possible[76].

Selon une opinion très répandue en Afrique du Sud, si le système majoritaire avait été utilisé, le Parlement aurait compté moins de femmes, d'Indiens et de Blancs et plus de Noirs et d'hommes. En outre, on aurait sans doute assisté à une plus grande polarisation de la représentation à l'Assemblée nationale; les Blancs (de différents partis) auraient représenté les circonscriptions à majorité blanche, les Xhosas auraient représenté les Xhosas, les Zoulous auraient défendu les droits des Zoulous, etc. C'est dire que le choix du système électoral sud-africain a été un facteur décisif dans le processus de construction de l'unité nationale. Ainsi, cette dynamique va se poursuivre dans le cadre des échéances électorales de 1999[77], 2004[78] et 2009.

---

[76] Il en est résulté une Assemblée nationale qui est composée de 52% de Noirs (y inclus les peuples Xhosa, Zoulou, Sotho, Venda, Tswana, Pedi, Swazi, Shangaan et Ndébélé), 32% de Blancs (de langue anglaise ou afrikaans), 8% d'Indiens et 7% de Métis, par comparaison à un électorat composé alors de 73% de Noirs, 15% de Blancs, 9% de métis et 3% d'Indiens. Les femmes constituent 25% de la totalité des députés du Parlement.

[77] Les élections nationales et provinciales de 1999 ont été remportées par Congrès National Africain (ANC) avec 66,4% des voix (soit 266 sièges); le Parti Démocratique (DP) et l'Inkatha Freedom Party (IFP) viennent respectivement en seconde et troisième position avec 9,6% (soit 38 sièges) et 8,6% (soit 34 sièges) des voix. Les deux provinces du Cap-Occidental et du Kwazulu-Natal ont été conservées par le Nouveau Parti National (allié au Parti Démocratique) et par l'Inkhata Freedom Party; les 7 autres provinces ayant été remportées par le Congrès national africain (ANC).

[78] Les élections de 2004 viennent confirmer l'hégémonie du Congrès National Africain qui maintient son avance aux élections nationales avec 69,69% des suffrages exprimés (soit 279 sièges). En plus, ce parti a remporté toutes les provinces y compris celle du Cap grâce à son alliance avec le nouveau Parti National. Un autre fait marquant de ces échéances électorales est la percée de l'Alliance Démocratique de TONY LEON qui recueille 12,37 voix (soit 50 sièges) aux élections nationales, se positionnant comme le principal parti d'opposition devant l'Inkatha Freedom Party de Mangosuthu BUTHELEZI qui n'obtient que 1,61% des voix (soit 28 sièges).

Cette évolution politique de l'Afrique du Sud à travers le processus électoral montre bien que les Sud-africains sont parvenus, malgré les difficultés qui persistent, à consolider le processus démocratique amorcé depuis 1990.

Cependant, d'autres expériences montrent qu'en plus du rôle de renforcement du lien social, l'élection est un mécanisme efficace dans l'arbitrage des conflits politiques.

L'arbitrage des conflits politiques par les élections pluralistes

La dévolution et l'exercice du pouvoir politique donnent bien souvent lieu à des contestations. Lorsque ces contestations s'inscrivent dans le fonctionnement régulier des institutions politiques, elles prennent la forme d'une simple opposition politique compatible avec les exigences de la démocratie concurrentielle. En effet, il est normal que, dans un État, plusieurs individus ou groupes d'individus, organisés ou non en partis politiques, ayant des visions opposées, se disputent le pouvoir politique. Tout se passe alors dans le cadre des procédures électorales légalement établies ; et l'élection constitue un moyen d'arbitrage des prétentions émises par les acteurs politiques impliqués dans la conquête du pouvoir.

Il s'agit pour se faire, d'élections pluralistes et disputées, c'est-à-dire d'élections à l'occasion desquelles des candidats différents se réclamant d'idéologies différentes, appartenant à des partis politiques différents, se présentent les uns et les autres devant les électeurs, confrontent et contestent leurs mérites réciproques ou les mérites de leurs partis respectifs et entrent en compétition pour obtenir les suffrages des citoyens[79].

Dans un tel cas, il n'y a pas de conflit, mais plutôt une simple confrontation d'idées qui participe du jeu électoral. Toute violence morale ou physique étant exclue ; seule la force des arguments prévaut dans la diversité de vues et de pensées. De telles élections, dans la mesure où elles impliquent un choix réel et libre de la part des électeurs, ne peuvent conduire qu'à la concorde civile, à la cohésion sociale, au progrès social et à la paix.

Mais, le conflit entre acteurs politiques n'est pas toujours symbolique et d'ordre idéel ; il peut tout aussi bien apparaître sous la forme physique avec une violence matériellement et humainement destructrice. En effet, il est fréquemment arrivé que, dans certains

---

[79] Jean-Claude MASCLET, *Droit électoral*, *op. cit.*

États africains, les prétendants au pouvoir s'affrontent par des moyens armés dans la conquête de la puissance étatique.

Dans ces conditions, lorsqu'aucune des parties belligérantes ne parvient à s'assurer une victoire sur les autres, la nécessité du règlement pacifique du conflit implique alors la mise en œuvre d'un processus de réconciliation et de reconstruction nationale. Ainsi, seul l'arbitrage du conflit politique par des élections libres et compétitives pourra permettre un aboutissement heureux du processus.

C'est ainsi qu'après douze années de conflit armé, les Burundais se sont engagés, dans le cadre de l'accord d'Arusha, à résoudre leurs divergences par la voie des urnes. Les élections burundaises d'août 2005 devaient permettre la consolidation du processus démocratique amorcé dans le cadre de la mise en œuvre des mécanismes de gestion du conflit et marquer la fin de la période de transition en instaurant un nouvel ordre politique post-transition.

Grâce à la pression constante de la population et de la société civile, l'organisation de ces élections a pu se faire dans le calme et sans incident véritablement majeur. Ainsi, sans surprise, après la victoire de son parti (CNDD-FDD) aux élections législatives du 6 juillet 2005 avec 58% des suffrages, et sénatoriales du 29 juillet 2006 avec la majorité absolue des sièges au Sénat, l'ancien opposant armé Pierre NKURUNZIZA a été élu le vendredi 19 août 2005, au suffrage indirect par les parlementaires, à la Présidence du Burundi[80].

Cette importance échéance électorale a été préparée par le gouvernement de transition qui a réussi au cours des quatre années passées et dans des conditions difficiles, sous la direction des Présidents Pierre BUYOYA et Domitien NDAYIZEYE, à conduire le Burundi dans le processus de sortie de crise et de transmission du pouvoir d'État à de nouvelles autorités.

C'est dire que la confiance semble être au rendez-vous : plusieurs Burundais réfugiés en Tanzanie ont pu retourner dans leur pays d'origine[81].

---

[80] Monsieur NKURUNZIZA a été élu dés le premier tour avec 151 voix pour, 9 contre, une abstention et un bulletin nul. Quatre des 166 parlementaires n'étaient pas présents lors du vote.

[81] Selon Jennifer Pagonis, la porte-parole du Haut Commissariat des Nations unies pour les réfugiés (UNHCR), le HCR aurait prévu le retour de quelque 20 000 réfugiés pendant la période du mois d'août, contre 3 116 retours enregistrés en juin. Cependant, quelque 238 000 réfugiés se trouvent toujours dans des camps en Tanzanie et 198 000 autres vivent dans des villages, dans l'ouest du pays. Toutefois,

Le Libéria a également connu des processus électoraux de sortie de crise en 1997 et 2005. Même si elle à été qualifiée de globalement libre et transparente, l'élection présidentielle de juillet 1997, qui a permis à Charles TAYLOR d'accéder à la magistrature suprême avec 75% des voix, n'a pu assurer au Libéria une paix durable.

L'élection présidentielle de 2005[82] paraissait plus importante dans la mesure où elle était fortement soutenue par la communauté internationale et offrait une véritable chance de paix au Libéria déchiré par quatorze années (1989 - 2003) de conflit armé.

Le deuxième tour, qui a eu lieu 8 novembre 2005, avait opposé Monsieur Georges WEAH et Madame Ellen Johnson SIRLEAF. Les résultats publiés par la Commission électorale indiquent que Ellen Johnson-SIRLEAF du Parti de l'unité a obtenu 59,4% des voix et que George WEAH du Congrès pour le changement démocratique a rassemblé 40,6% du total des votes validés.

Si la proclamation de ces résultats a entraîné quelques contestations de la part de Monsieur WEAH et de ses jeunes partisans, le fait est que ce dernier a en fin de compte accepté l'issue du scrutin, donnant ainsi une chance au processus démocratique en cours de consolidation dans ce pays où l'espoir de paix renaît enfin dans les esprits après plusieurs années de guerre civile. Ces élections pluralistes libériennes de 2005, tout en mettant formellement fin au conflit armé, ouvrent la voie à une stabilisation politique dans le pays.

B. Les élections pluralistes, facteur de stabilité politique

L'évolution des processus électoraux à l'ère du multipartisme donne de constater que de plus en plus les élections se présentent comme un facteur de stabilité politique en Afrique. En effet, depuis les années

---

la guerre civile n'est pas terminée. Un dernier groupe rebelle, les Forces nationales de libération (FNL), héritier des évènements de 1972, poursuit la lutte. Mais, il est confiné aux alentours de Bujumbura et ne saurait rester longtemps sourd au profond désir de paix des Burundais.

[82] Parmi les candidats favoris au premier tour de la présidentielle du 11 octobre 2005 figuraient Monsieur George WEAH, ancienne star du football international, Madame Ellen Johnson SIRLEAF, ancienne dirigeante de la Banque Mondiale, Monsieur Charles BRUMSKINE, ex-sénateur et l'avocat Varney SHERMAN. Selon la Commission électorale nationale (NEC), 22 candidats étaient également en lice pour le poste de vice-président, 206 aux 30 sièges du Sénat et 512 aux 64 sièges à la Chambre basse du Parlement. Selon les observateurs internationaux présents, le vote s'est déroulé de façon pacifique. Les 15 000 Casques bleus présents dans le pays depuis octobre 2003 assuraient la sécurité des électeurs.

1990, on assiste à une revalorisation de l'élection dans les processus de transmission du pouvoir en Afrique.

Si dans les années antérieures, l'élection tendait à la légitimation des pouvoirs acquis ou conservés par des procédés autocratiques, le mouvement de démocratisation des systèmes constitutionnels africains a conféré à l'élection une nouvelle fonction politique, celle tendant à assurer une stabilité des institutions républicaines par la transmission pacifique et démocratique du pouvoir d'État. La conséquence de ce mouvement s'affirme à travers l'effectivité du droit de suffrage (1) et l'affirmation du principe majoritaire(2).

1. Les élections pluralistes assurent une effectivité du droit de suffrage

Si le suffrage est, dans un régime démocratique, le moyen par lequel le peuple ou la nation manifeste sa volonté, il permet aux citoyens de jouer un rôle décisif dans la dévolution et l'exercice du pouvoir.

Dans la mesure où il est formé de tous les électeurs, le corps électoral se présente comme le premier des organes de l'État puisque sa volonté est décisive à un double point de vue. D'abord, par l'effet des élections pluralistes et ouvertes, tous les principaux organes de l'État émanent de lui soit directement, soit indirectement. Ensuite, il dispose du pouvoir de contrôler le mandant des gouvernants et trancher les litiges qui peuvent s'élever entre les pouvoirs constitués. En effet, il est fréquent que par un vote sanction ou par un référendum d'arbitrage le corps électoral intervienne dans le débat politique.

En régime démocratique, l'élection politique constitue alors un mode d'exercice de la souveraineté par les citoyens. Ainsi, au cœur de tout système électoral se trouve la problématique du libre exercice du droit de suffrage. L'électeur doit non seulement être en mesure de choisir librement, mais bien plus, l'objet de son choix doit s'ouvrir à des alternatives. Or dans les "dictatures camouflées"[83], l'exercice du droit de suffrage perd cette signification. Il n'est alors « qu'un moyen pour les dirigeants africains de se perpétuer au pouvoir ou un moyen de légitimation formelle du pouvoir conquis et conservé par la violence. À la limite l'élection tourne au plébiscité »[84].

---

[83] Max LINIGER-GOUMAZ, *La démocrature (Dictature camouflée ou démocratie truquée)*, L'Harmattan, Paris, 1992.

[84] P. – F. GONIDEC, *Les systèmes politiques Africains*, *op. cit.*

En revalorisant et en rétablissant le véritable sens de l'élection, le processus démocratique des années 1990 s'inscrit du même coup dans une dynamique assurant sa propre consolidation. L'effectivité du droit de suffrage est d'une importance capitale dans l'analyse et la compréhension des systèmes politiques.

En effet, l'élection est un révélateur du système politique[85]. Elle permet de mettre un accent particulier sur le rôle des citoyens dans les régimes africains en voie de démocratisation et confère à l'évolution des systèmes constitutionnels une signification fondamentale que les seules transformations institutionnelles ne peuvent permettre de comprendre. Le droit de suffrage assure aux citoyens un rôle de premier plan dans la vie des institutions politiques.

C'est d'ailleurs sur cette base que Maurice DUVERGER établit une distinction entre le parlementarisme majoritaire impliquant une forme moderne de démocratie directe et le parlementarisme non majoritaire conduisant à une démocratie "médiatisée"[86].

On peut donc noter qu'en Afrique dans un mouvement progressif les citoyens s'arrogent un véritable pouvoir politique de décision leur permettant d'arbitrer la compétition entre les acteurs politiques. De plus en plus, en dehors de quelques cas isolés, aucune élection n'est gagnée d'avance.

Il est même devenu difficile pour les partis au pouvoir de remporter une élection au premier tour du scrutin avec des résultats faramineux ou même de se maintenir au pouvoir pendant plusieurs décennies. En rompant avec les pratiques antérieures liées au système du parti unique et accédant à la plénitude des prérogatives que lui confère son droit de suffrage, l'électeur est devenu, du fait de la tenue d'élections pluralistes à intervalles réguliers, non un simple militant, mais plutôt un citoyen à part entière.

Pour Daniel COMPAGNON, cette évolution du statut de l'électeur vient contredire les conclusions de certaines études empiriques sur les

---

[85] Daniel COMPAGNON, « Pour une analyse multidimensionnelle du processus électoral africain : historicité, comparaison et institutionnalisation », communication au colloque organisé par l'AFSP (sous la direction de Patrick QUANTIN), *Voter en Afrique : différenciation et comparaison*, Institut d'études politiques de Bordeaux, 7 - 8 mars 2002.

[86] Maurice DUVERGER, « Les vaches sacrées », *Itinéraires. Études en l'honneur de Léo Hamon*, Paris, Economica, 1982, p. 639-645.

systèmes électoraux africains[87]. Le malaise que peuvent susciter ces conclusions dans le contexte de démocratisation des États d'Afrique ne provient pas, dans la plupart des cas, de la qualité de l'enquête empirique qui sous-tend ces études ni la pertinence des analyses des pratiques électorales, mais résulte plutôt de la façon dont le problème du processus électoral et de sa signification est posé quand il s'agit de l'Afrique.

Comme le note si bien Daniel COMPAGNON, quand le politiste s'intéresse aux élections en Afrique, c'est pour souligner qu'elles "ne sont pas comme les autres" ; soit qu'il s'agit d'élections "sans choix", voire sans électeurs, les masses africaines étant réputées amorphes et analphabètes, inaptes par culture au choix individuel puisque enserrées une fois pour toutes dans les logiques clientélistes de l'intérêt matériel immédiat ; soit qu'on les juge au contraire à l'aune de la normalité démocratique occidentale ; elles sont dès lors condamnées à n'être qu'imparfaites, au mieux des imitations malhabiles des rituels électoraux occidentaux, au pire de simples simulacres[88].

Ainsi, suite de la revendication démocratique des années 1990, les populations africaines prennent de plus en plus conscience du droit fondamental qu'elles détiennent dans la désignation de leurs représentants. Cette réalité se justifie en pratique par l'affirmation du principe majoritaire.

2. Les élections pluralistes garantissent une affirmation du principe majoritaire

L'affirmation du principe majoritaire est l'une des conséquences de l'effectivité du droit de suffrage dans les États africains multipartites. En effet, lorsqu'on *"évoque le principe majoritaire (...), on se situe d'emblée dans le régime représentatif [...] le principe majoritaire se présente comme l'alternative à la vision mythique d'une démocratie unanimiste ou consensuelle. L'échec de cette dernière forme de démocratie en Afrique invite à épouser (...) la démocratie majoritaire"*[89].

[87] Daniel COMPAGNON, « Pour une analyse multidimensionnelle du processus électoral africain : historicité, comparaison et institutionnalisation », art. précit.

[88] *Ibid.*

[89] MELEDJE DJEDJRO F., « Principe majoritaire et démocratie en Afrique », *in* Babarcar KANTE et Marlies E. PIETERMAAT-KROS (sous la dir. de), *Vers la*

Le principe majoritaire ne se confond pas nécessairement avec un système électoral de type majoritaire, dans la mesure où la règle de la majorité est consubstantielle à tout système de représentation des citoyens par le procédé de l'élection. Même lorsqu'on se trouve dans un système électoral basé sur la représentation proportionnelle, comme c'est le cas pour la République sud-africaine, le principe majoritaire n'est pas entièrement ignoré. Sinon, comment aurait-on pu parler de la victoire du Congrès National Africain au cours des élections nationales et provinciales de 1994, de 1999 et de 2004. Il suffit de s'en tenir à la répartition de sièges au Parlement pour se convaincre de l'affirmation du principe majoritaire dans le système électoral sud-africain. Le Congrès National Africain qui a remporté ces différentes échéances électorales a toujours détenu la majorité des sièges au sien du Parlement. En outre, c'est sur la base du principe majoritaire que le Président de la République sud-africaine est élu par l'Assemblée parlementaire.

Mais, au-delà du système électoral et la dévolution du pouvoir, le principe majoritaire permet d'assurer la stabilité dans l'exercice de la puissance étatique. Puisque le pouvoir est exercé par le parti politique ou l'autorité politique qui détient la majorité au sein de l'électorat, la mouvance au pouvoir s'y maintiendra tant qu'elle n'a pas perdu la confiance des électeurs. Cela suppose que soient écartés les coups d'État et autres pratiques autocratiques. En tout état de cause, le fait est que par l'effet de l'affirmation du principe majoritaire "dans cette nouvelle ère de transition à la démocratie, les systèmes politiques africains se présentent comme devant abandonner les procédés autoritaires et autocratiques d'accession au pouvoir ; ils adoptent le régime électoral comme voie exclusive et légitime de conquête du pouvoir"[90].

Par ailleurs, l'affirmation du principe majoritaire conduit à l'affaiblissement du clanisme, de l'ethnicisme et du régionalisme électoral et politique. Si, le système du parti unique a servi de terreau fertile à ces formes de déviances, dans le contexte actuel, la pratique des élections pluralistes tend à endiguer leur évolution. Le principe majoritaire oblige les partis à s'étendre à toutes les catégories sociales

---

renaissance du Constitutionnalisme en Afrique, Gorée institute, Sénégal, 1998, p. 54 à 67.

[90] MELEDJE DJEDJRO F, « Principe majoritaire et démocratie en Afrique », art. précit., p. 55.

et à couvrir toute l'étendue du territoire national en se donnant ainsi une assise nationale.

Du point de vue du système des partis, le principe majoritaire tend à introduire un bouleversement dans la logique partisane. De plus en plus, les partis politiques sont en perte de vitesse au profit du charisme personnel des leaders politiques. En effet, on constate à la suite des élections pluralistes de l'ère de la démocratisation que les électeurs votent plus pour un leader politique que pour un parti ; il s'établit ainsi un contrat personnel entre ces deux agents politiques. Tant que le leader répond aux aspirations de ses mandants, il bénéficiera du renouvellement de leur confiance au cours des échéances électorales. Mais, dès qu'il s'éloigne des attentes de ses électeurs, ceux-ci n'hésitent pas à le sanctionner par un vote contraire.

À titre d'illustration, on peut évoquer la victoire de Monsieur Nicephore SOGLO sur le Président sortant Mathieu KEREKOU à l'issue de l'élection présidentielle de mars 1991 et le retour au pouvoir de ce dernier lors de l'élection présidentielle du 17 mars 1996. D'ailleurs, il y restera jusqu'aux élections présidentielles de 2006 qui marquent la fin de ses deux mandats constitutionnels. Les électeurs qui avaient manifesté leur confiance au Président SOGLO en 1991 l'ont pour des raisons diverses sanctionné par un vote contraire aux échéances électorales qui ont suivi.

Ce phénomène de leadership électoral est souvent à la base du refus de certains dirigeants africains de quitter le pouvoir ; estimant, sans doute avec raison, que leur départ du pouvoir marquera la fin de l'hégémonie de leur parti. En effet, sentant que la confiance que les électeurs ont placée en eux est toujours vivace, ils se refusent à interrompre leur gloire politique trop tôt. C'est ce qui justifie, dans certains cas, la révision des dispositions constitutionnelles relatives à la limitation du mandat présidentiel[91].

Malheureusement, cette pratique qui a eu cours en Guinée, au Togo, au Gabon, au Burkina, en Tunisie, au Tchad contrevient aux exigences démocratiques en rendant difficile l'alternance par les élections concurrentielles.

---

91 Augustin LOADA, « La limitation du nombre de mandats présidentiels en Afrique francophone », art. précit.

CONCLUSION

La pratique des élections pluralistes par les États d'Afrique est l'expression du renouveau des systèmes électoraux. Même si, on observe une certaine persistance des pratiques autocratiques ou pseudo-démocratiques, il est incontestable que les régimes politiques africains s'inscrivent progressivement dans une dynamique tendant à la stabilisation du mouvement de démocratisation. Ce faisant, dans plusieurs États, on a pu enregistrer des alternances démocratiques au pouvoir.

La première vague de l'alternance au pouvoir est consécutive au mouvement de démocratisation des années 1990. Elle procède des élections présidentielles au Bénin[92], au Burundi[93], au Cap-Vert[94], au Congo[95], à Madagascar[96], au Mali[97], au Niger[98], à Sao Tomé[99], en Zambie[100] et en Afrique du Sud[101].

La deuxième vague d'alternances démocratiques débute avec la fin des premières élections de transition. Elle s'étend progressivement à un grand nombre d'États, notamment le Sénégal, le Ghana, le Bénin, le Mali.... Ce mouvement est favorisé par la limitation du mandat présidentiel, qui ne doit pas, en règle générale, excéder dix années consécutives. Le départ des leaders charismatiques a affaibli certains anciens partis au pouvoir, qui sont obligés de poursuivre leurs activités politiques dans l'opposition.

---

[92] L'alternance démocratique du Bénin s'est opérée en mars 1991, à l'issue de l'élection présidentielle de mars 1991.

[93] Au Burundi, l'alternance a eu lieu à la suite des élections présidentielles de juin 1993.

[94] L'alternance démocratique s'est opérée au Cap-Vert à la suite des élections présidentielles de février 1991.

[95] Au Congo, l'alternance s'est opérée en août 1992, dans le cadre des élections présidentielles.

[96] L'alternance démocratique malgache a eu lieu dans le cadre des élections présidentielles de février 1993.

[97] Au Mali, c'est dans le cadre des élections présidentielles d'avril 1992 que l'alternance démocratique s'est produite.

[98] Au Niger, l'alternance démocratique s'est opérée, en mars 1993, à l'issue des élections présidentielles.

[99] L'alternance a eu lieu à l'issue des élections présidentielles de mars 1991.

[100] L'alternance a eu lieu dans le cadre des élections présidentielles d'octobre 1991.

[101] L'alternance s'est opérée en 1994, à l'issue des élections de 1994.

RÉFÉRENCES BIBLIOGRAPHIQUES

Ouvrages

ACHOUR Rafaâ Ben, GICQUEL Jean, MILACIC Slobodan : (sous la dir. de), *La démocratie représentative devant un défi historique*, Bruylant, Bruxelles, 2006.

CABANIS André et LOUIS MARTIN Michel, *Les Constitutions d'Afrique francophone, Evolutions récentes*, Editions Karthala, Paris, 1999

COULIBALY Abdou Latif, *Le Sénégal à l'épreuve de la démocratie. Enquête sur 50 ans de lutte et de complots au sein de l'élite socialiste*, L'Harmattan, Paris, 1999, 294 p.

DALOZ Jean-Pascal et QUANTIN Patrick, *Transitions démocratiques africaines*, Editions Karthala, Paris, 1997.

DISSOU Machioudi, *Le Bénin et l'épreuve démocratique, Les élections des élections de 1991 à 2001*, L'Harmattan, Paris 2002, p.114.

FALL Ismaïla Madior, *Évolution constitutionnelle du Sénégal : de la veille de l'indépendance aux élections de 2007*, CREDILA, CREPOS, Dakar, 2007, 181p.

GONIDEC Pierre-François, *Les systèmes politiques africains*, 2ème édition, LGDJ, Paris, 1978.

LAFARGUE Jérôme, *Contestation démocratique en Afrique, Sociologie de la protestation au Kenya et Zambie*, KARTHALA – IFRA, 1996.

LAVROFF Dmitri Georges, *Les systèmes constitutionnels en Afrique noire*, Editions A. Pedone, Paris, 1976 ; Maurice-Pierre ROY, *Les régimes politiques du tiers-monde*, LGDJ, Paris, 1977

LINIGER-GOUMAZ Max, *La démocrature (Dictature camouflée ou démocratie truquée)*, L'Harmattan, Paris, 1992.

LOADA Augustin et IBRIGA Luc M., *Droit constitutionnel et institutions politiques*, PADEG, Burkina-Faso, 2007.

MASCLET Jean-Claude, *Droit électoral*, 1ère édition, Puf, Paris, 1989.

MONGA Célestin, *Anthropologie de la colère : société civile et démocratie en Afrique noire*, L'harmattan, 1994

OWONA Joseph, *Droit constitutionnel et régime politique africains*, Berger-Levrault, Paris, 1985.

WODIE Vangah Francis, *Institution politique et droit constitutionnel en Côte d'Ivoire*, PUCI, Abidjan, 1996

ZAHIR FARES, *Afrique et Démocratie*, L'Harmattan, Collection « Afrique 2000 », Paris, 1993.

Articles

AKINDES Francis, « Les transitions démocratiques à l'épreuve des faits - Réflexion à partir des expériences des pays d'Afrique noire francophone », *in* : Christine DESOUCHE (sous la dir. de), *Bilan des Conférences nationales et autres processus de transition démocratique*, Acte de la Conférence régionale africaine préparatoire (IVe Conférence internationales sur les démocratie nouvelles ou rétablies), Organisation Internationale de la Francophonie, Paris, 2000.

Aloa Sadikou Ayo, « Élections démocratiques en Afrique de l'Ouest et du Centre, Bilan critique et perspectives », *Afrique Démocratie*, Vol. 1, n°1, Mars 1994, p.6.

AMAÏZO Ekoué Yves, « Après la Baule : la « démocrafricaine » ou l'interdépendance inachevée », *Revue Générale de stratégie*, AGIR, 2001.

BAYART Jean-François, CONSTANTIN François, COULON Christian, MARTIN Denis, « Par le canal du scrutin, Comment dépouiller les élections africaines? », *in* D.G. LAVROFF (Sous la dir. de), *Aux urnes l'Afrique !, Élections et pouvoirs en Afrique noire*, Edition A. Pedone, Paris, 1978, p. 1 à 24.

BRARD Yves et VIOU Michel, « La démocratisation des institutions politiques de la Côte d'Ivoire », *RJPIC*, 1982, p. 735 et s.

BRIGOT André, « Madagascar : des élections à la guerre civile ? », *Débats stratégiques*, n°61 - Mars 2002.

COMPAGNON Daniel, « Pour une analyse multidimensionnelle du processus électoral africain: historicité, comparaison et institutionnalisation », communication au colloque organisé par l'AFSP (sous la direction de Patrick QUANTIN), *Voter en Afrique : différenciation et comparaison*, Institut d'études politiques de Bordeaux, 7 - 8 mars 2002.

CONSTANTIN François, « Jours d'élections en Zambie - l'électeur arbitre d'une partie à moitié jouée », *in* (sous la dir. de) D. G. LAVROFF(Sous la dir. de), *Aux urnes l'Afrique !, Élections et pouvoirs en Afrique noire*, Edition A. Pedone, Paris, 1978, p. 25 à 78.

COULON Christian, « Élections, factions et idéologies au Sénégal », *in* D. G. LAVROFF (sous la dir. de), *Aux urnes l'Afrique, op. cit.*, p. 149.

De BRITO Luis, « Des élections pour la paix au Mozambique », *Politique africaine*, n°56, 1994, p.144 à 146.

DUVERGER Maurice, «Les vaches sacrées», *Itinéraires. Études en l'honneur de Léo Hamon*, Paris, Economica, 1982, p. 639-645.

FALL Ibrahim, « Esquisse d'une théorie de la transition : du monopartisme au multipartisme en Afrique », *in* Gérard CONAC (sous la dir. de), *L'Afrique en transition vers le pluralisme politique*, Economica, Paris, 1993.

GUIE Kacou Honoré, « Les Commissions électorales en Afrique de l'Ouest », *Débats - Courrier d'Afrique de l'Ouest*, n°11, Janvier 2004, p.17.

HERVOUET François, « Le processus de concentration des pouvoirs par le Président de la République au Gabon », Penant, 1983, p. 5 à 25.

HOUNTON Joseph-Louis, « Rôle de la société civile dans le soutien du processus démocratique », *Afrique Démocratie et Développement*, n°011, 1996, p. 83 à 84.

ILLIASSOU Ali et ALOU Mahaman Tidjani, « Processus électoral et démocratisation au Niger », *Politique africaine*, 1994

LATH Yédoh Sébastien, « La "représentation" des citoyens dans les systèmes politiques contemporains », *Débats Courrier d'Afrique de l'Ouest*, n°29 - Novembre 2005, p.15 à 20.

LOADA Augustin, « La limitation du nombre de mandats présidentiels en Afrique francophone », *Revue électronique Afrilex* n°3/2003, p.

LOOTVOET Benoît, « Guinée ; les tentations du passé: élément d'analyse de la scène politique », *L'Afrique politique* 1996 : Démocratisation, arrêt sur images, Karthala, Paris, 1996, p.85 à 108.

MELEDJE DJEDJRO Francisco, « Principe majoritaire et démocratie en Afrique », *in* Babarcar KANTE et Marlies E. PIETERMAAT-KROS (sous la dir. de), *Vers la renaissance du Constitutionnalisme en Afrique*, Gorée institute, Sénégal, 1998, p. 54 à 67.

MONKOTON Kuassi Jean-Baptiste, « Une nouvelle voie d'accès au pluralisme : la conférence nationale souveraine », *Afrique 2000*, VII, p. 41-53.

NAMBO Joseph John, « Parodie d'élection présidentielle au Gabon », *Politique africaine*, 1994, p.133 et s.

NZOUANKEU Jacques Mariel, « L'Afrique devant l'idée de démocratie », *Revue internationale des sciences sociales*, n°128, mai 1991, p. 397 – 409.

PANTER-BRICK Keith, « Trois exceptions à la règle: le multipartisme à Maurice, au Botswana et au Nigeria », *in* Gérard CONAC (sous la dir. de), *L'Afrique en transition vers le pluralisme politique*, Economica, Paris, 1993.

PILON Marc, « L'observation des processus électoraux : enseignements de l'élection présidentielle au Togo (août 1993) », *Politique africaine*, n°56, 1994.

RAJAONA Andrianaivo Ravelona, « Le juge, les urnes et la rue. Figures judiciaires et variations juridiques autour de la crise politique malgache », *Revue Juridique et Politique*, n°4, 2003, p. 391 à 444.

SYLLA Lanciné, « La gestion démocratique du pluralisme socio-politique en Afrique. Deux modèles : démocratie concurrentielle et démocratie consociationnelle », *Annales de l'université d'Abidjan*, Tome XII, ethnosociologie 1984, p. 27 et s.

WODIE Vangah Francis, « Régimes militaires et constitutionnalisme en Afrique », *Penant*, 1990, p.195 et s.

Normes et codes

Déclaration universelle des droits de l'homme

Convention interaméricaine des droits de l'homme de 1969

Charte africaine des droits de l'homme et des peuples

Convention européenne des droits de l'homme du 4 novembre 1950

Thèses

ADELOUI Arsène-Joël, *Transitions démocratiques et coopération au développement. Approche comparative Bénin, Mali, Niger et Togo*, Thèse de Doctorat, Chaire UNESCO des droits de la personnes et de la démocratie, Université d'Abomey-Calavi (Bénin), 2006, 589p.

KOKOROKO Komla Dodzi, *Contribution à l'étude de l'observation internationale des élections*, Thèse pour le Doctorat en droit, Université de Poitiers, Faculté de droit et de sciences sociales, mars 2005, 487p.

ETATS, GOUVERNANCES ET DEVELOPPEMENTS

Patrizio TRANSCENDE
gwpad@live.fr
Docteur en Science Politique de l'Université de Caen
Inspecteur des Finances Publiques - Région parisienne

Résumé

Le concept d'État, comme celui de gouvernance ou de développement, est pluriel et multidimensionnel. De plus, les deux premiers concepts peuvent être mis en parallèle, chaque conception de l'État induisant une conception spécifique de la gouvernance. Il est donc légitime d'examiner les modes de gouvernance engendrés par ces diverses modalités de l'État et de se demander s'ils répondent à l'exigence de développement personnel des citoyens ou s'ils ne servent au contraire que les intérêts d'une oligarchie. La question posée est donc de savoir quel type de gouvernance est en mesure d'assurer le développement personnel optimal de la majorité des citoyens. Ainsi la crise actuelle de la gouvernance peut-elle s'analyser comme une crise de l'État et une aspiration au renouvellement du concept. L'accent sera ici mis particulièrement sur la dimension fiscale de l'État avec en filigrane la question de savoir si cette dernière doit préserver un domaine de souveraineté étatique ou s'orienter au contraire vers une harmonisation unitaire au niveau européen voire mondial.

Mots-clés

État – gouvernance – développement

Abstract

Concepts such as State governance and development are multidimensional. Therefore a parallel can be drawn between state and governance, each concept of state leading to a specific form of governance. We discuss here several forms of governance in relation with various forms of state. The question raised here is if they contribute to the development of the majority of citizens or only represent the interest of an oligarchy. Crises of governance can be also analysed as a crisis of the state and the way towards a new form.

In this paper we underline the fiscal aspect of state and asking if this function should remain in the field of sovereignty of the state or be submitted to harmonization at the european or global level.

Keywords
State – Governance – Development

INTRODUCTION

– L'objectif de développement humain doit être le fruit d'une bonne gouvernance qui se traduit en principe par l'existence d'un État juste et efficace –

Les concepts de Gouvernance, État et Développement sont complexes et multidimensionnels. Il convient de les définir dans leurs diverses acceptions avant de tenter d'examiner les corrélations et interactions qui existent entre eux. Selon l'approche retenue ici, l'objectif initial est celui de développement personnel et pose la question des moyens (Type d'État et modalité de gouvernance) censés répondre à cet objectif préalablement identifié. Le concept général de gouvernance s'impose au citoyen comme un fait politique plus ou moins accepté alors que le développement personnel se vit comme un objectif souhaitable mais rarement atteint conformément aux attentes des individus. Parallèlement à ces notions, le développement peut être qualifié de personnel (à titre individuel) ou économique (à titre collectif global) ou encore d'humain (englobant les deux conceptions précédentes). La notion première et centrale nous paraît être celle de développement personnel, défini comme objectif principal en dehors des systèmes totalitaires ou le bonheur individuel est sacrifié sur l'autel d'une collectivité uniformisée. La question se pose donc de savoir si celui-ci dépend de nos efforts personnels ou plutôt de l'action de nos gouvernants, ou encore de l'action conjuguée de ces deux facteurs. Nous aspirons fondamentalement en tant que citoyens à nous développer, à progresser à atteindre la réussite matérielle et morale.

Le développement personnel devrait en principe découler du développement économique général. Mais ce corollaire n'est nullement évident car il pose la question de la répartition des fruits de la croissance, ainsi que le sort des minorités et des laissés pour compte. Les gouvernants et chefs d'État sont soucieux en principe du bien-être de l'ensemble de la population, et accessoirement de leur réélection, mesuré par des indicateurs statistiques globaux qui laissent dans l'ombre les minorités opprimées ou les individus marginalisés. Le lien entre développement économique et développement humain avec réduction des inégalités n'est cependant nullement évident.

Après les analyses optimistes de Kuznets et Solow dans les années 50 avec la mise en évidence de la fameuse courbe de Kuznets (1955) corrélant positivement croissance et réduction des inégalités, les travaux récents de Thomas Piketty (2013) concluent à un renforcement des inégalités en parallèle au développement économique. Ainsi, le lien entre bonne gouvernance, développement économique et développement personnel via le développement économique n'est nullement acquis d'avance et reste encore à démontrer.

La gouvernance est d'abord un fait, nous ne la choisissons pas vraiment, elle nous est plutôt imposée de l'extérieur par des forces qui nous dépassent. Elle s'impose souvent aux citoyens comme une contrainte que comme un objectif librement choisi. Nous sommes certes censés choisir nos gouvernants dans un système démocratique mais de fait, par le biais des mécanismes politiques, investitures, alliances et manipulations diverses de l'ordre du marketing politique, nous ne les choisissons pas vraiment par le jeu d'un filtrage serré des candidatures.

Les modalités de la gouvernance peuvent être subdivisées en trois grandes conceptions : la gouvernance nationale dans le cadre d'un État souverain, la gouvernance régionale, ou mondiale dans le cadre d'un super-État défini au niveau régional intégré voire au niveau mondial. Elle peut être pensée au niveau local et domestique ou au contraire global et régional. C'est cette dernière déclinaison sectorielle que nous retiendrons ici.

Nous commencerons par rappeler les caractéristiques des crises qui traversent notre époque, qu'il s'agisse d'une crise de l'État ou de la démocratie pour nous interroger dans un deuxième temps sur les scénarios envisageables de sortie de crise , soit la forme d'un gouvernement mondial ou plus modestement d'une harmonisation régionale voire mondiale du système fiscal.

1. L'ETAT CONCEPT MULTIFORME ET PLURIDIMENSIONNEL EVOLUE AU FIL DES CRISES ECONOMIQUES SUCCESSIVES DONT LA RESOLUTION POTENTIELLE PEUT SE TRADUIRE PAR UNE MUTATION DE LA FORME ETATIQUE EN VIGUEUR

L'État comme vecteur de gouvernance subit régulièrement des mutations historiques et passe d'une forme à l'autre lorsque l'une des formes s'avère inadaptée lors d'une période de crise souvent douloureuse. La forme d'État qui résulte de la résolution de la crise peut d'ailleurs constituer un progrès ou au contraire une régression par rapport à la forme antérieure qu'elle remplace et qu'elle est censée surpasser. Dans la conception classique idéale issue des philosophes « contractualistes » (Thomas HOBBES dans le Léviathan ou Jean Jacques ROUSSEAU dans le contrat social), l'État se définit d'abord comme une entité régulatrice, censée assurer la défense de l'intérêt général face à la prédominance originelle des intérêts particuliers.

Selon cette conception, les citoyens confient leur destin à des représentants élus censés répondre à l'intérêt général, le développement économique et en particulier leur exigence de développement personnel. Cette idéale conception est cependant largement battue en brèche par le développement de la corruption et des nombreux scandales mis en lumière par l'actualité. Elle est aussi débattue et remise en cause suite aux travaux récents sur le sujet. Ainsi Wolfgang Streeck (2006[102], 2014a, 2014b, 2016), se plaçant dans la lignée de l'École de Francfort, distingue quatre phases dans l'histoire récente du capitalisme depuis la fin des trente glorieuses, caractérisée par la succession de l'État fiscal, de l'État débiteur (Debt-State) de l'État de consolidation et enfin de l'État post-démocratique. Il soutient de plus la thèse que le capitalisme sous sa forme contemporaine est amené à disparaître sous l'effet de cinq causes concomitantes (affaiblissement de la croissance, existence d'oligarchies, déclin de la sphère publique, aggravation de la corruption, désordre international) porte en germe la disparition de la démocratie (Streeck 2014b). L'analyse historique de Wolfgang Streeck débouche finalement sur le constat sans appel d'un découplage final entre les intérêts des oligarques et ceux du peuple mais il ne propose pas de vision alternative de l'État découlant de la résolution supposée de la crise contemporaine. Selon ses analyses, l'État a, peu à peu changé de nature sous l'effet de la révolution néolibérale à l'œuvre, impulsée sur le plan théorique par des penseurs tels que Friedrich Hayek ou Milton Friedman et mise en œuvre dans les années quatre-vingt par des gouvernants tels que Margaret Thatcher ou Ronald Reagan. On serait ainsi passé de l'État fiscal à l'État débiteur.

[102] Discours à la maison de la chimie en octobre 2006.

Selon la première conception, l'État fiscal interventionniste agissant au nom de la défense de l'intérêt général pour corriger les inégalités sociales pratique une politique de redistribution des richesses en taxant les plus riches pour corriger les inégalités de revenus. Selon la seconde conception de nature néolibérale, les inégalités de revenus et de patrimoine sont censées contribuer à la croissance économique et l'État doit éviter de les corriger par une politique fiscale confiscatoire au nom de la justice sociale. Dès lors, l'État renonce à taxer les plus riches pour se tourner auprès des marchés financiers et recourt à la dette plutôt qu'à l'impôt pour rétablir les équilibres budgétaires. Les prélèvements obligatoires sont ainsi revus à la baisse et aussi en parallèle le niveau des dépenses publiques portant sur la protection sociale et les services publics.

On passe ainsi insensiblement de l'État fiscal à l'État débiteur puis à l'État de consolidation, un avatar de l'État débiteur soucieux de consolider l'équilibre budgétaire plus par réduction des dépenses que par augmentation massive des impôts (cas de l'État super-fiscal). Mais cela se fait au prix d'un abandon de la souveraineté populaire et d'un renoncement à l'idéal démocratique, l'État débiteur se trouvant de fait soumis aux désirs des créanciers internationaux. Les gouvernants pourtant démocratiquement élus ne portent plus les aspirations légitimes des citoyens, mais se doivent de présenter des gages aux prêteurs tout en imposant de lourds sacrifices à leurs peuples. C'est notamment la thèse défendue par Philippe Dessertine (2009) qui dénonce un mode de gouvernance où les dirigeants achètent à crédit et sous perfusion la paix sociale en se plaçant sous la dépendance des marchés financiers.

Ainsi l'État débiteur porte-t-il lui même en germe une nouvelle modalité que l'on peut dénommer État post-démocratique. La démocratie érigée en valeur dans le monde occidental paraissait encore compatible avec le développement économique dans une optique keynésienne mais le hayekisme néolibéral voit dans la démocratie redistributive un frein à la croissance. S'il est vrai que la croissance et le plein emploi sont les préoccupations centrales des économistes, leurs analyses peuvent déboucher sur la nécessité de l'abandon de l'idéal démocratique au nom de l'efficacité économique.

Wolfgang Streeck, s'il prédit la fin prochaine du capitalisme ne propose pas de vision alternative. Il en analyse les causes mais on en mesure mal les conséquences. Marx avait en son temps fait cette prédiction de nature apocalyptique mais par une approche beaucoup plus idéologique et historique que statistique et scientifique. De plus, la radicalité de sa pensée l'avait amené à prévoir la disparition pure et simple de l'État plutôt que le passage à une forme supérieure et nouvelle sous l'effet d'une mutation historique. Streeck regrette la disparition progressive des valeurs culturelles et morales qui ont présidé à l'apparition du capitalisme originel : l'éthique protestante selon Max Weber, la condamnation de la cupidité comme substitut à l'intérêt général, la généralisation du principe de Saint Mathieu (donner plus à celui qui a et encore moins à celui qui n'a pas), l'apparition d'une forme de politique-divertissement au sein d'un État spectacle, ce que d'aucuns ont pu appeler une forme de lutte des classes démocratique convertie en politainment (mélange de politique et de divertissement) (Korpi 1983, Crouch 2004).

Renoncer à la démocratie au nom de l'efficacité économique apparaît comme une idée difficilement acceptable. Il est permis de penser que le concept de démocratie est lui même en crise et qu'il est souhaitable d'anticiper une forme nouvelle permettant d'échapper à la dictature des marchés financiers.

2. LA CRISE DE L'ETAT DEBOUCHE DANS SA PHASE ULTIME SUR UNE CRISE DE LA DEMOCRATIE CARACTERISEE PAR L'EMERGENCE DE LA DICTATURE DES MARCHES FINANCIERS CAPABLES D'IMPOSER LEUR LOI A DES ETATS LARGEMENT DEPOUILLES DE LEUR SOUVERAINETE

Le danger immédiat est l'abandon de l'idéal démocratique et simultanément le développement des mouvements extrémistes nationalistes et populistes, voir le retour à une forme d'État totalitaire. La crise financière de 2008 a mis en évidence la limite des mécanismes démocratiques pour sortir les États des crises économiques : des mesures d'austérité budgétaire imposées par la troïka (FMI, Banque mondiale, Union Européenne) aux peuples des pays dits PIGS (Portugal, Irlande, Grèce, Espagne), notamment, contre la volonté populaire et plongeant des milliers de citoyens dans la misère. Dans un certain sens l'État qui a vu naître la démocratie sous sa forme antique pourrait aussi en creuser la tombe sous l'effet des forces économiques qui prennent le dessus sur les forces politiques.

Pour la masse des chômeurs et des laissés pour compte du système, le bouc émissaire est vite trouvé : l'étranger, le migrant, l'Africain qui dans l'imaginaire populaire vole la place et le travail du citoyen de souche. Le danger est bien réel et le paradoxe est immense : c'est bien la masse des chômeurs et précaires, ceux qui ne trouvent pas leur place dans la société, mais qui conservent le droit de voter dans un système démocratique, qui peuvent être tentés pas cette solution dramatique : éliminer l'étranger pour trouver sa place. Cette solution de nature au fond parfaitement démocratique, celle de la revanche de la masse contre l'étranger bouc émissaire va cependant à l'encontre des valeurs humanistes et cosmopolites du monde occidental. Dernière en date dans l'histoire du capitalisme occidental, la crise de 2008 a constitué un véritable séisme dans l'histoire économique et de façon concomitante dans l'histoire de la pensée économique. Elle est, en effet, apparue aux yeux de certains penseurs progressistes non comme la résurgence de ces crises cycliques (Reinigungskrise, crise d'assainissement selon certains auteurs germaniques) inhérentes au système capitaliste sans remettre en cause les principes fondamentaux.

Pour Thomas Piketty (2013), en revanche, la crise de 2008 est loin de constituer un cataclysme comparable à celle de 1930 en termes de chute de la production et d'explosion du chômage. Elle a pu être surmontée par une politique pragmatique d'ajustement monétaire et budgétaire via l'injection de liquidités massives par les banques centrales. Dans cette optique, elle se solde par un ajustement monétaire sans remettre en cause radicalement les fondements de l'ordre social. Il n'en reconnaît pas moins la spécificité et le caractère quasiment apocalyptique en écrivant notamment :

La crise de 2008 apparaît comme la première crise du capitalisme patrimonial mondialisé du XXIème siècle. Il est peu probable que ce soit la dernière. On retrouve cette idée d'apocalypse chez Pierre Jovanovic (2014) dans ses ouvrages aux références bibliques où il énonce que la crise a été surmontée par des artifices monétaires et financiers alors que selon lui elle était annonciatrice de la faillite d'un certain ordre social. Plus proche de nous, le séisme politique de juin

2016 entraîné par la sortie du Royaume Uni de l'Union Européenne entérine l'idée d'une fracture entre l'Europe institutionnelle et celle des citoyens.

Pour les pères fondateurs de l'Europe, en premier lieu Jean Monnet et Robert Schuman, nos gouvernants européens étaient censés garantir le bien commun et l'intérêt général. La construction européenne depuis le traité de Rome de 1957 a successivement imposé la libre circulation des biens des personnes et des capitaux. Mais il existe encore du chemin à faire sur la circulation des données bancaires et la transparence financière. Après l'unification monétaire par la création de l'euro en 1999, l'unification fiscale conjuguée à une lutte efficace contre les paradis fiscaux reste encore à réaliser. Il pourrait prendre la forme d'une sorte d'espace Schengen fiscal où l'Europe imposerait une législation fiscale harmonisée et transparente tout en mettent en place des mécanismes de protection efficaces contre les États qui seraient tentés par le dumping fiscal ou social. Actuellement, les citoyens confrontés à la réalité quotidienne ont eu de plus en plus de mal à reconnaître la légitimité de leurs représentants européens. Ce qui apparaît d'emblée au commun des mortels est la présence des avantages matériels liés à leur fonction de représentation, sous formes de rémunérations et de divers avantages en nature. Mais pour quelles contreparties ? Pour quelle valeur ajoutée ? Une inflation de normes et de production législative sans l'existence d'un système fiscal juste et cohérent au niveau européen. On pouvait s'attendre qu'au Royaume unis les gagnants de l'Europe fassent prévaloir leur voix et on l'a longtemps cru avant un retournement de tendance de dernière minute.

Face à cette crise de l'idéal européen conjuguée à une méfiance accrue vis-à-vis de la classe politique traditionnelle, on est fondé à se demander si la mise en place d'un gouvernement mondial pourrait constituer une solution à cette crise de la gouvernance.

III. FACE A CETTE ANARCHIE INTERNATIONALE LE CONCEPT DE GOUVERNEMENT MONDIAL APPARAIT COMME UNE UTOPIE SEDUISANTE SUR LE PLAN CONCEPTUEL MAIS D'UNE PORTEE LIMITEE DANS LES FAITS

Et si la mise en place d'un gouvernement mondial par nature vecteur d'une vision cosmopolite de l'État capable à la fois de dépasser la dichotomie mise en évidence par Wolfgang Streeck et éviter l'issue dramatique des solutions extrémistes ?

On peut alors rêver d'une sorte d'État cosmopolite ayant vocation à intégrer l'héritage national et l'apport de l'autre dans sa dimension à la fois culturelle et économique. On peut ainsi penser aux utopies imaginées par Paul Otlet et aujourd'hui encore Paul Ghils. Le concept de gouvernance cosmopolite a été bien analysé par ce dernier. Il y voit une forme d'organisation de la gouvernance du monde défini dans sa réponse au livre blanc[103] comme un système planétaire de nature cosmopolite en partant du constat de l'érosion de la souveraineté des États-nations de type post-wesphalien. Selon Paul Ghils, après la chute des grands empires tels que l'empire romain puis de son avatar romain-germanique, l'État post-westphalien céderait ainsi la place à une gouvernance régionale. Ainsi l'Union européenne, en dépit de l'échec de la tentative de constitution européenne en 2005 vite compensé par l'élaboration du traité de Nice devrait pouvoir s'affirmer comme puissance régionale souveraine face aux autres puissances actuellement dominantes (les États-Unis) ou émergentes telles que la Russie, la Chine ou l'Inde.

Au-delà de cette idée d'intégration locale et régionale, se retrouve cette même idée d'élaboration d'une cité mondiale conjuguée à l'idée de connaissance totale chez Paul Otlet (1934).

Il convient de rappeler que son projet de Mondaneum élaboré en 1910 n'a jamais vu le jour en dépit de la collaboration d'architectes prestigieux (Andersen, Hebrard, Le Corbusier) par manque de soutien politique et financier par les gouvernants de l'époque. L'idée est reprise en France par Jacques Attali qui voit dans la mise en place d'un gouvernement mondial la solution au désordre international que déplore Wolfgang Streeck. On peut cependant craindre que cette idée de gouvernement mondial, aussi séduisant qu'il soit connaisse le même sort que l'utopie mondiale imaginée par Paul Otlet. En effet, la mise en place effective des institutions semble encore largement relever de l'utopie, les tentatives historiques (le concert des nations en 1815, la ligue des nations 1920 et l'Organisation des Nations Unies

[103] Livre blanc du comité des régions sur la gouvernance à multiniveaux (multilevel governance) in www.cor.europa.eu Bruxelles 2009.

1945) s'étant toutes soldées par un échec. A chaque fois, le prétendu gouvernement du monde ne disposait d'aucun moyen de prendre des décisions ni de mettre en œuvre des sanctions contre ceux qui ne le respectaient pas.

Même si l'histoire tend à démontrer impossibilité de cette régulation au niveau mondial, l'avenir pourrait en imposer la nécessité en cas de survenance une crise mondiale majeure (menace terroriste, catastrophe écologique, crise économique majeure en particulier crise du système fiscal) qui obligeraient les gouvernants actuels à unir leur force pour faire face à cette menace. Face à ce constat d'échec institutionnel, l'hypothèse que nous formulons ici est que le cosmopolitisme doit désormais plutôt s'imposer comme une caractéristique du développement personnel, le sentiment d'être à titre individuel un citoyen du monde, bien plus que comme un système de gouvernance planétaire de nature cosmopolitique. Dans ce sens et comme le suggère Botiagne Marc Essis (2015a), les cosmopolites s'opposent aux communautaristes qui, eux, présupposent la prédominance de la communauté par rapport à l'individu. Nous adhérons ainsi à sa définition du concept quand il écrit: « En tant que théorie normative des relations internationales, le cosmopolitisme part du constat que tous les hommes disposent de droits fondamentaux inaliénables, indépendamment de leur nationalité, de leur sexe, de la couleur de leur peau, de leur religion ou encore de leur orientation sexuelle. Les cosmopolites en arrivent donc à militer en faveur de la promotion des droits de l'homme, de la justice, de la paix et du dialogue interculturel sur la scène internationale. Pour eux, l'individu a préséance sur toute forme d'organisation sociétale qui elle n'est que contingente. » (Essis 2015b : 45).

Selon cette conception, il s'agit là d'un cosmopolitisme personnel, nous l'appellerons dans la suite « personnaliste »et non « universel » tels que l'ont défini Paul Ghils et avant lui Paul Otlet dans son célèbre *Mondaneum*. En ce sens, c'est l'échange pacifique direct entre les citoyens qui doit être privilégié bien plus que les relations de pouvoir souvent conflictuelles entre puissances territoriales. Au-delà des échanges économiques de biens et services, ce sont les échanges culturels artistiques et sportifs qui peuvent favoriser cette forme de cosmopolitisme individuel et personnaliste.

Selon cette conception, l'État se définit comme l'ensemble des citoyens reliés par des échanges bilatéraux de services économiques et/ou de prestations culturelles dans le cadre d'une entité de régulation externe (l'État au sens classique du terme) réduite au minimum. On retrouve cette corrélation étroite entre politique et culture chez un auteur tel que Stephan Stetter qui, dans une réponse au clash des civilisations dénoncé par Samuel Huntington, a pu écrire :

« Ce n'est pas la culture qui est susceptible de générer les conflits. Ce sont l'inégalité et l'exclusion qui entraînent le besoin de délimitations culturelles. » (Stetter 2015). Là où Huntington prône une forme de ségrégation culturelle face à la menace du clash des civilisations, Stephan Stetter soutient que les échanges culturels sont de nature à les réconcilier.

Selon cette conception « personnaliste » et non institutionnelle du cosmopolitisme, l'État ne disparaît pas comme dans l'utopie anarchiste mais se limite à une instance de régulation externe réduite à sa forme minimale. Il se contente de définir les règles et limites régissant les relations entre citoyens acteurs inter-agissants. De plus ces citoyens voient dans le cosmopolitisme une caractéristique de leur développement personnel étendu plutôt qu'un concept géopolitique. Faut-il dès lors renoncer totalement à l'idée d'une régulation au niveau mondial ? Si l'idée nous paraît encore largement utopique, il semble qu'on puisse s'orienter vers sa mise en place progressive dans un domaine plus restreint tel que la fiscalité.

IV. DEVANT LA GUERRE ECONOMIQUE ET LA CONCURRENCE FISCALE DELOYALE ENTRE ETATS UNE HARMONISATION DES LEGISLATIONS FISCALES AU NIVEAU REGIONAL VOIRE MONDIAL POURRAIT CONSTITUER UN PROGRES CONSIDERABLE

Les États sous leurs formes actuelles rentrent en compétition sur le plan économique et fiscal là où autrefois lors de la période d'expansion coloniale ils rentraient en compétition et en guerre pour la maîtrise de territoires à conquérir et à coloniser. La guerre moderne a changé de nature ; Elle se situe sur le terrain économique, les emplois détruits dans certaines parties du monde étant recréés là où les conditions sont plus favorables aux investisseurs. C'est notamment par le jeu du dumping fiscal et social que certaines zones de la planète deviennent plus attractives pour les investisseurs, d'où cet effet de délocalisation/ Relocalisation des emplois qui constituent la trame de cette guerre économique. De plus pour le citoyen moyen, l'État se réduit à sa dimension fiscale de percepteur de l'impôt bien plus que comme une entité régulatrice supérieure censée veiller sur le bien commun. Ainsi il paraît judicieux de se recentrer sur le seul terrain fiscal avant de prétendre à l'instauration d'un gouvernement mondial exhaustif. Sur le plan fiscal de nombreux mécanismes ingénieux permettent de priver les États de leurs ressources fiscales normales en jouant sur les différentiels de pression fiscale induits par des législations hétérogènes et non coordonnées au plan régional ou mondial.

Ainsi les fraudes potentielles peuvent provenir de l'omission de déclarations de revenus ou de leur sous-évaluation délibérée. Mais, elles proviennent aussi de la capacité plus ou moins légale qu'ont les acteurs économiques, tant les particuliers que les sociétés et surtout les grandes sociétés multinationales ou transnationales, à profiter à leur avantage des différentiels de pression fiscale existant selon les diverses régions de la planète. Ces mécanismes sont d'autant plus à détecter et à sanctionner qu'il est parfois difficile de distinguer ceux qui relèvent de l'optimisation fiscale légale de ceux qui relèvent de la fraude pure et simple ou des mécanismes de rétention d'information et protection de données financières assurées par des banques ou organismes financiers par ailleurs parfaitement respectables.

Carrousel de TVA, transfert de bénéfice des sociétés, localisation fictive ou abusive des particuliers et des sociétés, création de sociétés-écrans ou centre offshore, mise en place de structure de groupe fiscalement intégrés avec création de filiales dégageant des déficits artificiels ou gonflés permettant de s'imputer sur les autres filiales du groupe et in fine de minorer le bénéfice final soumis à l'impôt. Une harmonisation des législations fiscales au niveau européen voire mondial, conjugué à un échange généralisé des informations et mutualisation des moyens de contrôle fiscal sous forme d'instauration d'une super-police fiscale agissant dans le cadre d'une législation simplifiée et harmonisée permettrait de contrer efficacement cet effet d'évitement de l'impôt à la limite ou en dehors de la légalité. Cela supposerait la mise en place d'une instance régulatrice au niveau mondial, ce que l'on serait tenté d'appeler un super-Etat fiscal comme antidote à l'État super-fiscal. Cette dernière forme serait tentée d'appliquer des hausses massives d'impôt pour compenser les pertes entraînées par optimisation ou fraude fiscale. Mais un tel gouvernement aurait vite à dos une population excédée par le matraquage fiscal et ne pourrait sans doute pas rester longtemps en place pour appliquer cette politique de hausses massives d'impôt.

A l'inverse, un super État fiscal éviterait cet écueil suite à la mise en place d'une régulation mondiale ou au moins régionale. On semble déjà progressivement se diriger vers cette forme d´harmonisation : mise en place de mécanismes de transmissions automatiques d'informations entre les grandes banques et les administrations fiscales par le biais de réglementations telles que la directive européenne « épargne » de 2003, de portée encore limitée et surtout la loi américaine dite FATCA de 2010 à caractère beaucoup plus contraignant et généralisé, mise en place de conventions fiscales bilatérales, échange d'informations, abolition des paradis fiscaux, mutualisation des moyens de contrôle fiscal.

Cependant, de nombreux pays, notamment les pays limitrophes mais en dehors de l'Union Européenne, bénéficient encore de régimes dérogatoires restant largement en dehors du champ d'application de la directive de 2003 : Luxembourg, Autriche, Liechtenstein sans compter Monaco ou les îles anglo-normandes. On peut noter que ces territoires ont une obligation de transmission d'informations bancaires par le biais de la loi FATCA mais ne l'ont pas vis-à-vis de l'Union européenne, étant donné les limites de la directive européenne de 2003 qui ne cible que les pays de l'UE et les placements rémunérés sous forme d'intérêt, en particulier les obligations, mais pas les actions. On peut encore regretter que les conventions fiscales bilatérales telles qu'elles existent actuellement fassent appel à des mécanismes de non double imposition hétérogènes suivant l'État concerné : Imputation d'un crédit d'impôt, national ou étranger selon les cas avec un mécanisme de plafonnement complexe ou encore mécanisme d'exonération des revenus de source étrangère retenus pour la détermination d'un taux effectif calculé en fonction du revenu « mondial » du contribuable. A cet égard, la convention fiscale signée entre la France et la Côte d'Ivoire par exemple est particulièrement intéressante. Signée le 6 avril 1966 et encore en vigueur aujourd'hui, elle affiche d'emblée son double objectif, l'élimination des doubles impositions mais aussi l'assistance réciproque en matière d'échanges d'informations. Elle est de plus particulièrement subtile en prévoyant l'octroi d'un crédit d'impôt correspondant soit à l'impôt dû dans l'État initial de référence soit à celui calculé par l'État cocontractant selon la nature des revenus listés de façon exhaustive dans la convention.

On peut enfin regretter l'absence de conventions fiscales entre certains États (par exemple entre la France et le Danemark) ; ce qui place les ressortissants de ces États dans une situation de double imposition particulièrement injuste par rapport aux autres États coopératifs sur le plan fiscal. Les Îles Caïmans, par exemple, actuellement encore sur la liste grise des paradis fiscaux, n'ont pas d'impôt sur les sociétés et n'ont donc pas signé de convention fiscale avec aucun pays seulement des accords bilatéraux avec certains pays scandinaves (Pays-Bas, Irlande) et aussi un accord de 2001 avec les États-Unis pour faciliter les échanges d'informations fiscales. En continuant cette logique de coopération sur le plan fiscal, on peut entrevoir à terme l'instauration d'une harmonisation fiscale généralisée ; ce qui pourrait éviter cette insuffisance, complexité et incohérence législatives entraînées par la multiplicité de conventions bilatérales spécifiques, obéissant à des principes particuliers et variables du moins quand elles ont le mérite d'exister. Dans ce monde idéal d'un système fiscal harmonisé et unifié, les conventions bilatérales avec leur complexité et subtilité actuelle tout comme leur possibilité de contournement, n'auraient d'ailleurs plus de raison d'être. Certains auteurs ont déjà tenté de dessiner les contours d'un système fiscal mondialisé.

Ainsi, Thomas Piketty imagine après l'OMC, cadre de régulation mondiale du commerce l'instauration d'un IMC, l'impôt mondial sur le capital qu'il définit comme une utopie utile. Il récuse dans son ouvrage « Le capital au XXIème siècle la relation de Kuznets héritée des années 50 selon laquelle le développement économique s'accompagnerait d'une réduction concomitante des inégalités. D'après des sources statistiques fiables provenant notamment des archives fiscales, qu'il s'agisse des déclarations de revenus ou de succession, il constate la montée en puissance inexorable des inégalités de revenus et de patrimoine qui pourraient conduire à une crise démocratique majeure si rien n'est fait. Dans le même ordre d'idées, Jacques Attali (2011 : 341) dresse les contours d'une sorte de super État fiscal. Il pourrait prendre la forme soit de prélèvements sur les impôts déjà existants au niveau des États, à l'instar du budget européen. Il pourrait prendre aussi la forme de la création de nouvelles taxes (sur les revenus, sur les transactions ou sur le capital) reversées directement à l'institution mondiale (à l'instar de la taxe actuellement perçue par UNITAID). Jacques ATTALI imagine ainsi la mise en place de 7 taxes mondiales dont le total devrait représenter environ 2% du PIB mondial, soit environ 1500 Milliards de dollars. Il prévoit en parallèle la mise en place d'un Tribunal Économique International censé lutter efficacement contre les infractions à ce système fiscal mondialisé. Il se pose la question dans son ouvrage de 2011 de savoir qui gouvernera le monde demain, mais il est légitime de se demander s'il sera encore gouverné et dans l'affirmative à quel niveau il pourra l'être.

CONCLUSION

Vers un nouvel ordre international par le biais d'une fiscalité renouvelée ? –

Si la mise en place d'un gouvernement mondial, aussi séduisante que soit l'idée, nous paraît relever encore largement de l'utopie tout comme l'absence de gouvernance envisagée par les anarchistes, l'anarchie et l'injustice encore trop présente au niveau international n'en demeure pas moins une réalité qui devient de plus en plus insupportable et risque de déboucher sur une crise majeure si rien n'est fait dans un avenir proche. La solution la plus réaliste nous paraît résider dans la mise en place l'une législation mondiale harmonisée dans un nombre limité de domaines, en particulier dans un domaine relevant encore trop de la souveraineté étatique, celui de la fiscalité. C'est ainsi que cette gouvernance modernisée serait susceptible de favoriser un développement économique plus juste et plus efficace, et son corollaire naturel, le développement personnel effectif de la majorité des citoyens.

RÉFÉRENCES BIBLIOGRAPHIQUES

Ouvrages

ATTALI Jacques, Demain qui gouvernera le monde ?, Fayard, Paris, 2011, 448 p.

CROUCH Colin, *Post-Democracy*, Cambridge Polity Press, Cambridge, 2004, 144p.

DESSERTINE, Philippe, *Ceci n'est pas une crise, juste la fin d'un monde*, Éditions Anne Carrière, Paris, 198 p.

ESSIS Botiagne Marc, *Introduction à la science politique, Subdivisions, Déclinaisons thématiques, Epistémologie*, L'Harmattan, Paris, 2015, 218 p.

JOVANOVIC Pierre, *666*, Le jardin des livres, Paris, 2014, 380 p.

KORPI Walter, *The democratic class struggle*, Routledge, Londres, 1983, 277 p.

OTLET Paul, *Mondaneum, Palais mondial*, Ed. Van Keerberghen et Fils, Bruxelles, 1934.

PIKETTY Thomas, (2013) : Le capital au XXIème siècle, Seuil, Paris, 970 p.

WOLFGANG Streeck, *Du temps acheté. La crise sans cesse ajournée du capitalisme démocratique*, Paris, Éditions Gallimard, coll. « NRF Essais », 2014, 400 p., traduit de l'allemand par Frédéric Joly.

Articles

ESSIS Botiagne Marc, « Les ancrages idéologiques à l'épreuve de la problématique écologique globale, le cas des partis politiques allemands », in *Cosmopolis* 2015-1, pp. 44 – 58.

KUZNETS Simon, « Economic Growth and Income inequality », *The American Economic Review*, No 45(1), pp. 1 – 28.

STETTER Stephan, « Samuel Huntington revisité », *IPG – Internationale Politik und Gesellschaft*, Février, 2015.

STREECK Wolfgang, (2016), « *Comment finira le capitalisme ?* », *in Le débat*, n° 189, Mars-avril 2016, pp. 131-149.

STREECK Wolfgang, « How Will Capitalism End ? », *New Left Review*, nr. 87, Mai – Juin, 2014, pp. 35-64.

STREECK Wolfgang, « The Politics of Exit », *New Left Review*, nr. 88, July-August 2014, pp. 121-129.

Sources Internet

Livre blanc du comité des régions sur la gouvernance à multiniveaux (multilevel governance) in www.cor.europa.eu Bruxelles 2009.

DÉMOCRATIE ET GOUVERNANCE EN CÔTE D'IVOIRE

Botiagne Marc ESSIS
marcessis@gmail.com
Assistant
Département de Science Politique
UFR des Sciences Juridique, Administrative et Politique
Université Félix Houphouët-Boigny de Cocody/ABIDJAN

Résumé

En ayant clairement démontré la consanguinité programmatique existant entre les concepts de démocratie et de gouvernance et en s'appuyant sur le processus politique ivoirien consécutif à la crise postélectorale de 2011 comme base empirique, cet article s'est évertué à en évaluer l'expérience démocratique et le mode de gouvernance. Il en est arrivé à la conclusion que le processus politique en Côte d'Ivoire souffre d'une représentation politique, d'une participation politique, d'une délibération politique et d'une coopération politique suboptimales. Quant à la gouvernance, elle y est empreinte d'incohérences managériales et d'inefficience. Cet article recommande donc la prise en compte de la consanguinité programmatique entre les concepts de démocratie et de gouvernance par les acteurs politiques ivoiriens comme base d'efficience gouvernantielle. Toute chose qui passe par la consolidation de la culture politique et l'observance de l'éthique de la gouvernance.

Mots-clés

Côte d'Ivoire – Démocratie – Gouvernance – Efficience

Abstract

Clearly demonstrating the policy consanguinity between the concepts of democracy and governance and referring to the Ivorian political process after the postelectoral crisis in 2011 as an empirical basis, this paper endeavors to evaluate the democratic experience as well as governance in Ivory Coast. It came to the conclusion that this political process suffers from suboptimal political representation, political participation, political deliberation and political cooperation. With regard to governance, this paper identified some managerial incoherencies and inefficiency. It then recommends the appropriation of the policy consanguinity between democracy and governance by all Ivorian political actors as a sine qua non of governance efficiency. This can only be achieved through the consolidation of political culture as well as the observance of governance ethics in Ivory Coast.

Keywords

Ivory Coast – Democracy – Governance – Efficiency

INTRODUCTION

Les entraves multiformes à l'observance des principes démocratiques et leur corollaire de mauvaise gestion des affaires publiques dans bon nombre de pays à l'échelle globale ont astreint les organisations internationales à ériger la démocratie et de la bonne gouvernance en standards globaux. Ces deux standards sont même devenus des conditions de toute coopération avec les pays en développement en général et plus spécifiquement avec les pays africains. La Côte d'Ivoire, l'une des locomotives de l'Afrique noire francophone, fait aussi face à un impérieux besoin d'observance réelle des principes de démocratie et de bonne gouvernance. Toute chose qui sera rendue beaucoup plus ardue consécutivement à la double décennie de crise militaro-politique qu'elle a connue, plus spécifiquement après la crise postélectorale de 2011. Si ces deux standards connaissent un tel regain d'intérêt et un tel positionnement normatif, c'est assurément parce qu'ils sont les déterminants mêmes de la consécration des libertés individuelles et collectives ; donc gages d'efficience gouvernantielle.

L'état de la recherche sur la gouvernance en Côte d'Ivoire indique une appréciable vitalité depuis 2012. Une telle vitalité pourrait trouver son explication dans le besoin qu'éprouvent les intellectuels de Côte d'Ivoire et d'ailleurs de mettre leur science à contribution dans le cadre de la reconstruction post-conflit. Globalement, ces contributions ont soit un ancrage épistémologique normatif et ontologique, soit un ancrage empirique et analytique. De plus, elles choisissent de s'inscrire dans une perspective thématique sectorielle ou tout simplement dans une perspective beaucoup plus holistique. Tandis que les contributions de Touho (2012), Gbagbo (2012), Beyllignont (2012), Loukou et al. (2013), Katinan (2013), Balou Bi et Dédy (2013), Kassi (2014), Doué (2015), Money (2015), Dandi (2015), Yahot (2015), Kouakou et al. (2015), Robé (2016) ou encore celle de Kouadio 2016 adoptent un ancrage normatif et ontologique et ont forcément une vocation prescriptive, les contributions d'Assalé (2012), Duval (2012), Camara (2014), Koffi (2014), Agbadou (2014), Cla (2015) ou de Mel (2015) ont un ancrage épistémologique empirique et analytique et sont, par conséquent, à forte connotation descriptive, voire technocratique. Cette revue de littérature indique, par ailleurs, que les contributions de Loukou et al. (2012), Balou Bi et

Dédy (2013), Katinan (2013), Zra Bi (2015) et celle de Kouamé (2015) ont une posture idéologique anti-impérialiste ; résultante même de leur orientation critique et dialectique, tandis que celle de Cla (2015) se singularise par sa forte orientation conservatrice.[104] Au-delà des considérations d'ordre épistémologique, l'état de la recherche sur la gouvernance en Côte d'Ivoire révèle que les contributions s'inscrivent majoritairement dans une perspective thématique sectorielle abordant des questions relevant de la gouvernance environnementale (Agbadou 2014, Koffi 2014), de la décentralisation (Mel 2015), de la pauvreté (Camara et al. 2014), de l'identité (Loukou et al. 2012), de la sécurité et des droits de l'homme (Assalé 2012, Beyllignont 2012) ou encore de la santé publique (Robé 2016). Quoique minoritaires, les contributions de Gbagbo (2012) et de Katinan (2013) s'inscrivent dans une perspective beaucoup plus holistique. Cet état de la recherche peut donc aider à mieux percevoir la pertinence scientifique et sociétale de cette contribution.

Aux termes de la formule de Gettysburg telle que lancée par l'ex-président américain Abraham Lincoln le 19 novembre 1863 en pleine guerre civile, la démocratie n'est rien d'autre que le gouvernement du peuple par le peuple et pour le peuple (Ginsberg et al. 2013 : 28ff). Comme on peut le voir, tout pouvoir politique devrait découle du peuple. C'est donc le peuple qui, en toute souveraineté, confère la légitimité à tout pouvoir politique. De ce point de vue, la notion de démocratie est antinomique à celles de monarchie, d'aristocratie ainsi qu'à toutes les formes de gestion autocratiques du pouvoir d'Etat. Le peuple n'étant pas un bloc monolithique, les perceptions et autres obédiences idéologiques des individus et des couches composant un peuple pouvant diverger, voire être conflictuelles, la démocratie a été abusivement confondue au règne de la majorité. Toutefois, un bémol a pu se mettre à une telle vision, de par la consécration de l'impérieuse nécessité de placer les droits de la minorité au cœur même de l'exercice de tout pouvoir démocratique. Cette évolution qualitative, la formule anglo-saxonne *majority rule, minority rights* en rend éloquemment compte (Ginsberg et al. 2013 : 28ff, Roskin et al. 2014 : 108). Toute chose qui sera davantage restituée par cinq substantifs

[104] Quoiqu'ayant une orientation anti-impérialiste, la contribution de Zra Bi (2015) est, de par les alternatives gouvernantielles qu'elle envisage, marquée par un certain conservatisme ethno-centriste.

considérés comme étant consubstantiels à la démocratie, à savoir la représentation, la participation, la délibération et la coopération.

Quant à la notion de gouvernance, elle reflète un besoin certain de moralisation de la gestion du pouvoir d'Etat. De ce point de vue, elle est la résultante d'un besoin de recadrage paradigmatique et programmatique de la gestion des affaires publiques ; gestion qui, il y a encore quelques décennies, était exclusivement réservée aux acteurs gouvernementaux, intergouvernementaux ou multilatéraux. Parler de bonne gouvernance commande que soit levé un coin de voile sur l'évolution sémantique de la notion de gouvernance ainsi que sur les incidences qui sont les siennes en termes de mécanismes, de valeurs et de style de gestion du pouvoir d'Etat. La gouvernance est un substantif qui s'est formé à partir du verbe infinitif *gouverner*. Le substantif classique connu de ce verbe est celui de *gouvernement*. Pourquoi a-t-on à un moment ou à un autre éprouvé le besoin de créer la notion de gouvernance ? La notion de gouvernance vient rendre compte de l'implication souhaitée ou avérée d'acteurs privés tels que les individus, les entreprises et autres organisations de la société civile dans la gestion des affaires publiques aux côtés des acteurs gouvernementaux classiques. La gestion de l'Etat, ce n'est désormais plus l'affaire du seul gouvernement. Cette implication est perçue comme étant gage de transparence et d'efficience dans la gestion des affaires publiques (Cardinal & Andrew 2001 : 7ff, Essis 2010 : 272ff, Braud 2014 : 544ff). D'où la notion de bonne gouvernance qui, aux yeux de certains politologues, laisse transparaître une relative redondance. Car la notion de gouvernance est d'un point de vue essentialiste, forcément bonne et ne saurait s'accommoder de l'épithète *bonne*. Assujettie à une obligation de résultat[105], la bonne gouvernance se veut une gestion participative[106], inclusive[107] et

[105] L'obligation de résultat est, à la base, une exigence du Nouveau Management Public (*New Public Management*) qui s'établi depuis les années 1970 aux USA et qui consacre la gestion axée sur le résultat comme gage d'optimisation de la gestion des affaires publiques.

[106] Il s'agit ici de la prise en compte d'acteurs tels que des citoyens pris individuellement, les entreprises, les organisations de la société civile et les partenaires au développement à toutes les phases du management des politiques publiques que sont la phase de formulation, celle d'exécution et celle d'évaluation.

[107] La notion d'inclusion renvoie à la prise en compte des minorités dans la gestion des affaires publiques.

soutenable[108] des affaires publiques. Susciter l'implication d'autres acteurs en vue de la réalisation de ces objectifs de politiques publiques, c'est bien démocratiser la gestion du pouvoir d'État. Toute chose qui témoigne de la consanguinité programmatique entre les concepts de démocratie et de gouvernance. Quelle est alors la véritable teneur de cette consanguinité et dans quelle mesure la prise en compte de celle-ci peut-elle servir de base à une efficience gouvernantielle en Côte d'Ivoire ?

La réponse à cette double préoccupation commande, dans un premier temps, de faire percevoir la véritable teneur de la consanguinité programmatique entre les concepts de démocratie et de gouvernance. Cet effort de théorisation va, ensuite, servir de base à une évaluation du processus démocratique et de l'offre de gouvernance en Côte d'Ivoire consécutivement à la crise postélectorale de 2011. Enfin et sur la base des insuffisances constatées à l'occasion de cette évaluation, il sera ici question de formuler des recommandations stratégiques en vue d'une efficience gouvernantielle en Côte d'Ivoire (**III**). À cette fin, des ressources conceptuelles spécifiques à la démocratie et à la gouvernance seront mobilisées et serviront de référentiels à l'évaluation (**I**). À côté de cela, aussi bien l'évaluation que la formulation de recommandations s'appuieront sur des données factuelles et statistiques spécifiques à l'expérience démocratique et à la gouvernance en Côte d'Ivoire comme base empirique (**II**).

I. CONSANGUINITE PROGRAMMATIQUE ENTRE LES CONCEPTS DE DEMOCRATIE ET DE GOUVERNANCE

Dans le cadre de la démonstration de la consanguinité programmatique entre les concepts de démocratie, d'une part, et celle de gouvernance, d'autre part, il s'agira, tout d'abord, d'indiquer que l'observance des principes démocratiques n'est rien d'autre qu'une exigence de bonne gouvernance (A). Ensuite, il sera question d'apporter la preuve de ce qu'en retour, la bonne gouvernance se révèle un véritable catalyseur d'enracinement de la démocratie (B).

---

[108] La notion de soutenabilité évoque l'observance du développement durable dans la gestion des affaires publiques et est inspirée de l'anglicisme *sustainable development*.

A. Observance des principes démocratiques: Une exigence de bonne gouvernance

Les trois piliers de la notion de bonne gouvernance que sont la transparence et la responsabilité dans la gestion des affaires publiques, la justice distributive et le développement durable représentent des objectifs stratégiques qui ne peuvent pleinement se réaliser qu'au sein de systèmes politiques démocratiques (Pelinka 2004). C'est-à-dire au sein de systèmes politiques qui auront érigé les principes démocratiques en base de gestion des affaires publiques. Ainsi qu'indiqué en amont, le sens même de la démocratie est suffisamment restitué par quatre substantifs qui lui sont consubstantiels, à savoir la représentation, la participation, la délibération et la coopération (Nida-Rümelin 1999, Nida-Rümelin 2006). La notion de représentation renvoie à l'opportunité offerte aux citoyens de choisir librement leurs représentants à l'occasion d'élections. La représentation est un indicateur pertinent de vitalité démocratique, dans la mesure où elle permet de mesurer le degré de représentativité des élus. Plus spécifiquement, cette exigence de démocratie permet de savoir si les différentes couches de la population d'un système politique donné sont représentées dans, ou à tout le moins prises en compte par, les instances décisionnelles. Comme on peut le voir, la représentation politique est, tout comme la participation politique, une exigence de bonne gouvernance.

Par participation, il faut entendre le fait de permettre à toutes les couches de la population d'un Etat donné de prendre effectivement part au jeu politique. C'est seulement à ce prix que l'inclusion des minorités, l'inclusion des partis de l'opposition, la prise en compte de leurs aspirations et même l'alternance démocratique pourraient devenir réalité. La participation est donc une opportunité d'inclusion individuelle et collective consacrant le droit de vote et l'égalité des chances. L'observance de toutes ces notions inhérentes à la démocratie est un indicateur de bonne gouvernance (Rawls 1975, Habermas 1996). Une gouvernance politiquement, moralement, socialement et écologiquement correcte est, bien entendu, une gouvernance soucieuse de recueillir les aspirations des citoyens en vue de leurs transformations dans le cadre des politiques publiques (Roskin et al. 2014 : 46f). Bien gouverner, c'est aussi chercher à créer les conditions de justice distributive et d'égalité des chances ; c'est-à-dire instaurer un système de gestion qui mette un point d'honneur à une redistribution équitable des ressources publiques et qui fasse, en même temps, preuve de solidarité vis-à-vis des plus faibles, des pauvres ou encore vis-à-vis de ceux dont les libertés fondamentales auront été violées à un moment ou à un autre de l'évolution d'un État donné. Il en va ainsi de la délibération qui représente bien évidemment une exigence de bonne gouvernance.

La délibération commande qu'en démocratie les conditions d'une communication inclusive et dépouillée de toute hégémonie puissent être créées ainsi que l'a recommandé Jürgen Habermas dans sa conceptualisation de l'éthique du discours (Habermas 1991). Créer les conditions de la délibération en démocratie, c'est susciter la prise de parole de toutes les sensibilités politiques, idéologiques, religieuses, sexuelles, etc. en créant les conditions d'une occupation équitable de l'espace médiatique et en créant les conditions d'un véritable débat démocratique, y compris au sein des institutions de la République telles que les parlements. Délibérer, ce n'est pas parler pour parler. Bien au contraire, il s'agit de parler en vue d'impacter la gestion de l'Etat. La délibération est, à n'en point douter, un facteur de bonne gouvernance au même titre que la coopération.

La coopération est la spécificité de la démocratie qui commande que s'instaure une dynamique de collaboration constructive entre les institutions de la République et les partis politiques, entre les institutions de la République et les organisations de la société civile ou encore, entre les partis politiques et les organisations de la société civile ; l'ultime objectif étant d'œuvrer à la protection des droits de l'homme et à la promotion du bien-être. Au cœur du projet de coopération politique se trouve la consécration de l'intérêt général. En tant que telle, la coopération politique est un facteur de bonne gouvernance, car elle est une opportunité de collecte des aspirations en vue de leur déclinaison en projets politiques concrets. On ne peut, à la vérité, bien gouverner que si et seulement si, la gouvernance repose sur la coopération de toutes les parties prenantes au processus politique et reflète, par conséquent, les attentes des citoyens dans leur diversité (Nida-Rümelin 1999).

On le voit, la quadruple vocation représentative, participative, délibérative et coopérative de la démocratie nous permet de comprendre qu'elle demeure une exigence de, pour ne pas dire la condition sine qua non à toute bonne gouvernance. S'il est vrai que la démocratie est la variable indépendante à la bonne gouvernance, force est de reconnaître qu'en retour la bonne gouvernance peut servir de catalyseur à la consolidation de la démocratie.

B. Bonne gouvernance : Base de consolidation de la démocratie

De par les dividendes qu'elle peut générer en termes de paix sociale, de réduction des inégalités sociales et des disparités régionales ou encore en termes de soutenabilité, l'observance de la bonne gouvernance peut qualitativement impacter l'expérience démocratique au sein d'un Etat donné. Ces conséquences positives ne sont, elles-mêmes, rien d'autre que les résultantes du respect scrupuleux de notions telles que la transparence, la responsabilité, la justice distributive et le développement durable dans la gestion des affaires publiques.

Une gestion transparente et responsable des affaires publiques commande que les parties prenantes à une telle activité soient animées de la volonté de tourner le dos à la corruption, de rompre avec toute forme d'opacité. Elles ne devront, en outre, avoir pour motivation principale que la défense de l'intérêt général, de sorte que le résultat de leur gestion profite à tous. Gérer de façon responsable, c'est être disposé à assumer toutes les conséquences positives et négatives de la gestion ; c'est-à-dire être en mesure de rendre compte de sa gestion. Une gestion transparente et responsable a l'avantage d'inspirer confiance et d'éviter les contestations intempestives et autres formes de remise en question de la légitimité d'un pouvoir politique donné. Elle est, par conséquent, source de stabilité institutionnelle et *in fine* de paix sociale. Les efforts de démocratisation ne pouvant porter que dans un climat de paix et de stabilité, il est donc éminemment important de tout mettre en œuvre pour assurer la transparence et la responsabilité dans la gestion du pouvoir d'Etat (Peters 2010: 264f). Il en va ainsi de la notion de justice distributive qui, elle, a pour ultime objectif de dissiper les mécontentements et autres récriminations contre les gouvernants et de fédérer les filles et les fils d'un Etat donné autour de l'idéal de consolidation de l'unité nationale.

Quant à la notion de développement durable, elle place l'homme et l'environnement au cœur de toute gouvernance. La notion de la durabilité prend aussi en compte la notion de la responsabilité intergénérationnelle. De ce point de vue, bien gérer, c'est veiller à ce que les initiatives de gouvernance n'aient pas de conséquences désastreuses non seulement pour l'environnement mais aussi et surtout pour les générations actuelles et futures. Un pouvoir qui foule au pied les exigences du développement durable peut voir son image en pâtir et se discréditer auprès de ses partenaires bilatéraux et multilatéraux. Cela peut *ipso facto* contribuer à une érosion de la légitimité d'un tel pouvoir en interne comme en externe. Outre cela, l'observance du développement durable peut se révéler déterminante pour la stabilité et la paix. En effet, les initiatives de développement durable visent à préserver la biodiversité et garantissent, par là même, un sage usage des ressources naturelles. Étant entendu que bon nombre de conflits armés sont imputables à la raréfaction des ressources, on peut aisément comprendre que la promotion du développement durable soit facteur paix et de stabilité. Promouvoir le développement durable, c'est donc créer les conditions d'une promotion efficiente de la démocratie.

II. ÉVALUATION DE LA DÉMOCRATIE ET DE LA GOUVERNANCE EN CÔTE D'IVOIRE

L'évaluation de la démocratie et de la gouvernance en Côte d'Ivoire révèle, d'une part, que l'expérience démocratique ivoirienne souffre d'une représentation politique, d'une participation politique, d'une délibération politique ainsi que d'une coopération politique suboptimales (A). D'autre part, cette évaluation indique l'existence de graves incohérences managériales et d'une inefficience (B).

A. Une expérience démocratique marquée par une représentation, une participation, une délibération et une coopération suboptimales

L'expérience faite par la Côte d'Ivoire en matière de démocratie consécutivement à la crise postélectorale peut s'évaluer à l'aune des quatre principes retenus dans le cadre de la conceptualisation de la démocratie, à savoir celui de la représentation politique, de la participation politique, de la délibération politique ainsi que celui de la coopération politique.

Relativement à la problématique de la représentation politique en Côte d'Ivoire, les statistiques des dernières élections législatives, régionales et municipales indiquent que les élus ne représentent pas toutes les couches de la population ivoirienne. Ce déficit de représentativité est imputable à la non-participation du Front Populaire Ivoirien (FPI) en particulier et de la majorité des forces politiques acquises à la cause de l'ex-président Laurent Gbagbo à ces différentes élections. A l'issue des élections législatives qui se sont tenues dans la période allant du 11 décembre 2011 au 26 février 2012, par exemple, l'Assemblée Nationale de Côte d'Ivoire a enregistré 136 sièges pour le groupe parlementaire RDR, 88 sièges pour le groupe parlementaire PDCI-RDA, 9 sièges pour le groupe parlementaire UDPCI, 11 sièges pour le groupe parlementaire DIALOGUE et 8 sièges pour le groupe parlementaire ESPERANCE.[109] S'agissant des élections régionales du 21 avril 2013, les statistiques des régions remportées par groupement ou parti politique se présentent comme suit : 9 régions pour le RHDP, 4 régions pour le PDCI-RDA, 11 régions pour le RDR, 11 régions pour les Indépendants, une région pour l'alliance PDCI-RDA/UDPCI et enfin une autre région pour l'UDPCI sur un total de 31 régions (CEI 2013a)[110]. Quant aux élections municipales du 21 avril 2013, elles affichent les statistiques suivantes : 4 communes pour le RHDP, 48 communes pour le PDCI-RDA, 95 communes pour le RDR, 45 communes pour les candidats indépendants et 5 communes pour l'UDPCI sur un total de 197 communes (CEI 2013b).

Toutes ces statistiques sont révélatrices d'un déficit de représentativité de la démocratie telle que vécue en Côte d'Ivoire consécutivement à la crise postélectorale. Une telle situation a pour conséquence la non-prise en compte des attentes et autres desiderata d'une bonne frange de la population ivoirienne. En effet, les élections législatives de décembre 2011 et les élections locales d'avril 2013 ont respectivement enregistré des taux de participation de 36,56% et de 44,03%.[111] Sur cette base, force est de constater que les délibérations au sein du parlement ivoirien sont biaisées, car les attentes et autres aspirations d'environ 63,44% d'Ivoiriens en âge de voter n'y ont pas

[109] Assemblée Nationale de Côte d'Ivoire
http://www.assnat.ci/assembleenationale/?les-groupes-parlementaires-185

[110] CEI : Commission Electorale Indépendante.

[111] Portail Officiel du Gouvernement de Côte d'Ivoire
http://www.gouv.ci/actualite_1.php?recordID=3425

été prises en compte toute une législature durant. S'agissant des élections locales, ce sont environ 55,97% d'Ivoiriens qui sont en marge de toute la gouvernance locale.[112] Un tel constat se confirmera à l'occasion de l'élection du Président de la République du 25 octobre 2015, plus spécifiquement en ce qui concerne la participation politique.

Le processus politique en Côte d'Ivoire indique, consécutivement à la crise postélectorale, une participation politique suboptimale. Cela s'est aisément perçu à l'occasion de l'élection du Président de la République du 25 octobre 2015. En effet, les statistiques de cette élection indiquent un taux de participation de 52,86%, soit 3.330.928 votants sur un total de 6.301.189 inscrits sur les listes électorales (CEI 2015). Ce qui signifie que 47,14% d'Ivoiriens, soit 2.970.261 personnes inscrites sur les listes électorales n'ont pas pris part à cette élection. Cette non-participation peut s'explique par une indifférence relativement à l'évolution du jeu politique en Côte d'Ivoire. Toute la difficulté est de savoir, si les desiderata des cette frange, somme toute importante, de la population ivoirienne sont effectivement pris en compte aussi bien dans la formulation, dans l'exécution que dans l'évaluation des politiques publiques en Côte d'Ivoire.

Une telle donne est révélatrice d'un malaise gouvernantiel certain. Cela renvoie à la question de l'inclusion politique qui est un indicateur même du degré de participation politique. Ici, il s'agit de mesurer le niveau de prise en compte des minorités dans le processus politique. La problématique de l'inclusion politique renvoie à son tour à celle de l'observance de l'égalité des chances. Relativement à cette question, il est notoirement reproché aux pouvoirs publics ivoiriens de s'être inscrits dans une logique de « rattrapage ethnique », depuis 2011 ; avec pour motivation sous-jacente de réparer un certain nombre d'injustices dont les personnes originaires du Nord de la Côte d'Ivoire auraient souffert depuis des décennies (Loukou et al. 2012).[113] Une

---

[112] Cette préoccupation est d'autant plus importante pour les élections locales que, par la magie de la proportionnelle, toutes les sensibilités politiques régionales ou communales sont prises en compte dans le processus décisionnel et ont, par là même, l'occasion d'influer sur les politiques publiques locales.

[113] L'on pourrait être insidieusement tenté d'établir une analogie entre le « rattrapage ethnique » et l'*Affirmative Action* aux USA. Ce serait une méprise grave. Le « rattrapage ethnique » ne repose sur aucune base constitutionnelle, légale

telle orientation ethno-tribale est, à l'évidence, aux antipodes du principe de l'équitable participation de tous au processus politique. Ceci est, d'ailleurs, déploré par la Commission Nationale des Droits de l'Homme de Côte d'Ivoire (CNDHCI), qui, invoquant la consécration de la liberté de réunion et de la liberté de manifestation par la Constitution ivoirienne en son article 11, a constaté, qu'au cours de l'année 2014, par exemple, ces libertés n'ont toujours pas été garanties par les pouvoirs publics. A titre illustratif, la CNDHCI fait mention de l'interdiction des meetings du Front Populaire Ivoirien (FPI) en dates du 16 février 2014 à Abobo et du 17 mai 2014 à Marcory, ainsi que de l'interdiction de la marche de la Coalition des Indignés de Côte d'Ivoire (CICI) le 1er décembre 2014 (CNDHCI 2014 : 14).[114] Comme on a pu le voir, les difficultés inhérentes à la participation politique ne peuvent que compromettre la pleine et entière observance de la démocratie en Côte d'Ivoire. Il en va ainsi de la délibération politique.

S'agissant de la délibération politique en Côte d'Ivoire consécutivement à la crise postélectorale, il faut noter qu'elle souffre de deux maux majeurs que sont la suboptimale représentativité des

---

contrairement à l'*Affirmative Action.* Aux USA, l'Affirmative Action est l'équivalent de la discrimination positive en Grande-Bretagne ou en France et renvoie à des initiatives gouvernementales ayant pour objectif de réparer les injustices résultant de l'histoire politique des USA. Plus concrètement, il s'agit d'un mécanisme qui vise à faire la promotion de la justice, de l'équité au moyen de systèmes de quotas ou de recrutements préférentiels au profit des minorités ou encore des Natives, des populations afro-américaines, hispaniques ou asiatiques. Ce dispositif est l'émanation de trois ordonnances prises en cohérence avec les exigences du *Civil Rights Act* (CRA) promulgué le 2 juillet 1964 par le Président Lyndon Johnson. Mais, à l'origine, ce dispositif avait été mis en place en vertu de l'Ordonnance (*Executive Order*) No 10925 du 6 mars 1961 prise par le Président John F. Kennedy. Cette première ordonnance sera enrichie et remplacée par l'Ordonnance No 11246 du 24 septembre 1965 et par l'Ordonnance No 11375 du 13 octobre 1967, prises toutes deux par le Président Lyndon Johnson. Au-delà de cette exigence de légalité, l'*Affirmative Action* jouit de la matérialité du préjudice à réparer, alors qu'en Côte d'Ivoire, la matérialité de la discrimination des populations du Nord dans/par les instances de gouvernance reste à démontrer empiriquement et certainement arithmétiquement. Voir sur l'*Affirmative Action* : United States Department of Labor https://www.dol.gov/general/topic/hiring/affirmativeact

[114] La CNDHCI souligne le fait même que ces différentes interdictions ne reposent que sur de simples arrêtés municipaux, sans que les conditions de troubles à l'ordre public et d'insuffisance des forces de l'ordre ne soient réunies.

délibérations au sein des instances décisionnelles et l'inéquitable accès aux médias de service public. En effet, l'asymétrique représentativité du parlement ivoirien a pour conséquence de biaiser les débats en son sein. Vu que les forces politiques proches de l'ex-président Laurent Gbagbo ne sont pas représentées à l'Assemblée Nationale de Côte d'Ivoire ou encore dans les conseils des collectivités décentralisées, l'on peut aisément conclure que les délibérations au sein de ces instances ne reflètent pas les aspirations des Ivoiriens dans leurs diversités. Il s'agit, à la vérité, d'instances où ont lieu des débats ouverts sur les questions de société et, donc, des instances d'articulation des politiques publiques. Or, il est arithmétiquement établi que près de la moitié de l'électorat ivoirien n'est pas représentée dans ces instances. On peut donc valablement conclure que leurs desiderata ne sont pas inscrits aux agendas de ces différentes instances.[115] Un tel constat d'irrégularité peut se faire au niveau des médias de service public en Côte d'Ivoire. En effet, le pluralisme politique, à tout le moins en matière de délibération, est consacré en Côte d'Ivoire par l'article 4 de la loi No 2004-644 du 14 décembre 2004 portant régime juridique de la communication audiovisuelle telle que modifiée par l'ordonnance No 2011-474 du 21 décembre 2011 (HACA[116] 2015 : 27). Cette donne est beaucoup plus perceptible dans cette citation extraite de la rubrique « contrôle du pluralisme » du rapport d'activité 2015 de la HACA selon laquelle le pluralisme vise à « *garantir l'accès, le traitement équitables des institutions de la République, des partis politiques, des associations et des citoyens aux organes officiels d'information et de communication* » (HACA 2015 : 27ff). Toutefois, ainsi qu'en témoigne le tableau récapitulatif ci-dessous extrait du rapport d'activité 2015 de la HACA, le contrôle du pluralisme de l'information révèle un net déséquilibre en faveur des pouvoirs publics aussi bien en ce qui concerne le temps d'antenne que relativement au temps de parole. Ce déséquilibre s'accentue, si l'on cumule le temps alloué aux institutions de la République, aux

---

[115] On peut naïvement croire que point n'est besoin d'être effectivement représenté au sein d'une instance décisionnelle donnée pour voir ses attentes prises en compte dans les débats au sein de celle-ci. S'il est vrai qu'en situation normale, un certain nombre de parlementaires ou d'élus locaux suivent leurs propres agendas plutôt que ceux de leurs mandataires, on peut leur concéder au moins le fait de prétendre en leur nom. Dans une telle configuration, il est loisible aux électeurs de les sanctionner quand l'occasion leur est donnée, notamment lors d'élections.

[116] Haute Autorité de la Communication Audiovisuelle.

structures étatiques et aux partis politiques de la coalition au pouvoir. Enfin, c'est une quasi-lapalissade que d'affirmer que, consécutivement à la crise postélectorale, les médias de service public, dont la Radiodiffusion Télévision Ivoirienne (RTI), ne couvrent presque pas les activités des forces politiques proches de l'ex-président Laurent Gbagbo.

Tableau récapitulatif du contrôle du pluralisme de l'information en 2015

	TEMPS D'ANTENNE	TEMPS DE PAROLE
INSTITUTIONS	588 h 53 mn 58 s [SOIT 53,63%]	163 h 25 mn 58 s [SOIT 60,61%]
PARTIS ET GROUPEMENTS	106 h 33 mn 56 s [SOIT 9,70%]	24 h 33 mn 07 s [SOIT 9,11%]
STRUCTURES ÉTATIQUES	106 h 33 mn 56 s [SOIT 9,70%]	24 h 33 mn 07 s [SOIT 9,11%]
ORGANISATIONS INTERNATIONALES	88 h 30 mn 19 s [SOIT 8,06%]	20 h 17 mn 40 s [SOIT 7,53%]
ORGANISATIONS DE LA SOCIÉTÉ CIVILE	175 h 09 mn 35 s [SOIT 15,95%]	32 h 14 mn 01 s [SOIT 11,95%]
SYNDICATS	15 h 59 mn 31 s [SOIT 1,46%]	03h 23mn 49s [SOIT 1,26%]
MOUVEMENTS SOCIAUX À VOCATION POLITIQUE	11h 53mn 50s [SOIT 1,08%]	01h 54mn 40s [SOIT 0,71%]
TOTAL	1098h 05mn 42s [SOIT 100%]	269h 37mn 29s [SOIT 100%]

Source : Haute Autorité de la Communication Audiovisuelle – Rapport d'activité 201

Au total, un tel constat de déséquilibre en matière de délibération politique ne peut qu'être préjudiciable aux efforts de démocratisation du processus politique ivoirien. Toute chose qui aura de graves répercussions sur la coopération politique.

L'évaluation de la coopération politique en Côte d'Ivoire, en tant qu'indicateur pertinent de la vitalité démocratique de tout système politique, donne lieu à un constat d'échec. Cette exigence du processus démocratique trouve son sens dans la constructive et heureuse collaboration entre les institutions de la République et les partis politiques, d'une part, entre les institutions de la République et les organisations de la société civile, d'autre part, ou même entre les partis politiques et les organisations de la société. Elle renvoie, à la vérité, au dialogue politique, lui-même indicateur pertinent de la réconciliation dans toute société postcrise. En Côte d'Ivoire, cet objectif de fluidification du processus politique ; donc de réconciliation nationale est loin d'être atteint. Les difficultés liées à la composition de la Commission Électorale Indépendante (CEI) consécutivement à la crise postélectorale et celles auxquelles fait face le dialogue politique en Côte d'Ivoire en sont d'éloquentes illustrations. En effet, la question de la composition de la CEI est celle qui a définitivement montré le degré d'inconciliabilité des positions entre l'opposition significative et le pouvoir en Côte d'Ivoire. Tout d'abord, Le Front Populaire Ivoirien (FPI), principale force de l'opposition ivoirienne avait marqué son opposition à la reconduction de Monsieur Youssouf Bakayoko à la tête de cette commission. Pour le Front Populaire Ivoirien, celui-ci aurait perdu toute crédibilité sur la base de sa gestion de l'élection présidentielle de 2010. Le Président Alassane Ouattara et ses alliés du RHDP ne se plieront, cependant, pas à une telle exigence du FPI et de ses alliés.[117] A côté de cela, les partis de l'opposition avec à leur tête le Front Populaire Ivoirien vont dénoncer l'asymétrique composition de la CEI et en appeler à une recomposition beaucoup plus équitable. Là encore, leurs desiderata ne seront pas pris en compte. En effet, la CEI se compose actuellement comme suit :

- 01 Représentant du Président de la République
- 01 Représentant du Président de l'Assemblée Nationale
- 01 Représentant du Ministère en charge de l'Administration du Territoire
- 01 Magistrat désigné par le Conseil Supérieur de la Magistrature
- 04 Représentants de la Société Civile

[117] Il s'agit là de l'une des questions majeures qui vont achever de diviser le Front Populaire Ivoirien (FPI), car son Président, Pascal Affi N'guessan, va, au mépris des décisions issues des délibérations au sein des instances de ce parti, décider de nommer un représentant du FPI à la CEI.

- 04 Représentants du parti ou groupement politique au pouvoir
- 04 Représentants des partis ou groupements politiques de l'opposition

Comme on peut le voir, sur un total de 17 Représentants, environ 11 sont potentiellement acquis à la cause du pouvoir, tandis que les 06 autres restants représentent les forces de l'opposition.[118] S'agissant du dialogue politique, il renvoie, ainsi qu'indiqué en supra, à la question de la réconciliation nationale. En effet, la Commission Dialogue Vérité et Réconciliation (CDVR), créée par l'Ordonnance No 2011-167 du 13 juillet 2011 pour un mandat de deux (2) ans, n'a pu atteindre le double objectif stratégique qui lui a été assigné, à savoir celui de rechercher les causes profondes des crises successives qu'a connues la Côte d'Ivoire depuis 1999 et celui de créer les conditions d'une réconciliation véritable et durable. Ce constat d'échec est d'autant plus indiscutable que le rapport de mis par la CDVR au Président de la République en date du 15 décembre 2014 n'a jusque-là pas été rendu public. Toute chose que regrette la Commission Nationale des Droits de l'Homme de la Côte d'Ivoire (CNDHCI) en ces termes : « *[Ce] rapport n'a pu être rendu public. Ce défaut de publicité ne peut pas permettre de savoir si les objectifs assignés à la CDVR ont été atteints, notamment la redevabilité à l'égard des victimes de la crise* » (CNDHCI 2014 : 40). La CNDHCI ira plus loin pour s'étonner que des mesures de décrispation telles que le retour des exilés, le dégel des comptes ou encore la libération des prisonniers politiques n'aient pas été adressées durablement (CNDHCI 2014 : 41f).

Au total, l'évaluation de la démocratie en Côte d'Ivoire dans la période consécutive à la crise postélectorale de 2011 révèle une représentativité suboptimale des élus, une participation politique mise à mal par près de 48% de taux d'apathie, une délibération biaisée au sein des instances décisionnelles et dans les médias de service public ainsi qu'un défaut de coopération politique, compromettant les

[118] Une telle estimation repose sur le fait qu'au titre de l'Article 104 de la Constitution ivoirienne, le Président de la République préside le Conseil Supérieur de la Magistrature et influence *ipso facto* la désignation du Représentant de ce Conseil à la CEI. De plus, deux (02) des quatre (04) Représentants de la société civile sont potentiellement acquis à la cause du pouvoir. Voir sur la composition de la CEI :
https://www.cei-ci.org/presentation.php

chances de réconciliation nationale. Qu'en est-il alors de la gouvernance en Côte d'Ivoire ?

B. Une gouvernance empreinte d'incohérences managériales et d'inefficience

L'évaluation de la gouvernance dans le contexte postcrise en Côte d'Ivoire prendra en compte les standards retenus dans la conceptualisation qui en a été faite en amont. Il s'agit des standards consubstantiels à la notion de gouvernance que sont l'obligation de résultat, la transparence, le développement humain et la soutenabilité. Plus concrètement, il sera question de savoir si la gouvernance telle que vécue en Côte d'Ivoire après la crise postélectorale a permis d'atteindre les objectifs fixés. Il s'agira aussi de chercher à savoir si cette gouvernance est transparente, si elle contribue au développement humain et si elle est soucieuse de la protection de l'environnement. Par simple souci de concision et à titre illustratif, cette évaluation de la gouvernance en Côte d'Ivoire ne prendra en compte que la gouvernance économique. En effet, cette déclinaison sectorielle de la gouvernance en Côte d'Ivoire est suffisamment représentative, car pouvant aisément, et certainement mieux, aider à évaluer le degré d'observance de standards tels que l'obligation de résultat, la transparence, le développement humain ou encore le développement durable.[119]

Dans son adresse à la nation à l'occasion de la célébration de la fête nationale de la République de Côte d'Ivoire, le 07 août 2016, le Président Alassane Ouattara s'est félicité de la performance économique réalisée par sous son leadership. Il a, en substance, dressé l'état de la gouvernance économique de la Côte d'Ivoire en ces termes : « *Notre économie connaît une forte croissance, parmi les plus élevée[s] au monde ; tous les indicateurs le traduisent éloquemment. Cette performance est reconnue par les grandes institutions qui ont vocation à évaluer les politiques macro-économiques. (...) Je voudrais affirmer sans triomphalisme, mais avec fierté, que notre pays a renoué*

[119] La logique aurait, par exemple, souhaiter que l'évaluation se fasse en prenant en compte plusieurs déclinaisons telles que la gouvernance sécuritaire, la gouvernance environnementale, la gouvernance sanitaire, la gouvernance éducative etc. Mais vu qu'il s'agit, ici, d'une évaluation normative, c'est n'est point la multiplication des exemples confère une pertinence particulière à l'évaluation. C'est pourquoi le choix s'est délibérément porté sur la gouvernance économique.

durablement avec la prospérité ». Pareil constat sera fait par le Premier ministre ivoirien Daniel Kablan Duncan à l'occasion de la cérémonie d'installation officielle du Conseil National de Lutte contre la Vie Chère (CNLVC) en date du 15 juillet 2016. Pour Daniel Kablan Duncan, les performances macro-économiques de la Côte d'Ivoire seraient imputables à des initiatives gouvernantielles telles que la revalorisation des salaires minima catégoriels, le déblocage des salaires des fonctionnaires et agents de l'Etat, l'augmentation du salaire minimum interprofessionnel garanti (SMIG), la hausse continue des prix d'achat des produits des paysans. Toute chose qui aurait fondé à envisager un taux de croissance de 9% en 2016. [120] Ce constat de performance, la Banque mondiale s'en fera aussi l'écho dans un rapport datant du 12 avril 2016.

Pour cette institution de Bretton Woods, en effet, alors que la croissance du PIB aurait atteint 8,4 % en 2015 et devrait passer à 8,5 % en 2016, l'activité économique devrait continuer de progresser à un rythme soutenu ; tous les secteurs auraient profité d'une demande globale vigoureuse et d'une poussée de l'investissement autant privé que public. En ce qui concerne le secteur agricole, la production aurait augmenté dans les grandes cultures comme le cacao (36 %), le café (16 %), la noix de cajou (18 %) et la canne à sucre (12 %) ; le secteur aurait tiré parti d'un régime de prix garantis aux producteurs et de la mise en œuvre de programmes public-privé de stimulation de la production. L'indice général de la production industrielle aurait bondi de 10,5 %, le secteur manufacturier et la construction se situant respectivement à 10 et 23 %. Dans le secteur des services, l'indice de chiffre d'affaires aurait grimpé de 7 %, le nombre d'abonnés aux services de télécommunication aurait augmenté de 14 %, et les indicateurs liés aux services de transport auraient, eux aussi, progressé. Cette évolution serait imputable à la réforme des régimes encadrant l'activité des entreprises, aux programmes d'investissement public et à l'augmentation du revenu des ménages.[121] Une telle

---

[120]Allocution du Premier ministre Daniel Kablan Duncan à l'occasion de la cérémonie d'installation officielle du Conseil National de Lutte contre la Vie Chère (CNLVC) : http://www.primaturecotedivoire.net/

[121] Rapport de la Banque mondiale sur la Côte d'Ivoire en date du 12 avril 2016 http://www.banquemondiale.org/fr/country/cotedivoire/overview

convergence[122] de vue entre les pouvoirs publics ivoiriens et les institutions financières multilatérales sur les performances macro-économiques de la Côte d'Ivoire devra, cependant, être relativisée. Et ce, sur la base d'un certain nombre d'insuffisances structurelles et conjoncturelles inhérentes à la politique économique mise en œuvre par le gouvernement ivoirien.

A l'aune du principe de l'obligation de résultat, l'augmentation substantielle du stock de la dette publique ivoirienne en 2015, ainsi que l'indique le tableau synoptique ci-dessous, est digne d'être relevée comme insuffisance majeure inhérente à la gouvernance économique en Côte d'Ivoire. Si l'on prend en compte les avantages financiers induits par l'annulation de la dette extérieure de la Côte d'Ivoire, l'on peut légitimement s'interroger sur la pertinence d'une telle augmentation du stock de la dette publique ivoirienne.

Évolution du stock de la dette publique (milliards FCFA)

	2010	2011	2012	2013	2014	2015 (prév.)
Stock Total	7 770,5	8 377,1	4 679,6	5 257,3	6 438,6	7 793,8
Dette Extérieure	5 748,5	6 264,2	2 393,0	2 605,4	3 308,7	4 304,3
Dette Intérieure	2 022,0	2 112,9	2 286,6	2 651,9	3 129,9	3 489,5
Dette Totale/PIB	63,0%	69,9%	33,9%	34,0%	38,0%	41,3%

Source : Ministère auprès du Premier Ministre chargé de l'Économie et des Finances
http://www.finances.gouv.ci/index.php/fr/component/content/article/314.html

[122] Cette convergence se trouve quelque peu biaisée, si l'on se réfère au décalage entre les taux de croissance indiqués par les autorités ivoiriennes et ceux indiqués par la Banque mondiale. Tandis que le Premier ministre Daniel Kablan Duncan indique un taux de croissance de 9% en 2016, la Banque mondiale indique plutôt un taux de 8,5%. Quand on s'imagine ce que le maquillage de la comptabilité publique à entrainé au Brésil avec la destitution de Dilma Rousseff par le Sénat, l'on peut aisément comprendre la portée politique d'un tel décalage.

A côté de cela, un certain nombre de décalages entre la planification faite par le gouvernement ivoirien dans le cadre du Programme National de Développement (PND) 2012 – 2015 et la réalité vécue par les populations sont dignes de mention. Il s'agit, par exemple, de la non-acquisition du véhicule équipé pour le contrôle du spectre pour la Haute Autorité de la Communication Audio-visuelle (HACA). En effet, l'Action 2.2.8 de la matrice d'actions prioritaires du PND 2012 – 2015 prévoyait d'acquérir un tel équipement dans le cadre de la mise à niveau des infrastructures et de l'extension du réseau de communication telles que prévues par l'Extrant 2.2 de la matrice d'actions prioritaires du PND 2012 – 2015 en ce qui concerne le secteur de la communication. Vérification faite auprès d'un responsable du service *Monitoring* de cette institution, il se trouve que cette acquisition n'a jamais été faite.[123] Une illustration tout aussi édifiante sur ces décalages entre promesses et réalité est offerte les Actions 4.1.1 ; 4.1.2 et 4.1.3 de cette matrice. Ces points prévoyaient respectivement de réhabiliter les résidences universitaires, d'étendre les résidences universitaires et de les équiper. Le constat est que la réalité est toute autre. En effet, sur près de quinze (15) résidences universitaires à Abidjan, seules celles du campus de Cocody, de Mermoz et de la Cité Rouge ont été réhabilitées, tandis que celles de Port-Bouet I, II et III, celle de Vridi-Cité, celle des 220 Logements, celle de Williamsville et celles d'Abobo I et II sont aujourd'hui encore purement et simplement squattées. De celles qui ont effectivement été réhabilitées, seules celles du Campus de Cocody ont, à ce jour, pu accueillir des étudiants. Toujours dans le secteur de l'Enseignement Supérieur, la promesse faite de la construction d'une université à Bondoukou, d'une à Man et d'une autre à San-Pedro, dans le cadre du PND 2012 – 2015, n'a jusque-là pas été tenue (CNDHCI 2014 : 21ff). Par ailleurs, le transfert du zoo d'Abidjan à Bingerville tel que prévu par l'Action 1.2.4 de la matrice d'actions prioritaires du PND 2012 – 2015 en ce qui concerne le secteur des Eaux et Forêts n'a jamais eu lieu. Aujourd'hui encore, le zoo d'Abidjan se trouve à proximité de l'Hôpital Militaire d'Abidjan (HMA). Enfin, la matrice d'actions prioritaires du PND 2012 – 2015 promettait en son Extrant 3.4 de réhabiliter, de moderniser et d'étendre les infrastructures ferroviaires. Plus spécifiquement, l'Action 3.4.3 de cet extrant prévoyait de réaliser

[123] Cette vérification s'est faite le vendredi 26 août 2016 et le responsable du service *Monitoring* en question a souhaité garder l'anonymat.

les travaux *TRAMWAY ABIDJAN*. Cette promesse faite par le PND 2012 – 2015 en ce qui concerne le secteur des infrastructures n'a jamais été tenue.

Evaluée à l'aune du principe de la transparence, la gouvernance en Côte d'Ivoire a encore des efforts à fournir. En effet, la Côte d'Ivoire a occupé en 2015 la 107e place sur 168 pays ayant fait l'objet d'une évaluation par *Transparency International* relativement à la perception de la corruption.[124] La difficulté avec la question de la corruption, c'est qu'il n'est pas toujours aisé pour les chercheurs de fournir des preuves irréfutables, sauf à s'appuyer sur des décisions de justice ou des révélations faites par les médias. En Côte d'Ivoire, les médias se sont fait l'écho de certains cas de malgouvernance. Des ministres ont même été évincés consécutivement à ces révélations sans que cela ne donne lieu à des enquêtes judiciaires concluantes.[125] Ces cas de malgouvernance, qui ont pour déterminants les conflits d'intérêts, seraient, à en croire La Lettre du Continent, perceptibles au plus haut sommet de l'Etat. Cette situation est restituée comme suit : « *Auréolé d'une image d'économiste exigeant lorsqu'il officiait comme directeur général adjoint du Fonds monétaire international (FMI), Alassane Ouattara s'est singulièrement éloigné de cette ligne de conduite depuis son arrivée au pouvoir en 2011(...). Après avoir dénoncé la gestion du pays par ses prédécesseurs (Henri Konan Bédié, Laurent Gbagbo...) comme étant familiale voire clanique, l'ancien gouverneur de la BCEAO n'a de cesse depuis cinq ans d'ouvrir les portes de l'Etat mais aussi des sociétés publiques et, plus largement, de l'économie ivoirienne, à ses proches parents ou amis fidèles. Ces nominations ont été majoritairement décidées de manière discrétionnaire. Du cacao au marché de vérification des importations, en passant par les affaires présidentielles ou bien la communication, le premier cercle du chef de l'Etat et de son épouse Dominique Ouattara rayonne dans tous les secteurs stratégiques du pays* ».[126]

---

[124] Transparency International http://www.transparency.org/cpi2015

[125] A titre illustratif, les Ministres Adama Bictogo et Alain Lobognon ont été évincés du gouvernement consécutivement à de telles révélations.

[126] La Lettre du Continent , https://www.africaintelligence.fr/LC-/dossier/CIV_Alassane_Ouattara_famille_pouvoir

Relativement au principe du développement humain aussi, la gouvernance en Côte d'Ivoire présente quelques déficiences. Ainsi que le constatait la Commission Nationale des Droits de l'Homme de Côte d'Ivoire (CNDHCI) dans son rapport annuel de 2014, le taux de pauvreté serait de 50% en Côte d'Ivoire (CNDHCI 2014 : 36). Cette institution a, par ailleurs, dénoncé la non-satisfaction d'un certain nombre de droits économiques et sociaux tels que le droit à la santé (CNDHCI 2014 : 25ff) et le droit au logement (CNDHCI 2014 : 18ff). S'agissant du droit à la santé, la CNDHCI a regretté que la Couverture Maladie Universelle (CMU) promise par le gouvernement ivoirien n'ait jusque-là pas été mise en route. A côté de cela, cette institution a relevé le fait que la gratuité des soins promise n'ait pas non plus atteint les résultats escomptés. Quant au droit au logement, il serait mis à mal par les déguerpissements auxquels se livre le gouvernement ivoirien sans que des mesures d'accompagnement soient prises. De plus, les dysfonctionnements inhérents au Programme Présidentiel de Logements Sociaux (PPL) n'auraient fait qu'exacerber la précarité dans laquelle se trouvent les Ivoiriens relativement à cette question. Cette précarité existentielle à laquelle font face bon nombre d'Ivoiriens a, d'ailleurs, été reconnue par le Président Ouattara qui a évoqué l'insatisfaction des populations ivoiriennes du fait de la cherté de la vie, dans son adresse à la Nation à l'occasion de la Fête Nationale de la Côte d'Ivoire du 07 août 2016.[127] La cherté de la vie a, en effet, donné lieu à de violentes manifestations fin juillet - début août consécutivement à des augmentations successives du prix de l'électricité auxquelles avait procédé la CIE, compagnie d'électricité en situation de monopole.

A l'aune de la problématique du développement durable, la gouvernance environnementale en Côte d'Ivoire, avait consécutivement à la crise postélectorale, affiché un engouement en vue de venir à bout d'un certain nombre de défis identifiés dans ce secteur. Il s'agit, par exemple, de la dégradation accentuée et continue de l'environnement, elle-même imputable à la déforestation, la mauvaise gestion des déchets industriels et des ordures ménagères. A titre illustratif, l'on a pu assister á des initiatives de salubrité urbaines

---

[127] Allocution de SEM Alassane Ouattara à l'occasion de la célébration de la Fête nationale de la Côte d'Ivoire, le 07 août 2016 : http://www.presidence.ci/presentation/25/discours

telles que le déguerpissement des trottoirs, sous l'impulsion de la ministre Anne Ouloto. A preuve, l'Extrant 2.4 du PND 2012 – 2015 prévoyait, en ce qui concerne le secteur de l'environnement et du développement durable, d'assurer la gestion durable des déchets industriels et dangereux. Quant à l'Extrant 2.3 du PND 2012 – 2015 relatif au secteur des eaux et forêt, il envisageait de réorganiser la protection de la faune et l'exercice de la chasse, entre autres. Toutefois, la réalité sur le terrain fonde à relativiser l'impact de la gouvernance environnementale en Côte d'Ivoire. Au niveau de la salubrité, par exemple, l'on constate l'obstruction de plusieurs canalisations d'eaux pluviales par des déchets solides dans le District d'Abidjan (Koffi et al. 2014 : 132). Aujourd'hui encore, les travaux visant à régler définitivement la stagnation des eaux de ruissèlement dans le « Bassin du gourou » ne sont pas achevés. A côté de cela, la gestion des ordures ménagères demeure problématique. A titre illustratif, l'insalubrité a repris ses droits sur le boulevard Nangui Abrogoua à Adjamé. Il n'est pas non plus rare de voir des tas d'immondices ça et là à Abidjan. Un défi environnemental de premier plan qui est, cependant, presque tabouisé en Côte d'Ivoire est la dégradation résultant de l'activité des industries extractives (Koffi et al. 2014). Dans cette contribution, les auteurs relevaient notamment la destruction d'un affluent du Bandama dans la localité d'Hiré par l'extraction artisanale d'or, la pollution des nappes phréatiques du fait de l'extraction d'or dans les mines de Bonikro ou encore la pollution des eaux marines du fait de la présence de pétrole brut au large de Jacqueville (Koffi et al. 2014 : 129ff.)

En somme, l'évaluation de la démocratie et de la gouvernance en Côte d'Ivoire consécutivement à la crise postélectorale de 2011 a révélé de graves dysfonctionnements qui astreignent à la formulation de recommandations stratégiques.

III. RECOMMANDATIONS EN VUE D'UNE EFFICIENCE GOUVERNANTIELLE EN CÔTE D'IVOIRE

Tout projet d'efficience gouvernantielle en Côte d'Ivoire passe inéluctablement par la prise en compte de la consanguinité programmatique entre les concepts de démocratie et de gouvernance (A). Ceci ne pourra se faire que si, et seulement si, un certain nombre de challenges structurels auxquels ces deux concepts font face sont durablement surmontés (B).

A. Prise en compte de la consanguinité programmatique entre les concepts de démocratie et de gouvernance : Gage d'efficience gouvernantielle en Côte d'Ivoire

La prise en compte de la consanguinité programmatique entre les concepts de démocratie et de gouvernance en Côte d'Ivoire revient à intégrer la double dynamique suivante : d'une part, l'observance de la démocratie en Côte d'Ivoire devra être perçue comme étant la condition même à toute bonne gouvernance. D'autre part, l'observance des principes consubstantiels au concept de gouvernance peut, en retour, se révéler un catalyseur de consolidation du processus démocratique en Côte d'Ivoire.

Observance de la démocratie comme condition d'efficience gouvernantielle en Côte d'Ivoire

Il suffit de lever un coin de voile sur les dividendes que peuvent générer les dimensions spécifiques au concept de démocratie que sont la représentation, la participation, la délibération et la coopération pour se convaincre de ce que l'observance des principes démocratiques dans un pays tel que la Côte d'Ivoire est une simple exigence d'efficience gouvernantielle.

La prise en compte de l'exigence de représentation politique peut impacter qualitativement le processus politique et la gouvernance en Côte d'Ivoire. En effet, cette exigence aura l'avantage d'accroître le degré de représentativité et *ipso facto* la légitimité des institutions politiques ivoiriennes. Plus spécifiquement, une représentativité plus accrue des institutions conduit inéluctablement à des politiques publiques tout aussi représentatives des desiderata des différentes couches de la population ivoirienne. C'est pourquoi, les pouvoirs publics ivoiriens doivent tout mettre en œuvre pour garantir la représentativité des institutions politiques. Plus concrètement, ils devront créer les conditions d'une participation politique optimale. A la vérité, la représentativité des institutions politiques est tributaire du niveau de participation politique. Comme on peut le voir, la représentativité des institutions politiques est une exigence d'efficience gouvernantielle.

En tant qu'exigence du pluralisme démocratique, la participation politique a l'avantage de garantir l'inclusion politique et peut avoir un impact positif sur la gouvernance en Côte d'Ivoire. Œuvrer à l'optimisation de la participation politique en Côte d'Ivoire reviendra, pour les pouvoirs publics, à créer les conditions d'une pleine et entière expression des libertés individuelles et collectives. Dans cette optique, les pouvoirs publics ivoiriens doivent respecter la liberté de réunion et la liberté de manifestation telles que consacrées par la constitution ivoirienne en son article 11. La participation politique est un indicateur pertinent de la vitalité démocratique. En effet, elle est le signe que processus politique au sein d'une entité politique donnée ne souffre pas d'apathie politique. C'est pourquoi, il y a un impérieux besoin pour les pouvoirs publics ivoiriens d'œuvrer à accroître la participation politique non seulement à l'occasion des consultations électorales, mais aussi et surtout en ce qui concerne le processus politique ivoirien dans son ensemble. Ceci passe par l'impératif de réconciliation nationale pour une société aussi divisée que la Côte d'Ivoire après la double décennie de crise militaro-politique. Cette exigence de participation politique requiert, bien évidemment, une forte implication des organisations de la société civile (OSC) ivoirienne. Celles-ci doivent avoir une haute idée de leur mission de veille, de contrôle et même de contrepoids de l'action gouvernementale et éviter de se laisser instrumentaliser par les pouvoirs publics. L'optimisation de la participation politique en Côte d'Ivoire passe inéluctablement par la prise en compte de l'exigence délibération politique.

La délibération politique est une exigence d'efficience gouvernantielle en Côte d'Ivoire. Elle a l'avantage de créer les conditions de la pleine et entière prise en compte des toutes les sensibilités politiques, idéologiques, religieuses, etc. au débat public. C'est pourquoi il est plus que nécessaire pour les pouvoirs publics ivoiriens d'œuvrer au respect de la liberté d'expression. Cette exigence devra être prise en compte aussi bien dans les instances décisionnelles telles que l'Assemblée nationale ou les collectivités que dans les médias de service public. Dans cette perspective, les pouvoirs publics ivoiriens devront veiller à corriger le défaut de pluralisme toutes les instances de délibération aussi bien au niveau national qu'au niveau local. Une telle orientation aura l'avantage de générer des politiques publiques plus inclusives et donc plus représentatives. A la vérité, la délibération politique permet de mieux articuler les attentes des populations en vue de la mise en œuvre de politiques publiques reflétant les attentes de ces populations. Cette exigence d'inclusion inhérente à la délibération politique requiert la fin de la marginalisation des forces politiques favorables à Laurent Gbagbo dans les médias de service public tels que la Radiodiffusion Télévision Ivoirienne (RTI). De plus, les pouvoirs publics ivoiriens devront veiller à corriger le déséquilibre en faveur des structures étatiques et des forces politiques favorables au Président Alassane Ouattara en termes d'accès aux medias de service public. Une telle orientation pourrait créer les conditions d'une coopération politique plus accrue en Côte d'Ivoire.

Par coopération politique, il faut entre une configuration qui viendrait sonner le glas de l'inconciliabilité des positions des acteurs politiques ivoiriens ; y compris lorsque l'intérêt supérieur de la nation est en jeu. Conformément à cette exigence de gouvernance, la coalition au pouvoir et l'opposition devraient en Côte d'Ivoire faire preuve de collaboration constructive. Il s'agit, à l'évidence, d'un élan qui transcende les particularismes pour s'inscrire résolument dans une posture de synergie conjoncturelle. La coopération politique vise, dans une société postcrise que la Côte d'Ivoire, à surmonter toute forme d'immobilisme gouvernantielle. Elle passe par une collaboration constructive entre les pouvoirs publics et l'opposition, entre les pouvoirs publics et les organisations de la société civile, ainsi qu'entre les partis de l'opposition et les organisations de la société civile. C'est seulement à cette condition que la cristallisation des positions et son corollaire d'exacerbation des inimitiés politiques pourraient être durablement surmontées et, par là-même, donner une chance à la réconciliation nationale. Encore faut-il qu'en amont, les acteurs politiques ivoiriens aient une haute idée de leur responsabilité républicaine et citoyenne pour donner une chance à la réconciliation nationale. Pour en créer les conditions, le Président Alassane Ouattara devrait rendre le rapport qui lui a été remis par le Charles Konan Banny, alors Président de la Commission Vérité Réconciliation en date du 15 décembre 2014. Il telle initiative permettrait de mieux cerner les déterminants et l'impact de la crise militaro-politique qu'a connue la Côte d'Ivoire. A côté de cela, des initiatives allant dans le sens de la libération des prisonniers politiques et d'opinion pourraient contribuer les différentes parties prenantes au processus politique en

Côte d'Ivoire et créer ainsi les conditions d'une efficience gouvernantielle. Car, à la vérité, si l'ambition d'émergence telle qu'exprimée par le Président Alassane Ouattara ne repose sur la réconciliation, alors toutes les initiatives y afférentes sont prises en vain.

Comme on a pu le voir, des initiatives allant dans le sens de l'optimisation de la représentation politique, de la participation politique, de la délibération politique et de la coopération sont les conditions mêmes à l'efficience gouvernantielle pour un pays en situation post-conflit tel que la Côte d'Ivoire. Toute chose qui, en retour, contribuerait à la consolidation du processus démocratique en Côte d'Ivoire.

Observance des exigences inhérentes à la gouvernance comme base de consolidation de la démocratie en Côte d'Ivoire

De par la place de choix qu'elle accorde aux principes de l'obligation de résultat, de la transparence, du développement humain et du développement durable, l'observance des exigences inhérentes à la gouvernance peut se révéler le catalyseur même de la consolidation de la démocratie en Côte d'Ivoire.

La prise en compte de l'obligation de résultat en situation de gouvernance peut se révéler un véritable facteur de consolidation de la démocratie en Côte d'Ivoire. En effet, le management axé sur le résultat, qui lui est consubstantiel, a l'avantage de générer des ressources pour le financement du processus démocratique lui-même. A côte de cela, l'observance de l'obligation de résultat peut aider à éviter des écueils tels que le culte de l'oisiveté, la mauvaise allocation des ressources disponibles ainsi que toute forme d'incohérence managériale. Elle est, à la vérité, le gage même de toute croissance économique ; de toute production soutenable de richesse en Côte d'Ivoire. Si l'on tient compte du fait que la disponibilité des ressources est la condition à toute vitalité démocratique, alors l'observance de l'obligation de résultat devra être perçue comme étant le déterminant du financement autonome, voire optimal du processus démocratique en Côte d'Ivoire.[128] Cela suppose la transparence dans la gestion des affaires publiques.

En tant qu'exigence d'efficience gouvernantielle, l'observance de la transparence peut aider à la consolidation du processus démocratique en Côte d'Ivoire. En effet, l'observance de la transparence permettra d'éviter toute forme d'opacité dans la gouvernance publique et aidera, à coup sûr, à accroître la crédibilité et *in fine* la légitimité des pouvoirs publics ivoiriens. En termes d'impact spécifique sur le processus démocratique, une gouvernance publique transparente aura l'avantage d'accroître la participation politique en Côte d'Ivoire. Cela passe bien évidemment par une communication politique conséquente qui permettrait aux populations d'être informées des acquis et des challenges à relever dans le cadre de la gouvernance publique. C'est justement cela tout le sens de la vocation participative de la gouvernance. La participation politique est, ici, entendue comme une opportunité d'inclusion gouvernantielle, elle-même indicateur pertinent du développement humain.

La prise en compte du développement humain est gage d'efficience gouvernantielle en Côte d'Ivoire, dans la mesure où toutes les performances réalisées en termes de croissance économique ont vocation à impacter substantiellement et qualitativement les conditions matérielles de vie des populations. Plus concrètement, ces efforts devront aider à la satisfaction des besoins basiques des Ivoiriens. En effet, les politiques économiques mises en œuvre par les pouvoirs publics ivoiriens devront impacter la vie des Ivoiriens en leur facilitant l'accès à une couverture maladie, à l'éducation, à la nourriture, à un logement décent et en contribuant à une amélioration substantielle de leur pouvoir d'achat. A cette fin, une place de choix devra être accordée à la lutte contre le chômage en Côte d'Ivoire. C'est justement en offrant des opportunités d'emplois aux Ivoiriens que les pouvoirs publics parviendront à impacter le pouvoir d'achat et, par voie de conséquence, le moral des ménages en Côte d'Ivoire. Il s'agit là d'une invite à la prise en compte de la justice distributive, de

[128] Il a souventes fois été reproché aux partenaires extérieurs de la Côte d'Ivoire de s'immiscer dans le processus électoral. Mais c'est justement parce que ceux-ci appuient financièrement et matériellement la Côte d'Ivoire qu'ils ont toute légitimité à interférer. La solution à une telle situation est donc l'abnégation au travail en vue du financement du processus démocratique en Côte d'Ivoire sur fonds propres.

l'équité, du genre et des droits de l'enfant dans toutes les initiatives de gouvernance en Côte d'Ivoire. Un indicateur pertinent du développement humain tel que le niveau d'éducation est, à la base, un déterminant de la consolidation du processus démocratique en Côte d'Ivoire. En effet, des électeurs éduqués ont l'avantage de mieux comprendre les enjeux inhérents au processus politique, dans son ensemble, et peuvent donner un feedback optimal aux politiques publiques mises en œuvre par les pouvoirs publics ivoiriens. De plus, un électorat bien éduqué est moins vulnérable à la manipulation ou encore à l'instrumentalisation par les hommes politiques, tant au niveau national qu'au niveau local. Tout comme la prise en compte du développement humain, celle du développement durable peut avoir un impact positif sur le processus démocratique en Côte d'Ivoire.

En tant qu'exigence d'efficience gouvernantielle, la prise en compte du développement durable exige des pouvoirs publics ivoiriens qu'ils placent la nature au cœur de leurs initiatives de gouvernance. Si tel n'est le cas, les pressions exercées sur les ressources naturelles, elles-mêmes résultantes du réchauffement climatique, pourraient conduire à des conflits armés et compromettre *ipso facto* tout le processus démocratique en Côte d'Ivoire. Autrement dit, tenir compte des exigences inhérentes au développement durable, c'est contribuer à la consolidation du processus démocratique en Côte d'Ivoire. Une politique environnementale cohérente pourrait contribuer à la protection de la flore et de la faune et minimiser ainsi les risques de conflits intra- ou intercommunautaires. En effet, le réchauffement climatique a pour conséquence de mettre les bases existentielles des populations en péril et de contribuer à accroître le degré de vulnérabilité de celles-ci. C'est pourquoi, les pouvoirs publics ivoiriens gagneraient à intégrer cette donne à toutes les initiatives de politiques publiques.

Comme on a pu le voir, la prise en compte de la consanguinité programmatique entre les concepts de démocratie et de gouvernance est une exigence d'efficience gouvernantielle. Cette lecture repose sur une double dynamique faisant, d'une part, de l'observance des principes consubstantiels à la démocratie que sont la représentation politique, la participation politique, la délibération politique et la coopération politique la condition même de l'efficience gouvernantielle en Côte d'Ivoire. D'autre part et en retour, l'observance des exigences inhérentes à la gouvernance que sont l'obligation de résultat, la transparence, le développement humain et le développement durable est le déterminant de la consolidation du processus démocratique en Côte d'Ivoire. Toute chose qui requiert, bien évidemment, qu'un certain nombre de challenges structurels auxquels se trouvent confrontées la démocratie et la gouvernance en Côte d'Ivoire soient surmontés.

B. Pour une solide culture politique et une éthique de la gouvernance en Côte d'Ivoire

La consolidation de la démocratie et de la gouvernance en Côte d'Ivoire est assujettie à un double défi ; à savoir celui de la promotion de la culture politique et celui de la promotion de l'éthique de la gouvernance. Par culture politique, il faut entendre le degré d'instruction scolaire, académique ou informelle sur les principes politiques et démocratiques permettant à un citoyen ou à une citoyenne de s'assumer politiquement. S'assumer politiquement, c'est être en mesure de se forger une opinion sur des questions politiques et être à même d'impacter individuellement ou collectivement le processus politique. La culture politique est l'instrument qui permet aux citoyennes et aux citoyens de faire connaître leurs aspirations aux gouvernants et de leur donner le feedback sur la base des réponses données à leurs aspirations par les pouvoirs publics dans le cadre des politiques publiques (Roskin et al. 2014 : 46ff). Il en va ainsi de la promotion de l'éthique de la gouvernance qui se révèle une pertinente ressource en vue du transfert et de la dissémination de valeurs telles que la responsabilité citoyenne, la probité ou encore la quête de l'excellence.

L'éthique de la gouvernance peut s'inscrire dans deux perspectives concurrentes que sont la perspective communautariste et la perspective cosmopolitique. La perspective communautariste vise à produire le bon citoyen, tandis que la perspective cosmopolitique vise à produire le bon citoyen du monde. Le bon citoyen est soucieux de l'observance des normes éthiques propres à sa communauté en vue de la matérialisation du bien-être, de la promotion des droits de l'homme et de la consolidation de la paix et de la stabilité au sein de sa communauté (Walzer 1994, Miller 1995, Frost 1996), alors que le citoyen du monde se préoccupe de l'observance des ces mêmes valeurs à l'échelle globale, convaincu qu'il est de l'égalité de tous les êtres humains indépendamment de leurs origines, de la couleur de la peau, de leur religion, de leur sexe, de leur orientation sexuelle, etc. (Held 1995, Barry 1998, Beitz 1999, Nida-Rümelin 2005). Pour lui, les principes de démocratie et de bonne gouvernance sont des valeurs universelles et méritent, à ce titre, d'être observés et diffusés par tous les acteurs de la scène internationale.

La culture politique et l'éthique de la gouvernance sont donc deux ressources qui peuvent durablement contribuer à la consolidation de la démocratie et à l'optimisation de la gouvernance en Côte d'Ivoire. Plus concrètement, une culture politique solide peut impacter qualitativement l'offre de gouvernance en Côte d'Ivoire. En effet, l'offre de gouvernance est toujours fonction des destinataires des politiques publiques. Face à des destinataires non éclairés, l'offre de gouvernance est suboptimale. Par contre, des destinataires politiquement cultivés et donc exigeants ne laissent d'autre choix aux pouvoirs publics que celui d'affiner conséquemment leur offre de gouvernance. Quant à l'éthique de la gouvernance, elle est une ressource dont l'observance pourrait contribuer à générer des acteurs politiques exemplaires en Côte d'Ivoire. Conformément aux deux perspectives concurrentes spécifiques à l'éthique de la gouvernance, les acteurs politiques ivoiriens devront s'illustres comme des citoyens guider par la défense des intérêts stratégiques de la Côte d'Ivoire et se positionner comme d'exemplaires citoyens du monde.

CONCLUSION

Il faut, en définitive, noter que la rigoureuse prise en compte de la consanguinité programmatique qui existe entre les concepts de démocratie et de gouvernance peut durablement aider à parvenir à une efficience gouvernantielle en Côte d'Ivoire. Cette consanguinité programmatique repose, elle-même, sur une double dynamique. Tout d'abord, l'observance des principes consubstantiels à la démocratie que sont la représentation politique, la participation politique, la délibération politique et la coopération politique est une exigence de bonne gouvernance. En retour, l'observance des exigences inhérentes au concept de gouvernance que sont l'obligation de résultat, la transparence, le développement humain et le développement durable est la condition même à la consolidation du processus démocratique en Côte d'Ivoire. Sur cette base, l'évaluation du processus politique en Côte d'Ivoire consécutivement à la crise postélectorale de 2011 en est arrivée à la conclusion qu'il s'agit d'une expérience marquée par une représentation politique, une participation politique, une délibération politique et une coopération politique suboptimales. Relativement à la problématique de la gouvernance publique en Côte d'Ivoire, cette évaluation révèle qu'elle est empreinte d'incohérences managériales et d'inefficience. Toutes ces insuffisances notées ne peuvent être durablement surmontées que par la prise en compte de la consanguinité programmatique entre démocratie et gouvernance aussi bien par les pouvoirs publics que par les citoyens ivoiriens. Ceci ne peut prospérer que si et seulement si des initiatives institutionnelles et/ou citoyennes sont prises en vue de la consolidation de la culture politique et de la consécration de l'éthique de la gouvernance en Côte d'Ivoire. En tant que ressources politiques, la culture politique et l'éthique de la gouvernance sont les déterminants même de tout développement.

RÉFÉRENCES BIBLIOGRAPHIQUES

Ouvrages

AGBADOU Charles, Traiter l'insalubrité en Côte d'Ivoire – Pour un développement durable, L'Harmattan, Paris, 2014, 100 p.

ASSALÉ Philippe, (2012) : *Reconstruire les forces de défense et de sécurité en Côte d'Ivoire*, L'Harmattan, Paris, 346 p.

BALOU BI, TOTO Jérôme, DÉDY Sery Faustin, (2013), *Election présidentielle en Côte d'Ivoire ou le pouvoir colonial dans tous ses états, Novembre 2010-Janvier 2012*, L'Harmattan, Paris, 291 p.

BEYLLIGNONT Georges B, *Côte d'Ivoire et Afrique francophone – La police face aux défis de la prévention des conflits africains*, L'Harmattan, Paris, 2012, 267 p.

BRAUD Philippe, *Sociologie Politique*, 11è édition, LGDJ/Lextenso éditions, Issy-les-Moulineaux, 2014, 659 p.

CAMARA Loukimane, *Marchés, gouvernance et pauvreté : Le cas de la Côte d'Ivoire*, L'Harmattan, Paris, 2014, 278 p.

CARDINAL Linda, ANDREW Caroline, *La démocratie à l'épreuve de la gouvernance*, Ottawa, Presses de l'Université d'Ottawa, 2001, 240 p.

CLA Charles, *Le Chef de l'Etat qui a perdu le Nord de la Côte d'Ivoire*, L'Harmattan, Paris, 2015, 148 p.

DANDI Lou Amanan Hélène, *One Republic, Two Presidents – My cry of Heart for Côte d'Ivoire*, L'Harmattan, Paris, 2015, 294 p.

DOUÉ Jean Jaurès, *La Côte d'Ivoire : Le voile est déchiré*, L'Harmattan, Paris, *2015*, 162 pages.

DUVAL Philippe, *Côte d'Ivoire – Chroniques de guerre 2002 – 2011*, L'Harmattan, Paris, 2012, 260 p.

ESSIS Botiagne Marc, *Die deutsche Afrikapolitik seit 1990 im Lichte des Kosmopolitismus – Unter besonderer Berücksichtigung der Elfenbeinküste*, Dr. Kovac, Hambourg, 2010, 330 p.

GBAGBO Laurent, *Côte d'Ivoire – Bâtir la paix sur la démocratie et la prospérité*, L'Harmattan, Paris, 2012, 171 p.

GINSBERG Benjamin, J. LOWI Theodore, Weir Margaret, Tolbert Caroline J., Spitzer Robert J., *We the People – An Introduction to American Politics*, *Norton & Company*, New York/Londres 2013, 608 p.

HABERMAS *Jürgen*, Erläuterungen zur Diskursethik, Suhrkamp, Francfort, 1991, 229 p.

KASSI Koutoua Eugène, *Le processus de réconciliation nationale en Côte d'Ivoire*, L'Harmattan, Paris, 2014, 296 p.

KOFFI Yao Georges, *Destruction des forêts en Côte d'Ivoire : Accusés levez-vous !*, L'Harmattan, Paris, 2014, 130 p.

KOUADIO Homan, Côte d'Ivoire – Sabotage d'un processus démocratique, L'Harmattan, Paris.

KOUAKOU Jean-Marie (dir.), *Penser la réconciliation pour panser la Côte d'Ivoire*, L'Harmattan, Paris, *2015*, 232 p.

KOUAMÉ Bibli Robert-Jonas Kouame, *Côte d'Ivoire – Du chaos à la renaissance. Derniers assauts contre la souveraineté*, L'Harmattan, Paris, 2015, 248 p.

LOUKOU Gaha Bi, KÔKÔTRÉ Tata, SILOUÉ Océane (dir.), *Côte d'Ivoire – Le « Rattrapage ethnique » sous Alassane Ouattara – Fondements, pratiques et conséquences*, L'Harmattan, Paris, 2012, 200 p.

MEL Trotsky, *La décentralisation à l'épreuve de la crise économique en Côte d'Ivoire*, L'Harmattan, Paris, 2015, 266 p.

MONEY Elie Z., *Par la Force, Alassane Ouattara Président de la Côte d'Ivoire – La démocratie à l'épreuve*, L'Harmattan, Paris, 2015, 288 p.

ROBÉ Donatien, *Le forfait sanitaire au secours de la couverture maladie universelle en Côte d'Ivoire*, L'Harmattan, Paris, 2016, 116 p.

ROSKIN, M. G. ; Cord, R. L. ; Medeiros, J. A.; Jones, W. S. (2014): Political Science – An Introduction, Pearson, Harlow.

TOUHO Arsène, *Côte d'Ivoire – Leçons du 11 avril 2012 – « Faut-il choisir la violence armée pour bâtir une démocratie ? »*, L'Harmattan, Paris, 2012, 184 p.

YAHOT Christophe, *Réflexions sur la Côte d'Ivoire*, L'Harmattan, Paris, 2015, 258 p.

YÉO Wozanhou Benjamin, *La modernisation de l'administration publique en Côte d'Ivoire : Politiques de reforme de la fonction publique (1957 – 2015)*, L'Harmattan, Paris, 2016, 174 p.

ZRA-BI Claude, *Si la Côte d'Ivoire renonçait au modèle démocratique français*, L'Harmattan, Paris, 2015, 98 p.

Thèse

MAZALTO Marie, *Gouvernance du secteur minier et enjeux de développement en République démocratique du Congo*, Thèse de doctorat, UQM, 2010.

Articles

KOFFI Yao Blaise, AHOUSSI Kouassi Ernest, KOUASSI Amani Michel, BIEMI Jean, « Ressources minières, pétrolières et gazières de la Côte d'Ivoire et problématique de la pollution des ressources en eau et des inondations », *Géo-Eco-Trop.*, No 38, Vol. 1, pp. 119 – 136.

MASSON Dominique, « Gouvernance partagée, associations et démocratie: les femmes dans le développement régional », *Politique et sociétés*, *20*(2-3), 2001, pp. 89 – 115.

Rapports

CEI (2013a): Elections Régionales du 21 avril 2013 – Statistiques des Régions remportées par groupement ou parti politique.

CEI (2013b) : Elections Municipales du 21 avril 2013 – Statistiques des Communes remportées par groupement ou parti politique.

CNDHCI (2014) : Rapport annuel 2014 – L'Etat des Droits de l'Homme en Côte d'Ivoire, Abidjan.

CEI (2015) : Proclamation des résultats provisoires de l'élection du Président de la République du 25 octobre 2015 – Allocution du Président – Le Mercredi 28 octobre 2015.

Sources internet

Allocution de SEM Alassane Ouattara à l'occasion de la célébration de la Fête nationale de la Côte d'Ivoire, le 07 août 2016

http://www.presidence.ci/presentation/25/discours

Allocution du Premier ministre Daniel Kablan Duncan à l'occasion de la cérémonie d'installation officielle du Conseil National de Lutte contre la Vie Chère (CNLVC) :

http://www.primaturecotedivoire.net/

Assemblée Nationale de Côte d'Ivoire

http://www.assnat.ci/assembleenationale/?les-groupes-parlementaires-185

Communiqué du Conseil des Ministres du 9 décembre 2015

http://www.gouv.ci/doc/1449750005CCM_09122015.pdf

La Lettre du Continent

https://www.africaintelligence.fr/LC-/dossier/CIV_Alassane_Ouattara_famille_pouvoir

Ministère du Plan et du Développement : Présentation du PND 2016 – 2020

http://www.plan.gouv.ci/fichier/Presentation%20pour%20interview_V3_PRIM%202.pdf

Ministère auprès du Premier Ministre chargé de l'Économie et des Finances

http://www.finances.gouv.ci/index.php/fr/component/content/article/314.html

Portail Officiel du Gouvernement de Côte d'Ivoire

http://www.gouv.ci/actualite_1.php?recordID=3425

Rapport de la Banque mondiale sur la Côte d'Ivoire en date du 12 avril 2016

http://www.banquemondiale.org/fr/country/cotedivoire/overview

Transparency International

http://www.transparency.org/cpi2015

United States Department of Labor

https://www.dol.gov/general/topic/hiring/affirmativeact

LE VOTE ÉLECTRONIQUE EN CÔTE D'IVOIRE - UN NOUVEAU DEFI POUR L'E-GOUVERNANCE

GNAMIEN Kouamé Pascal
pgnamien@yahoo.de
Enseignant-Chercheur
Institut des Sciences et Techniques de la Communication
(ISTC Polytechnique) Abidjan

Résumé

Ce texte propose de revisiter la problématique de l'introduction du vote électronique en Côte d'Ivoire dans la perspective de la gouvernance électronique. A cette fin, une analyse documentaire et surtout une enquête de terrain ont été effectuées d'avril 2013 à avril 2014 sur un échantillon de cinq (5000) mille personnes dans les dix (10) localités les plus peuplées du pays en vue de faire l'état des lieux de la culture numérique et surtout la connaissance des services de l'internet par les ivoiriens. L'article met en évidence les avantages et inconvénients liés au e-vote et propose des pistes de solutions par rapport au modèle ivoirien.

Mots-clés

e-démocratie, cyberdémocratie, e-vote, web-électoral, gouvernance, e-gouvernance

Abstract

This text proposes to revisit the issue of introduction of electronic voting in the Ivory Coast in the context of e-governance. For this purpose a literature review and especially a field survey was carried out from April 2013 to April 2014 on a sample of five (5000) thousand in the ten (10) most populated parts of the country to make the inventory of digital culture and especially the knowledge of internet services by the Ivorians. The article highlights the advantages and disadvantages related to e-voting and offers possible solutions with respect to the Ivorian model.

Keys words

e-democracy, cyber-democracy, e-voting, web-electoral, governance, e-governance

INTRODUCTION

Remis à l'honneur dans les années 1990 par les économistes et politologues anglo-saxons et certaines institutions internationales notamment l'ONU, le FMI et la Banque Mondiales, le vocable anglais "governance" désigne "l'art ou la manière de gouverner". A l'ère de la société de l'information gouverner avec les Technologies de l'Information et de la Communication (eGovenance) pour rendre l'action publique plus efficace, proche du bien public et de l'intérêt général, et donc plus légitime, est devenu incontournable.

L'e-gouvernance se décompose-t-elle en trois (3) domaines à savoir la "e-administration", la "e-démocratie" et la "e-société"(PMC 2009: 4). Le vote électronique s'inscrit dans le cadre de la participation citoyenne (e-démocratie) dans le processus de la réforme et de la modernisation de l'État, donc de sa gouvernance.

Même si la démocratie a progressé de façon significative en Côte d'Ivoire, elle n'a pas été toujours capable de démontrer clairement sa capacité à gouverner, à répondre efficacement aux besoins de la société, et à résoudre institutionnellement les conflits inhérents à toute société plurielle et diversifiée.

La Démocratie électronique c'est-à-dire le recours aux TIC dans les processus démocratiques devrait être rendue possible parce qu'elle est considérée comme un moyen efficace de renforcer la participation, l'intervention et l'engagement des citoyens dans la vie publique nationale, régionale et locale, d'améliorer la transparence du processus décisionnel démocratique et le contrôle des institutions démocratiques, d'améliorer la réactivité des pouvoirs publics et de favoriser le débat public et le contrôle du processus décisionnel.

Utiliser les TIC pourrait améliorer l'accessibilité des populations et des élus et la communication avec eux, et pourrait favoriser la communication au sein des administrations et entre elles, à tous les échelons. La mise en place de procédures de vote électronique lors des élections et des référendums, à tous les niveaux de gouvernement, en plus des modes de scrutin classiques non électroniques, devrait être envisagée. La volonté et la capacité des citoyens à participer en toute confiance aux processus démocratiques par le biais des technologies électroniques devraient être renforcées par une information adéquate et des activités éducatives et d'assistance à tous les niveaux, ainsi que dans le cadre de l'apprentissage de la citoyenneté démocratique.

A l'ère de l'internet, la cyberdémocratie et ses déclinaisons font partie des modèles de développement auxquels aspirent de plus en plus les peuples du fait de la mobilité des citoyens et surtout de la volonté affichée par les états de ne louper dans aucun secteur d'activité le virage du numérique qui suscite tant d'espoir. En Côte d'Ivoire comme partout dans le monde, des réflexions sont menées en vue d'intégrer les médias électroniques au processus de l'e-gouvernance. C'est dans ce contexte que se situe cet article.

PROBLÉMATIQUE

Face à l'usage du canal Internet dans l'exercice de la démocratie plusieurs voix s'élèvent à travers le monde pour contester l'image faussée du vote électronique. Selon ses détracteurs, les bénéfices supposés du vote électronique ne font pas le poids face aux dangers qu'il induit. Dans chaque pays où le vote électronique a été expérimenté comme en Hollande, en Irlande, en Belgique, en France, en Allemagne, en Estonie et en Suisse, il a fait l'objet de nombreuses réclamations diminuant d'autant la légitimité du scrutin incriminé (Acampado 2015).

En Afrique et particulièrement en Côte d'Ivoire les élections n'ont jamais revêtu la conception simpliste du jeu démocratique, avec leurs cortèges de déplacés, de disparus et surtout d'atteinte à l'intégrité morale et physique de paisibles citoyens.

En tournée dans la région du Tonpki, le Président de la République SEM Alassane Ouattara a annoncé, le vendredi 3 mai 2013, à Zouan-hounien, que les élections de 2015 en Côte d'Ivoire ne devraient pas ressembler à celles qu'elle a connues ces dernières années avec les vagues de violence. La solution serait l'introduction du "vote électronique" en Côte d'Ivoire. Selon lui, cette technologie permettra de prévenir les vols d'urnes, la disparition ou la destruction des procès-verbaux, etc. "Nous ferons en sorte que les gens ne soient plus en mesure de voler les urnes et de brûler les bulletins" (Cheickna 2013), a-t-il soutenu.

A peine annoncée par le chef de l'Etat SEM Alassane Ouattara que l'idée d'un vote électronique ne fait pas l'unanimité avec l'opposition. ″Un pays où vous n'avez pas de courant, vous voulez faire le vote électronique! Ou même avec le vote papier, quand il y a plusieurs candidats, les électeurs s'embrouillent! Le vote électronique coûte plus cher que le vote papier. Et puis, avec le vote électronique, il n'y a plus de transparence du tout. Un pirate qui accède au système d'exploitation, lui, il ne va pas modifier le bureau de vote de Treichville, bureau 4, Yopougon bureau 10…. Lui, il modifie le résultat global des résultats de l'ensemble de la Côte d'Ivoire par un clic. Et vous n'avez aucun moyen de vérifier. Le vote électronique, même dans les grands pays développés, la question de la transparence, du coût et un contrôle est posée″ (Mamadou 2013), a rétorqué le leader du parti Liberté et démocratie pour la république (Lider).

Le vote électronique est plus qu'un simple défi technique et administratif, il se doit d'être démocratiquement irréprochable et le plus transparent possible. Le vote électronique est un sujet emblématique où des informations pertinentes n'ont pas encore été clairement communiquées aux citoyens. Nous apportons ici notre contribution citoyenne afin de participer au débat et surtout de parler de cet autre enjeu du passage au numérique (Dan Moussa 2013).

Voter et faire voter en toute connaissance de cause, voilà un principe qui devrait être un fondement de la démocratie. D'autre part, le progrès ne signifie pas utiliser la technologie la plus moderne, mais être capable de choisir la plus adaptée ; cela est particulièrement vrai pour le vote électronique.

La démocratie est de par sa nature une construction inachevée; on peut et pourra toujours réclamer plus de démocratie. Face à l'évolution de nos sociétés, notamment sous l'influence des technologies de l'information, il y a lieu de veiller à ce que la démocratie progresse et non régresse.

En effet le vote électronique s'inscrit dans l'objectif stratégique d'accroître l'accessibilité au processus électoral. Il vise à offrir une autre méthode pratique pour voter. Du fait qu'elle faciliterait l'accès et qu'elle serait pratique.

La mise en œuvre du vote électronique s'appuie avant tout sur le souci d'accroître l'excellence du service et sur la conviction que le vote par Internet et par téléphone constitue un prolongement naturel des services électoraux. Selon ses adeptes le fait d'introduire le vote par Internet est un moyen de prendre les devants en matière de prestation de services électroniques, et il représente un grand pas en vue d'accroître leur caractère pratique et leur accessibilité pour les électeurs. Le vote par Internet permet non seulement de mieux s'adapter au mode de vie changeant des électeurs, mais il augmente également l'accessibilité au scrutin pour certains groupes d'électeurs, dont les étudiants des universités, les retraités et les personnes handicapées par exemple. Les arguments sont légion qui militent en sa faveur. Cependant cela soulève un certain nombre d'interrogations.

Cet article, qui devait être publié avant les élections présidentielles du 25 octobre 2015 en Côte d'Ivoire, s'évertue à élucider ce que savent les ivoiriens du vote électronique, ce qu'ils en pensent et surtout à analyser si la Côte d'Ivoire remplit les conditions pour adopter le vote électronique dans le cadre de sa stratégie d'e-gouvernance.

CLARIFICATION DE CONCEPTS

La gouvernance électronique désigne selon le PNUD (2002) "la manière de diriger et d'administrer propre à un gouvernement en ligne, permettant à celui-ci, grâce à l'utilisation d'Internet et des NTIC, d'améliorer les services publics, de développer la responsabilisation et la transparence dans les relations entre les citoyens et l'Administration, tout en favorisant le développement d'une société de l'information et le processus de démocratisation qui l'accompagne." Elle est le fait de mettre à profit toutes les possibilités d'usage des TIC à des fins de gouvernance.

La cyberdémocratie est un moyen parmi d'autres, plus "traditionnel", de participer au processus démocratique de la société et à sa construction collective. En ce sens, les technologies de l'information et des communications servent la démocratie.

Pour Ann Macintosh (2004), Lévy (2002) et Cartier (2002), la cyberdémocratie réfère tout simplement à l'usage des TIC pour impliquer les citoyens, appuyer les processus démocratiques de prise de décision et renforcer la démocratie représentative par la facilitation, l'élargissement et l'appondissent de la participation. La démocratie électronique n'est en aucun cas une nouvelle forme de démocratie en elle-même, il ne s'agit que de l'application de la démocratie participative à l'aide des outils offerts par la technologie (Cartier 2002).

Le vote par Internet ou le "e-voting" est, selon Wikipedia (2015), l'encyclopédie en ligne, "un système de vote dématérialisé, à comptage automatisé, notamment des scrutins, à l'aide de systèmes informatiques". Il a plusieurs acceptations à savoir le vote à distance par Internet, le vote par borne Internet, le vote par Internet dans un bureau de scrutin et le vote par Internet de circonscription[129].

Le web électoral est un vocable désignant l'ensemble des technologies de l'internet pouvant contribuer à une meilleure implication des citoyens dans un processus électoral.

Il découle de ces définitions que le vote électronique est l'utilisation d'un système informatique pour recueillir et compter les votes. La forme la plus commune du vote électronique consiste à placer un ordinateur de vote dans chaque isoloir et à amener le citoyen à exprimer son vote en appuyant sur un bouton. Il peut également consister à voter à distance, depuis un ordinateur personnel relié à internet ou depuis un téléphone mobile.

ETAT DE L'ART

La démocratie et le vote sont indissociables ; c'est un couple inséparable qui reste le fondement premier de l'exercice politique. La culture numérique, on ne cesse de le répéter, modifie d'une manière inédite le paysage sociopolitique de nos sociétés; elle fragilise les intermédiaires classiques et invite les autorités comme les citoyens à imaginer un nouveau modèle du politique. Malgré cette actualité, on a rarement posé la question du rôle et du statut du vote électronique. Pourtant la question est importante, voire urgente. Les essais rassemblés par Laurence Favier dans " Démocratie dématérialisée " (Laurence 2011) le démontrent. Chatillon et du Marais (2003) introduisent les atouts de l'administration électronique au service des

[129] Avec ce type de vote on installe des points de vote reliés au net dans des endroits passants et pratiques (p. ex. centres commerciaux, supermarchés).

citoyens et donnent un aperçu des usages TIC dans l'administration en général.

Souheib Yousfi (2012) nous propose des techniques et des protocoles de vote électronique qui pourraient remédier à certaines failles de sécurité existantes dans de nombreux protocoles. Tout d'abord, il nous propose un nouveau schéma de réseau de mélangeurs dont le but est de brasser des messages en entrée en vue de garantir l'anonymat; ce nouveau schéma diminue, selon lui, nettement la probabilité de certaines attaques sur le réseau de mélangeurs. Ensuite, il s'intéresse au vote électronique en ligne en étudiant et améliorant un protocole de vote basé sur les pairings. Il propose une phase d'enregistrement et exploitons les propriétés d'homomorphisme de la cryptographie elliptique pour le comptage des bulletins. Il se penche sur les protocoles de vote en ligne et considère la propriété de résistance à la coercition ; exhibe des attaques compromettant la propriété de résistance à la coercition sur des protocoles de vote pourtant connus dans la littérature comme étant résistants à la coercition. Enfin, il propose un protocole de vote à distance réduisant considérablement la complexité des protocoles de vote à distance existants.

La sécurité des systèmes de vote a pour but de garantir la disponibilité des instruments électoraux, l'intégrité des suffrages et le secret du vote. Le développement de l'automatisation des scrutins conduit à s'interroger sur la force du principe de sécurité. L'étude de Frédéric Connes (2010) dans le cadre traditionnel amène à constater que le secret s'est généralisé dans les démocraties et est aujourd'hui correctement garanti, alors que la disponibilité et l'intégrité sont des impératifs quasi absolus. Le principe de sécurité apparaît dès lors fort dans le cadre traditionnel. Le phénomène récent de l'automatisation est ensuite abordé ; après une présentation des différentes techniques existantes, les atteintes à la disponibilité, à l'intégrité et au secret sont détaillées. Dès lors, des solutions doivent être recherchées. Certains experts ont proposé de recourir à une trace papier. Toutefois, elle ne résout pas tous les problèmes. Les recherches de Frédéric Connes l'ont conduit à proposer un protocole permettant aux citoyens de vérifier, grâce à un reçu et à la publication anonyme des suffrages sur Internet, que leur vote a correctement été pris en compte, tout en préservant le secret. Gilles-J Guglielmi et Olivier Ihl (2015) nous situent les enjeux du vote électronique, décrient les types, les principes et présentent les différents outils. Quant Thierry Noisette et Perline (2008) nous instruisent sur les dangers de ce type de démocratie.

Comme toutes innovations technologiques, le vote électronique comporte un certain nombre d'inconvénients qui ont poussé un pays comme le Pays-Bas à revenir au vote traditionnel. Il existe des sons discordants quant à l'usage du numérique à des fins électorales ; les avantages et les inconvénients du vote électronique font l'objet d'une abondante documentation sur le NET notamment avec Elections Canada (2015), Secure-vote.com (2015), Agoravox.fr (2015), Intersticides.info (2015), Senat.fr (2015) Blog.acampado.net (2015).

Moustapha Mbengue (2009) donne un aperçu des enjeux et les pratiques de la gouvernance électronique en Afrique de l'Ouest. Le PNUD (2002) élabore une stratégie d'appui au développement de la gouvernance électronique au Burkina Faso, dans un rapport sectoriel. Ndiaye Malick (2002), dans les actes d'un colloque international, décrit l'administration électronique au service du Citoyen au Sénégal et montre les potentialités liées aux TIC pour des services administratifs plus attrayants. Ces écrits décrivent de manière générale les services et présentent les atouts des TIC au service des citoyens et des décideurs dans le cadre de la gouvernance électronique, ils ne se penchent cependant pas de manière spécifique sur la Côte d'Ivoire le champ de notre investigation.

MÉTHODOLOGIE

Cette étude commence par une analyse documentaire sur l'Etat des lieux des TIC en Côte d'Ivoire, elle nous permettra d'appréhender le niveau de pénétration du numérique, le niveau de la culture TIC et analyser les usages afin de juger de l'opportunité d'introduire le vote électronique.

Ensuite suit une étude quantitative et qualitative portée sur les ivoiriens ayant la majorité électorale, c'est à dire à partir de 18 ans. Ceux-ci sont estimés à 9.005.242 habitants et représentent environ 52,4% de la population (Sinzé 2015). Il s'en suit l'analyse du niveau d'information des ivoiriens relative à ce mode "numérique de scrutin" et enfin leurs avis sur l'adoption du e-vote en Côte d'Ivoire.

ECHANTILLON

A cette fin une enquête de terrain a été effectuée d'avril 2013 à avril 2014 sur un échantillon de cinq (5000) mille personnes dans dix (10) localités. Les interviewés résident aussi bien à Abidjan qu'à l'intérieur du pays, en l'occurrence à Bouaké, Daloa, à Korhogo, Yamoussoukro, à San-Pedro, Gagnoa, Man, Anyama et à Divo. Ces villes ont été choisies car elles sont des chefs-lieux de région, sauf Anyama, et en plus elles sont les plus grandes villes de Côte d'Ivoire du point de vue de la densité des populations130 selon le recensement général des populations de 1998, confirmé par le RGPH en 2014 (INS 2015). Elles regroupent environ 45.367.777 habitants soit 49,97% de la population totale de 22.671.331. Les 5000 enquêtés résident soit dans ces villes ou leurs environs ; elles ont eu le même quota d'interviewés, soit 500 enquêtés par ville.

L'idée de voter de manière électronique pour les prochaines élections en Côte d'Ivoire est en adéquation avec l'objectif stratégique du pays qui ambitionne d'être émergent à l'horizon 2020. Ainsi l'atteinte de cet objectif salutaire nécessite de franchir des pas dans des domaines comme la technologie électorale qui est jusque-là basé sur le vote ''papier''. Une question reste donc posée: la Côte d'Ivoire a-t-elle assez d'arguments pour se lancer dans le vote électronique en 2015 ?

La démocratie a plusieurs connotations, formes d'expression et d'exercice131. Chaque peuple choisit le modèle et la forme d'exercice qui lui convient en fonction de son histoire, de sa culture et des étapes son évolution.

L'e-vote ne saurait se faire en Côte d' Ivoire sans une culture TIC précisément informatique. Qu'en est-il exactement de l'état des lieux des TIC en Côte d'Ivoire ?

---

[130] Abidjan (4.3395.243 habitants), Bouaké (542.082 habitants), Daloa (266.324 habitants), à Korhogo (245.239 habitants), Yamoussoukro (207.412 habitants), à San-Pedro (174.287 habitants), Gagnoa (167.900 habitants), Man (148.171 habitants), Anyama (115.260 habitants) et à Divo (105.859 habitants)

[131] La démocratie directe, la démocratie représentative, la démocratie semi-directe, la démocratie participative, la démocratie populaire, la démocratie d'opinion.

ETAT DES LIEUX DES TIC EN CÔTE D'IVOIRE

La Côte d'Ivoire compte environ deux millions d'Internautes et près de 600 cybercafés répartis sur le territoire national. Mais on n'y recense, à peu près, que 100 000 abonnés, pour près de 5 millions d'utilisateurs en 2012 (Mieu 2012) et 7 millions d'utilisateurs réguliers en 2015, grâce en particulier à l'internet mobile et à la 3G lancé depuis 2012[132].

Les individus se connectent à internet principalement par les cybercafés (72%), suivis des écoles (14%), des bureaux (13%) et enfin à 12% dans les domiciles. Le moyen d'accès le plus utilisé est l'ordinateur (93%). Le taux d'accès au téléphone par le réseau filaire est de 74% contre 18% pour le sans fil (Mieu 2012).

Selon Actual-IT (2016:4), le Magazine d'Information de l'économie numérique du Ministère de l'Economie Numérique et la Poste, l'usage des TIC en Côte d'Ivoire se chiffre en mars 2016 comme suit :

- Plus de 150 000 emplois du secteur formel de l'économie nationale,
- Environ 10% des recettes fiscales,
- 15 milliards de FCFA de transactions Mobile Money par jour,
- 8 millions d'abonnés internet,
- 1 000 milliards de chiffre d'affaires en 2014,
- 25 millions d'abonnements à la téléphonie mobile,
- 8 millions de comptes Mobile Money.

Notre enquête vise à déceler ce que savent les ivoiriens du vote électronique.

RÉSULTATS

Étude quantitative

Dans une étude quantitative, il s'agit pour nous de savoir combien d'ivoiriens savent ce que c'est que le vote électronique et surtout de

---

[132] Discours de S.E.M. Alassane OUATTARA à Brazzaville, à la cérémonie d'ouverture de la 4ème édition du Forum économique Forbes Afrique, Brazzaville, le mardi 21 juillet 2015 en ligne sur http://www.presidence.ci

déceler leur acceptation de ce nouveau mode d'expression du suffrage lors des présidentielles de 2015.

Les questions à élucider sont: Avez-vous voté en 2010 ? Êtes-vous satisfait de la façon dont vous avez voté ? Connaissez-vous l'Internet ? Savez-vous qu'on peut voter avec des machines?

	Oui		non		Total
Avez-vous voté en 2010 ?	3571	71,42%	1429	28,57%	5000
Satisfait de la façon dont vous avez voté ?	2429	48,57%	800	51,00%	5000
Connaissez-vous l'Internet ?	3143	62,85%	1857	37,14%	5000
Savez-vous qu'on peut voter avec des machines?	2300	65,71%	1200	34,28%	5000

62,85% des Ivoiriens connaissent l'internet et 65,71% savent qu'on peut voter avec l'Internet.

Il est ensuite demandé aux interviewés s'ils veulent le vote électronique en Côte d'Ivoire en 2015 et leur motivation pour le choix ou le refus de ce type de scrutin.

Voulez-vous le vote électronique en Côte d'Ivoire ?

Oui	**Non**
1142	3286
22,85%	77,15%
5000	5000

Pourquoi ?

je n'ai jamais essayé	**peu fiable/fraude**	**plus rapide**	**modernisme**
2857	3143	1000	4688
57,14%	62,85%	20,00%	93,75%
5000	5000	5000	5000

Si 71,42% des ivoiriens ont voté en 2010, 51% n'étaient pas content de la façon de voter. 62,85% connaissent l'Internet et 65,85% savent qu'on peut voter avec ces "machines" ; le problème réside dans la fiabilité de ces "engins", 62,85% les trouvent peu fiables à cause de la cybercriminalité dont ils ont tant entendu parlée. 57,14% ne connaissent pas le vote électronique et 77,15% n'en veulent pas en Côte d'Ivoire en 2015. Le faible taux de satisfaction du déroulement du vote en 2010 ne milite pas en faveur du vote électronique, il convient à l'analyse de corriger seulement les disfonctionnements de 2010. Le mode de scrutin n'est pas remis en cause.

Par ailleurs il faut noter aussi une faible culture relative à la pénétration des TIC au sein de la population. Les chiffres de l'Institut National de la Statistique en juin 2015 sur l'utilisation des équipements audiovisuels et TIC en possession des ménages dans les dix (10) villes les plus peuplées corroborent cet état de fait : sur un total de 2.210.800 ménages, on enregistre 4.908.237 téléphones mobiles, soit 222,01% ; 236.410 ménages possèdent des ordinateurs, soit 10,69% et on enregistre 114,258 connections internet, soit 5,41%133. Le creuset familial n'est pas encore le lieu d'accès au

[133] Institut National de la Statistique (2015) : Tableau des équipements audiovisuels et TIC en possession des ménages par région en Côte d'Ivoire, 24 juin 2015 : Abidjan (4.3395.243 habitants) totalise 1.016.386 ménages avec 2.663.637 téléphones mobiles (262%), 195.923 ordinateurs (19%) et 92.849 connections à l'Internet (9%) ; Bouaké (542.082 habitants) avec 1.770.716 ménages, compte 396.191 téléphones mobiles (232%), 9.058 ordinateurs (5%) et 5.256 connections à l'internet (3%) ; Daloa (266.324 habitant) avec 229.411 ménages, 463.674 téléphones mobiles (202%), 7.158 ordinateurs (3%), 2.570 connections à l'Internet (1%); Korhogo (245.239 habitants) compte 131.374 ménages, 245.261 mobiles (186 %), 2.527 ordinateurs (3,5%), 2.527 connections à l'internet (1,9%); Yamoussoukro (207.412 habitants) avec 71.137 ménages, 190.191 téléphones mobiles (267%),

NET, la majeure partie de la population se connecte à partir des cybercafés.

Le taux de pénétration de l'internet dans les ménages est encore très faible, en général, en Côte d'Ivoire, soit 0,5%, comparé aux pays voisins Nigéria 32%, Sénégal 19%, Ghana 16% selon les statistiques de la Banque Mondiale (Oxford Business Group 2015: 152). Le creuset familial n'est pas encore un environnement approprié pour le développement durable de la culture de l'internet en Côte d'Ivoire. Cela pose le problème de la crédibilité, de la représentativité, de l'anonymat et du vote individuel si les ivoiriens devraient voter par le canal du NET essentiellement à partir des cybercafés.

ÉTUDE QUALITATIVE

Les variables qualitatives telles que le genre, le niveau d'instruction, le lieu d'habitation et la tranche d'âge ont fait l'objet de l'étude.

Au niveau de l'âge les enquêtés ont été repartis de 18 à 35 ans, de 35 à 50 ans et de 50 ans et plus. 48% soit 2 400 enquêtés entre 18 et 35 ans sont favorables à un essai du vote électronique ; 35% c.-à-d. 1 750 d'interviewés entre 35 et 50 ans sont sceptiques et 7%, soit 850 des plus de 50 ans ne sont pas d'accord pour un tel usage.

Aujourd'hui, quatre (4) ivoiriens sur cinq (5) ont moins de trente-cinq (35) ans. C'est une très grosse majorité de la population qui est jeune. C'est un canal qui s'imposera à l'avenir, si ce n'est pas encore le cas aujourd'hui.

Au niveau de la variable genre 48%, soit 2 400 enquêtées sont des femmes et 52%, soit 2 550 sont des hommes. Les hommes ont tendance a accepté ce nouveau type d'expression du suffrage soit 42% contre seulement 28% chez les femmes.

6.624 ordinateurs (9,31%), 3.286 connections à l'Internet (4,6%) ; San-Pedro (174.287 habitants) totalise 319.242 mobiles (198,44%), 3.827 ordinateurs (2,25%), 2.637 connections à l'Internet (1,29%); Gagnoa (167.900 habitants) avec 151.046 ménages, 278.537 mobiles (184,41%), 3425 ordinateurs (2,27%), 1.833 connections à l'Internet (1,21%); Man (148.171 habitants), 203.081 ménages, 208.242 mobiles (102,54%), 3.273 ordinateurs (1,61%), 2.489 connections à l'Internet (2,41%); Divo (105.859 habitants) 123.198 ménages, 229.948 mobiles (186,65%), 2.437 ordinateurs (1,98%), 1.386 internet (1,13%)

Le lieu d'habitation a un impact sur le choix de ces technologies ; plus les enquêtés sont proches des villes ou habitent en ville et mieux ils appréhendent ce mode de vote et l'acceptent à 75%; ils le sont moins quand ils éloignés des milieux urbains soit 25%.

Les fonctionnaires et les étudiants sont favorables à un tel apport à hauteur de 65%, les travailleurs de l'informel à hauteur de 15% d'intention favorable, les sans-emplois à hauteur de 5% et les sans-opinions à hauteur de 15%.

IV. DISCUSSION: LA CÔTE D'IVOIRE A-T-ELLE ASSEZ D'ARGUMENTS POUR SE LANCER DANS LE PROCESSUS DU « E-VOTE » ?

Certains experts électoraux, tel que Christian Ago Kodia (2013), pensent que la Côte d'Ivoire a des atouts pour aller au vote électronique : "aujourd'hui en se basant sur l'essor fulgurant de la technologie en Côte d'Ivoire, l'on constate qu'une grande partie de la population active a confiance aux moyens électroniques de paiement et disposent de cartes bancaires. L'état civil est en pleine modernisation et le passeport biométrique est bien intégré dans nos habitudes. Avec tous ces atouts, allons-nous en 2015 dépenser des milliards de FCFA pour produire des listes électorales sur support papier et même des bulletins de vote, avec en prime la destruction de nos forêts".

Cet optimisme ne peut pas être cependant partagé par l'ensemble des ivoiriens. Car il faudrait faire la différenciation entre l'acceptation des services liés à ces technologies; si certains sont intégrés dans leurs habitudes, d'autres tardent encore à se faire accepter. L'utilisation des cartes de crédits a bénéficié d'une campagne de sensibilisation de longue haleine ponctuée d'expositions dénommées "Simbank" de la part des institutions bancaires. Face au phénomène de longues files et des heures interminables d'attente dans les banques les ivoiriens ont adopté facilement les moyens électroniques de paiement et les cartes bancaires qui leur facilitent la tâche; cela a été favorisé surtout par une campagne de proximité. Les autres services numériques ne bénéficient pas encore de telles campagnes de sensibilisation, d'éclairage en vue de faciliter son acceptation.

En effet, le vote électronique requiert pour son option "vote à distance" que les électeurs disposent d'une connexion internet. "Le constat que nous avons fait en Côte d'Ivoire, c'est que le déficit au plan de la connectivité nationale, c'est-à-dire en réseaux de transmission haut débit, constitue l'un des principaux freins à la disponibilité et à l'accessibilité des TIC. Certaines régions de notre pays ne disposent pas d'une infrastructure permettant un accès aisé aux TIC, tout simplement parce que cela n'est pas rentable pour les opérateurs privés. Même là où cette infrastructure existe, celle-ci reste faible en termes de maillage ou de capacité ou est jugée trop chère pour l'Ivoirien moyen." (Bruno 2013). Des efforts sont faits, dans le cadre de "l'émergence numérique" (Ya 2013), avec la révision de l'environnement réglementaire en 2012, la multiplication de la connectivité au plan international avec la multiplication des de la bande passante par 40 avec l'arrivée des câbles WACS et ACE. La desserte nationale est prise en compte dans le cadre du projet de déploiement du backbone national en fibre optique long de 6700 km à 90 millions de dollars soit 45 milliards de FCFA (Ya 2013).

Le Backbone de l'Est long de 622 km relie depuis le 1er décembre 2015 Grand-Bassam à Bouna en passant par Abidjan, Azaguié, Akoupé, Abengourou, Agnibilékro, Tanda et Bondoukou. Celui du Nord-Ouest de 1400 km de San-Pedro à Bouna est en phase d'achèvement et la troisième phase longue de 5000 km clôturant le maillage de toute l'étendue du territoire national est prévue pour la fin de l'année 2017 (MT 2015).

Selon les chiffres de l'ATCI au 31 décembre 2012, l'on comptait 119 526 abonnés à Internet (il est à noter que 85% des abonnés à Internet résident à Abidjan contre 15% à l'intérieur du pays) pour une population d'environ vingt-deux (22) millions d'habitants avec un corps électoral estimé à environ six (6) millions de personnes. Il va s'en dire que seulement une infirme frange de la population pourra voter par le biais d'internet. Cela constitue déjà une entrave à une participation effective et conséquente des électeurs.

La contestation des élections naît souvent du fait de la non légitimité des élus, une partie de la population ne se reconnaît pas en l'élu. Les enquêtes montrent que celui qui sortira d'une élection assortie de vote électronique n'aura pas la représentativité et la légitimité escomptées au sein de la population, déjà traumatisée et méfiante face au média numérique du fait de la cybercriminalité tant décriée en Côte d'Ivoire. Cela pose le problème de la crédibilité d'un tel mode de scrutin aux yeux de la population. Les chiffres sont des indicateurs suffisamment éloquents à cet effet : 57,14% des ivoiriens méconnaissent le vote électronique, 62,85% les trouvent peu fiables du fait des nombreuses controverses sur le fléau de la cybercriminalité et enfin 77,15% n'en veut pas en Côte d'Ivoire pour les élections de 2015.

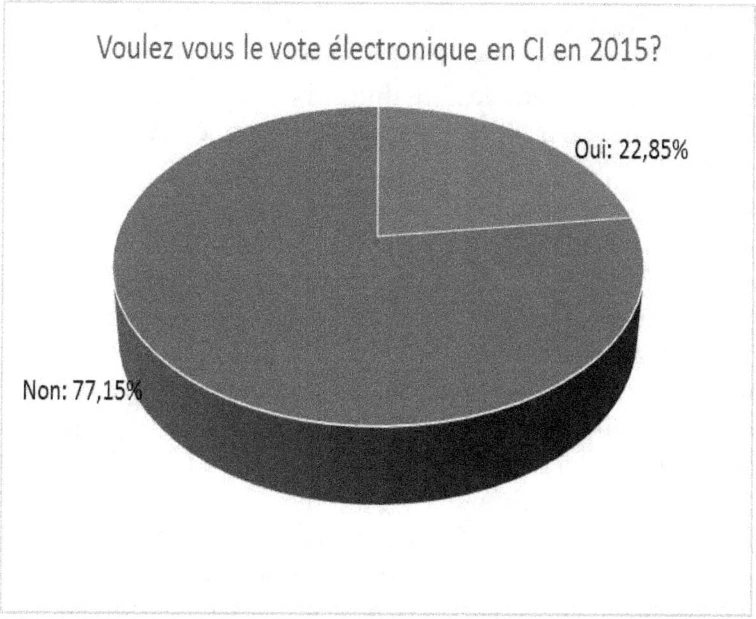

Le taux d'acceptation du vote électronique au sein des populations

L'acceptation du vote par Internet et le niveau d'utilisation signalés sont des facteurs importants à prendre en considération lors de l'élaboration d'un modèle de vote par Internet ou de sa mise à l'essai.

La culture numérique demeure un enjeu crucial. Selon une dépêche de l'AIP c'est seulement le 20 juillet 2015 que le chef du village de Guéhouo dans la commune de Bangolo (Ouest, région du Guémon) par exemple, Tohé Blaise, a fait don, d'un lot de matériel informatique à ses notables pour "moderniser l'organisation de (sa) chefferie". Il s'agit de trois ordinateurs de bureau, de deux imprimantes, d'une dizaine de paquets de rames et autres accessoires informatiques qui ont été présentés aux populations de Guéhouo. L'objectif "est de faire en sorte que le village puisse être au rendez-vous de la mondialisation. (…) toutes les correspondances qui quitteront Guéhouo devront être imprimées car l'ère du manuscrit est révolue". Ce n'est qu'après cela seulement que des cadres du village ont alors promis de connecter ce matériel au réseau internet pour permettre à la diaspora de communiquer plus aisément avec leurs parents de Guéhouo (AIP 2015).

Combien de villages comme Guéhouo existe-t-il encore du point de vue des équipements et de la connectivité à l'Internet? Des technologies, précisément des modèles de développement importés ne cadrent pas forcement avec les réalités ivoiriennes ; le fossé numérique est encore une réalité en Côte d'Ivoire entre les zones urbaines et rurales.

Vu que certaines zones, notamment urbaines, ont une connectivité acceptable où vit une population ayant une culture numérique suffisante, on pourrait raisonnablement envisager des projets pilotes pour les élections législatives, municipales et régionales à venir. Ces projets pilotes de vote par internet auront l'avantage d'être expérimentés au niveau d'un échantillon d'électeurs ou d'instances électorales à un niveau d'abord micro (ville, commune), ensuite méso (circonscription, région) et enfin macro (national).

Concernant la participation en ligne des citoyens dans le monde les auteurs du rapport "Développer l'exercice de la cyberdémocratie" (Grecus et al 2004) ont voulu mesurer non seulement la pénétration des TIC dans la gestion de l'appareil gouvernemental et la dispensation de ses services, mais ils ont aussi voulu évaluer la capacité pour les citoyens d'engager le dialogue avec le gouvernement et de participer aux processus politiques.

Pour réaliser ce travail, ils se sont donnés un cadre de référence articulé autour de trois dimensions soient la "e-information, la e-consultation et la e-prise de décision", la première étant la moins avancée, la plus statique. Les auteurs notent aussi qu'une faible proportion des pays (14 %) offrent des possibilités de consultations en ligne et un plus petit nombre encore (9 %) permettent aux citoyens de réagir aux politiques et activités officielles du gouvernement placées sur le site Web. Enfin, seulement 13 pays (8 %) ont une politique claire encourageant les citoyens à participer en ligne aux processus de formulation de politiques.

On peut donc conclure à la lumière de ce rapport de l'ONU que malgré la pénétration intéressante des TIC au niveau des gouvernements, la participation active en ligne des citoyens aux processus politiques demeure faible, le potentiel déjà installé est sous utilisé. Les cadres de référence souple, les comparaisons continues, le partage des expériences et les rétroactions rapides demeurent donc des stratégies appropriées d'approche. La Côte d'Ivoire n'est donc pas en reste, elle doit assoir ses stratégies d'appropriation des TIC liées à sa jeune culture.

RECOMMANDATIONS

Mbengue Moustapha (2009) a proposé quatre (4) solutions techniques dans son analyse sur les enjeux et pratiques de la gouvernance électronique en Afrique de l'ouest ; à savoir le kiosque à voter, le système à écran tactile ou à clavier, le SMS électoral et le web électoral. Notre approche tourne autour du volet culturel, de la formation et surtout de la sensibilisation des acteurs.

La révolution numérique est présentée désormais comme un sésame permettant d'accélérer le développement. Cette pensée a déjà fait l'objet de fortes critiques, notamment de la part de Philippe Breton dans son ouvrage "Le culte de l'Internet" (Breton 2000).

Les modalités de fonctionnement spontané de l'Internet coïncident certes avec le fonctionnement démocratique de la société civile ; « *en offrant l'Internet au monde, la communauté scientifique lui a fait le cadeau de l'infrastructure technique d'une intelligence collective qui est sans doute sa plus belle découverte. Elle a ainsi transmis au reste de l'humanité sa meilleure invention, celle de son propre mode de sociabilité, de son type humain et de sa communication.* » (Levy 2000:91f). Dans cette perspective, Levy renchérit pour dire que « *(...) le marché s'est emparé des infrastructures de communication et des modes de fonctionnement de la communauté scientifique parce que, lui aussi, depuis l'avènement de l'économie de l'information ne vise plus qu'à l'intelligence collective*"(Levy 2000:91f).

Cependant il faut reconnaître à chaque société sa spécificité et sa particularité car « *de tout temps il y a eu chez les peuples des emprunts culturels. (...). Ce qui permet l'essor des sociétés, c'est consentir librement aux cultures exogènes et les intégrer au tout (...). L'uniformité tue les sociétés ; la différence socioculturelle est universelle. Ce que les sociétés ont en commun c'est leur différence* » (Kacou 2015:3).

Des initiatives comme l'opération lancée le 19 février 2015 au Sofitel Abidjan Ivoire à Cocody "un citoyen, un ordinateur + une connexion internet" visent à favoriser la naissance d'une culture numérique en Côte d'Ivoire. A terme ce programme présidentiel, initié par le Ministère de la Poste, des Technologies de l'Information et mis en œuvre par l'Agence Nationale du Service Universel des Télécommunications (Ansut), vise à permettre à 500.000 familles de s'équiper en ordinateur et d'avoir un accès à l'ordinateur dans les cinq (5) ans à venir. Cet ambitieux programme va booster quantitativement l'usage de l'outil informatique dans les ménages ivoiriens[134].

Après l'exonération totale de TVA et la réduction à 6,5% des droits de douanes sur les équipements téléphoniques et informatiques135 pour accroître l'accès aux équipements et à la connectivité internet, doit ensuite être mise en place une culture de "e-démocratie" à travers un parlement électronique, les partis politiques, des mairies et des élus en ligne. Lorsque les citoyens manifesteront effectivement le besoin d'utiliser ce canal la nécessité de l'implémenter s'imposera d'elle-même. Trop de programmes de développement sont morts nés en Afrique pour n'avoir pas tenu compte des aspirations profondes des peuples et de leur niveau de compréhension. L'échec lié à l'introduction de la télévision éducative des années soixante-dix en Côte d'Ivoire en est une illustration.

La vulgarisation et l'implantation de la culture TIC doit se poursuivre à travers la formation. L'introduction de l'enseignement des TIC dans le programme scolaire, à la construction de salles

[134] Le Chef de l'Etat ivoirien SEM Alassane OUATTARA a lancé le 19 février 2015 au Sofitel Abidjan Ivoire à Cocody l'opération "un citoyen, un ordinateur + une connexion internet".

[135] Selon le communiqué du conseil des ministres du mercredi 1er juillet 2015, le matériel informatique bénéficie désormais de mesures fiscales. Le taux passe de 27 à 6,5% pour le matériel informatique, désormais exempté de TVA.

multimédias dans les établissements d'enseignement secondaire et à la création d'établissements d'enseignement supérieur des TIC doivent se poursuivre, à l'Instar de l'Institut des Sciences et Techniques de la Communication (ISTC) et de l'Ecole Supérieure Africaine des TIC (ESATIC) pour la formation de l'élite du secteur des TIC.

L'Etat de Côte d'Ivoire a décidé de subventionner 100 milles ordinateurs pour cent milles (100 000) étudiants dans le cadre de l'ouverture de l'Université virtuelle de Côte d'Ivoire (UVCI) à travers l'opération "un étudiant, un ordinateur". Pour environ soixante milles (60 000) FCFA les cent milles (100 000) premiers étudiants qui auront à souscrire à l'opération un étudiant, un ordinateur recevront dans un délai de deux mois un ordinateur de dernière génération. Cette volonté de vulgarisation des TIC sera matérialisée par la mise en place de cette Université dite virtuelle de Côte d'Ivoire (UVCI), d'un coût d'environ vingt et un milliards (21 000 000 000) mobilisés par le gouvernement de Côte d'Ivoire. Cela va permettre de financer l'extension du réseau wifi qui permettra à dix milles (10 000) étudiants de se connecter simultanément à l'Université Félix Houphouët-Boigny et à cinq milles (5 000) dans les autres universités publiques de Côte d'Ivoire. A cela s'ajoute, l'acquisition des ressources pédagogiques rendue possible par la connexion internet à un prix étudiant (Abidjan.net 2015).

Afin d'améliorer la pénétration des Technologies de l'Information et de la Communication (TIC) et de rompre la fracture numérique, la Province de Liège en Belgique a lancé par exemple un projet en partenariat avec l'ensemble des acteurs de terrain concernés. L'objectif est de lutter contre l'isolement des seniors, qui représentent plus d'un quart de la population de la Province de Liège. Mobi'TIC et son réseau de partenaires, associations de seniors et opérateurs de formation notamment, soutenus par plusieurs organismes d'envergure (Conseil Supérieur de l'Audiovisuel, Agence Wallonne des Télécommunications, Febelfin), proposent d'initier et de former à l'utilisation efficace d'Internet et des technologies modernes ce public spécifique que sont les seniors (AWT 2015).

Ce modèle de formation et de vulgarisation peut être adapté aux réalités ivoiriennes et toucher, au-delà des séniors, d'autres franges de la société comme les femmes et les ruraux. C'est ainsi que l'Agence nationale du service universel des télécommunications (ANSUT) a entamé une tournée destinée à se rapprocher des usagers des technologies de l'information et de la communication (TIC). Cette initiative dénommée ''Ansut Tour, Tic pour tous'', qui s'inscrit dans le cadre de la promotion des activités du ministère de la Poste et des TIC, va s'étendre sur un mois à travers les différentes régions de Côte d'Ivoire. Cette caravane a permis aux populations de découvrir la politique du gouvernement en faveur de la vulgarisation des TIC, notamment le service, les missions, les projets réalisés et ceux en exploitation.

Sous la houlette d'une équipe composée d'experts, des Ivoiriens seront initiés à l'internet, la maîtrise des logiciels de base et les recherches sur les réseaux sociaux, grâce à des animations de stands, des cybers mobiles et autres jeux concours. A côté de cette initiative des projets ont déjà été réalisés, comme les cyber-centres communautaires de Korhogo et Ferkessédougou, dans le cadre du projet "un citoyen, un ordinateur", visant à désenclaver les zones éloignées (AIP 2015).

Le fossé numérique demeure certes un obstacle. Mais le recul n'est pas possible. La technologie s'insinue inévitablement dans le quotidien des gens. Pour sa part, la démocratie existe depuis fort longtemps, mais le défi demeure et les capacités citoyennes sont toujours à renouveler et à développer. Il vaut donc mieux commencer maintenant à réaliser des expériences concrètes de cyberdémocratie si on veut obtenir des changements fondamentaux.

Développer l'exercice de la cyberdémocratie pour accroître d'abord la participation des citoyens en ligne semble d'abord une stratégie noble (Grecus et al. 2004). Cela peut contribuer à éduquer les électeurs d'une manière attrayante au sujet du vote électronique (Froman 2010). Les citoyens ont besoin de procédures électorales adaptées à leur style de vie. Il est important qu'un programme ciblé de marketing de persuasion et d'information en ligne comportant un volet de sensibilisation de l'électorat soit mis en place. Présentant l'expérience de Peterborough McKinstry (2010) souligne la nécessité qu'une équipe de marketing s'occupe de la promotion du système, en veillant à ce que tous ceux qui participent à l'élaboration du processus comprennent parfaitement non seulement le processus lui-même, mais encore sa technologie.

Des études doivent être menées pour démontrer si la technologie peut bien fonctionner, des variables comme l'accessibilité, la participation et la sécurité doivent faire l'objet de recherches approfondies sur le terrain. Pour arriver à un tel processus des conditions préalables à l'introduction du vote par Internet doivent être remplies à savoir la volonté politique, le soutien du gouvernement, le fondement juridique d'une telle entreprise (approuvé par le parlement), un degré élevé de légitimité du processus politique et un soutien à l'innovation (Trechsel 2010).

Le passage souhaité au vote par Internet doit être amorcé par une administration électorale plutôt que par des groupes ou des parties intéressées. Le changement peut certes être introduit par le gouvernement, mais il est important que l'administration électorale soit l'instance qui s'en charge et en prenne la direction et que la volonté politique et des électeurs de soutenir de tels efforts soit au rendez-vous (Hawthorn 2010). La mise en place du vote électronique serait impossible sans l'appui de la population. Il importe que le public conserve sa confiance envers le processus électoral et qu'il soit généralement favorable à l'idée du vote électronique.

Il faut prendre le temps de se préparer parfaitement, de communiquer avec les différents intervenants et de faire en sorte que l'on soutienne, en toute confiance, le système. La mise en œuvre du vote par Internet ne doit pas se faire à la hâte. L'administration électorale et le gouvernement doivent être disposés à écouter, et à s'adapter au changement tant sociétal que technologique. Si la population et la technologie sont prêtes (Martens 2010), un délai d'exécution raisonnable doit être observé à travers des projets pilotes pour éviter les dérapages.

De cet état de fait des expériences sont à encourager sur les quatre (4) lieux même de l'exercice de la démocratie électronique, à savoir le cyberparlement, le cybergouvernement, la cyberadministration et les partis politiques et les journaux en ligne. A travers le Cyberparlement il y aura la naissance d'un dialogue efficace entre les élus et les électeurs ; cela est essentiel pour assurer une bonne représentation. Les TIC peuvent faciliter la communication en permettant aux élus de garder un contact continu avec les citoyens, de mieux les cibler, de les informer et de les consulter sur divers politiques débattues en chambre. Elles permettent aussi aux citoyens d'effectuer des suivis en ligne des activités à l'Assemblée nationale, en séances plénières ou en commissions parlementaires et voire d'y intervenir. Des processus parlementaires plus transparents, plus compréhensibles sont susceptibles d'améliorer la confiance des citoyens en leur Parlement et en la démocratie.

Se situant au niveau de l'exécutif le cybergouvernement fait référence à l'usage des TIC par le gouvernement pour informer, consulter et faire participer activement les citoyens dans la gouvernance des affaires publiques lors de la formulation, de l'élaboration des politiques publiques et lors de la prise de décisions stratégiques. La cyberadministration est le palier opérationnel et concerne l'administration et la dispensation des services publics ; il est nécessaire de l'implémenter en essai à divers niveaux de l'administration afin d'en voir la portée auprès des populations. La pratique régulière de sondages afin d'améliorer la qualité de services peut être insinuée pour voir l'engouement qu'elle suscite. Les TIC offrent aux partis politiques des moyens d'impliquer plus systématiquement leurs membres et le public en général durant la formulation des politiques. Ils offrent, en interrelation avec les groupes de pression, les organisations de la société civile et les communautés locales, des possibilités plus larges et plus profondes de mener des consultations sur les projets de politiques des gouvernements.

La presse est un outil essentiel à l'exercice de la démocratie ; elle informe, alimente les débats et aide à la formation des opinions. Depuis l'avènement d'Internet, tous les journaux se sont donnés des sites Web et permettent des échanges en ligne avec les citoyens. Ils offrent ainsi un accès à un nouvel espace d'exercice de la démocratie. Ces expériences pourront permettre de tester le niveau d'intégration des TIC dans les habitudes informationnelles et communicationnelles des citoyens avant de se lancer dans des projets d'envergure plus coûteux comme l'e-vote. Certains toucheront le développement des connaissances citoyennes, d'autres, la formation à l'usage des TIC et l'accès à Internet à haute vitesse, enfin certains feront l'inventaire de toutes ces expériences pour en dégager les leçons.

Le succès de la mise en œuvre d'un système de vote par Internet repose en grande partie sur la confiance des intervenants à savoir les partis politiques, les électeurs et les autres groupes envers un tel système; cet élément de confiance est principalement lié à la sécurité du système et à son mode de fonctionnement. Le système devra être soumis, avant son lancement, aux préparatifs et tests de sécurité appropriés puisqu'il y a tout lieu de croire que des gens voudront prouver qu'il ne fonctionne pas (Martens 2010).

Se fondant par exemple sur les expériences canadiennes de vote par Internet Kitteringham et Brouwer (2010) estiment que l'expérience du vote par Internet à Markham a été une réussite parce que les candidats ont été associés au processus dès le départ, ils ont été éduqués en la matière et encouragés à poser des questions. Il est aussi important dans le processus de permettre aux candidats de se brancher sur un "module du candidat" pour voir, en temps réel, les noms des votants être biffés sur le registre ; la possibilité doit être donnée aux candidats de voir le décompte des votes en ligne (Smith 2010).

Il est important de communiquer, de faire savoir que le processus de vote en ligne est simple et d'informer les électeurs et les candidats sur le processus et sur l'usage qu'ils peuvent en faire, en vue d'accroître l'acceptation de ce type de vote en dissipant les doutes ; "la confiance est la variable la plus importante en ce qui a trait au vote par Internet " (Trechsel 2010).

Avec l'expérience européenne du vote par Internet il a été donné de remarquer qu'un certain nombre de pays avait envisagé de mettre en œuvre le vote par Internet, mais qu'ils y ont finalement renoncé ; tel est le cas de la France où il y a eu des complications juridiques, des Pays-Bas où régnait la méfiance envers la technologie et de la Lituanie avec quelques obstacles politiques. Seules la Suisse et l'Estonie sont les principaux pays à avoir réussi à élaborer avec succès un programme de vote par Internet (Trechsel 2010). Ces difficultés peuvent éclairer les projets en Côte d'Ivoire afin d'éviter les blocages juridiques, politiques et la méfiance des citoyens vis-à-vis de la technologie.

S'agissant de la nature technique sur la mise en œuvre du vote par Internet, l'accent doit être mis sur l'importance de la confiance et de la transparence du système de vote ; elle repose en grande partie sur la transparence du système de vote. Cela signifie que les fournisseurs du système, l'administration électorale et la technologie elle-même doivent inspirer confiance aux intervenants de la sphère publique comme les citoyens, les partis politiques, les observateurs, les organisations non gouvernementales et les militants (Wolf 2010).

CONCLUSION

Au final, notre analyse nous a permis de voir que le vote électronique malgré les avantages qu'il procure doit être pris avec une certaine délicatesse. En effet, il comporte un certain nombre de risques qu'il convient de réduire avant de s'y engager. La Côte d'Ivoire devra donc passer par une longue phase d'apprentissage qui lui permettra d'assoir d'abord la cyberdémocratie pour ensuite affiner à la longue le vote électronique au cours de ses échéances électorales. Il ne faudrait pas que le vote électronique entraîne la naissance d'une autre crise postélectorale qui naitrait du refus d'un camp d'accepter les résultats électroniques.

Pour le succès du vote électronique en Côte d'Ivoire il faut mettre en place une méthodologie, identifier les enjeux spécifiques de chaque processus consultatif, délibératif, décisionnel (scrutin). Il faut s'assurer que les principes fondamentaux sont respectés et s'assurer que les exigences découlant des différents outils en ligne sont prises en compte et maîtrisées.

Il est nécessaire de mettre au point une méthodologie à l'intention des entités concernées par la mise en place de processus cyber démocratiques fondés sur l'usage d'Internet. L'outil méthodologique doit procurer les éclairages nécessaires afin d'assurer que ces activités se déroulent dans le respect des lois et des principes éthiques reconnus. Une telle méthode doit permettre de cerner et de gérer les risques. Elle indique comment identifier les caractéristiques des processus de consultation et de délibération de même que les activités pouvant nécessiter des mesures et précautions spécifiques.

En somme, il faut être en mesure de situer les responsabilités. Il s'agit d'identifier qui fait quoi et qui répond de ce qui se passe lors d'une consultation ou d'une délibération se déroulant sur Internet. Il faut identifier et évaluer les risques ; cela tient compte aussi bien des caractéristiques de l'activité que du fonctionnement ou de la configuration des outils Internet utilisés. Enfin, il faut identifier et mettre en place les mesures et politiques qui permettent une prise en charge appropriée des risques et enjeux spécifiques au processus délibératif à mettre en place.

Si nous définissons la démocratie comme une forme de gouvernance où le pouvoir suprême appartient au peuple qui l'exerce directement ou indirectement par l'entremise d'un système de représentation; elle demeure dans la société ivoirienne, un énoncé vertueux avec lequel tout le monde semble d'accord. La démocratie "pure" relève toutefois de l'utopie. La démocratie ne peut s'atteindre, elle prend des virages selon le rythme de l'évolution d'une société, selon sa culture. Elle est captive d'un relativisme culturel et social qui nous oblige à la façonner de nouveau et continuellement. Sous nos cieux le vote électronique est certes une nouvelle façon plus moderne d'exprimer son suffrage, cependant il demeure aux yeux de la majeure partie de la population un usage risqué pour un avantage démocratique encore restreint (Delly 2013).

RÉFÉRENCES BIBLIOGRAPHIQUES

Abidjan.net, Le vote en Côte d'Ivoire sera ''électronique" pendant les prochaines élections (Alassane Ouattara), en ligne http://news.abidjan.net/h/458783.html, [11.03.2014].

Abidjan.net, Opération "un étudiant, un ordinateur": le gouvernement ivoirien subventionne 100 mille ordinateurs pour 100 mille étudiants, en ligne http://news.abidjan.net/h/563528.html, [11.09.2015]

Acampado, Les limites du vote électronique, en ligne http://blog.acampado.net/post/2009/03/06/les-limites-du-vote-electronique, [22.07.2015].

AGO Kodia C, Des atouts pour aller au vote électronique, in : Fraternité Matin du Samedi 3 – Dimanche 4 août 2013

Agoravox.fr, Le vote électronique, pour ou contre, en ligne http://www.agoravox.fr/actualites/technologies/article/le-vote-electronique-pour-ou-149999 [03.08.2015].

AIP 025, La chefferie du village de Guéhouo (Bangolo) s'équipe en matériel informatique, Bangolo, 20 juillet 2015.

AIP018, L'ANSUT en tournée se rapprocher des usagers des TIC, en ligne https://de-mg42.mail.yahoo.com/neo/launch?.rand=94seubf3ocpoo#9265659624 [15.09.2015].

Agence Wallone des Télécommunications (AWT), Mobi'TIC. Structure mobile d'initiation des seniors aux TIC, http://www.awt.be/web/dem/index.aspx?page=dem,fr,foc,100,101, [22.07.2007].

Blog.acampado.net, les limites du vote électronique, en ligne http://blog.acampado.net/post/2009/03/06/les-limites-du-vote-electronique [03.08.2015].

BRETON Philippe, « Le culte de l'Internet. Une menace pour le lien social? » Paris, 2000, 125.p.

CARTIER Michel, « Les groupes d'intérêts et les collectivités locales : Une interface entre le citoyen et l'État », Québec, *Les Presses de l'Université Laval*, l'Harmattan, 2002, p. 93-109.

CHEIKNA D. Élections: Le Président Ouattara annonce le "vote électronique" pour 2015 in : Fraternité Matin en Ligne, vendredi, 03 mai 2013 19:49.

CHEIKNA D, Élections: Le Président Ouattara annonce le "vote électronique" pour 2015, in : Eburnie News en ligne du 03 mai 2013.

DAN Moussa, les enjeux du passage au numérique. Discours d'ouverture du lancement de la 10ème Promotion des Journées du Communicateur, ISTC Abidjan 16 mai 2013.

DELLY J, « vote électronique : un usage risqué pour un avantage démocratique restreint », en ligne http://www.domainepublic.ch/articles/10033 [21.06.2015].

Dialogue Transatlantique Canada-Europe (2010): « Vote par Internet : que peut apprendre le Canada ? » Université de Carleton. .

CONNES Fréderic, « La sécurité des systèmes de vote: Systèmes traditionnels et électroniques », Paris, 2010, 18p.

PREVOST Paul et al.: « Développer l'exercice de la cyberdémocratie », Grecus Université de Sherbrooke, 2004.

Institut national de la statistique – INS, Tableau des équipements audiovisuels et TIC en possession des ménages par région en Côte d'Ivoire, 2014.

Institut national de la statistique – INS, Tous les résultats du 4è RGPH en détail in : Fraternité Matin n° 15 020 du 29 décembre 2014.

Intersticides.info, les machines à voter électroniques en débats, en ligne https://interstices.info/jcms/c_22450/les-machines-a-voter-electroniques-en-debat [03.08.2015].

KACOU F, « l'Afrique doit-elle suivre sans amendement le mouvement de mondialisation ? » In : *Fraternité Matin* n°15184, Mardi 21 juillet 2015.

KOUAME A, « Internet pour tous. Où en est la Côte d'Ivoire ». *In Sciences et Technologie,* Notre Supplément de Fraternité Matin n°14 803 du 4 avril 2014 p 19/II à p 20/II.

FAVIER Laurence, Démocratie dématérialisée : Enjeux du vote électronique, Paris 2011.

LEVY Pierre, Cyberdémocratie. Essai de philosophie politique. Éditions Odile Jacob, Paris, 2002, 283p.

N'DIAYE Mamadou, l'Administration électronique au service du Citoyen au Sénégal, Colloque international - l'Administration électronique au service des citoyens, 21-22 janvier 2002 – Senat – France.

MACINTOSH A, "Characterizing E-Participation in Policy-Making", International Teledemocracy Centre. In 37e Conférence Internationale sur les sciences des systèmes, Hawaï, 5-8 janvier 2004. en ligne

http://csdl.computer.org/comp/proceedings/hicss/2004/2056/05/205650117a.pdf [23.07.2015].

Mamadou K, « Le Vote électronique coûte plus cher et n'est pas transparent », Mise en Ligne par Connectionivoirienne.Net La Rédaction [7.05.2013].

MIEU B, « l'Internet en Côte d'Ivoire », *in Côte d'Ivoire Economie* - N°16 - juin 2012.

M'BENGUE Moustapha, Enjeux et pratiques de la gouvernance électronique en Afrique de l'Ouest, Université Cheikh Anta Diop de Dakar pour le compte de l'IFLA.

OUATTARA Alassane, Discours de Brazzaville à la cérémonie d'ouverture de la 4ème édition du Forum économique Forbes Afrique, Brazzaville, le mardi 21 juillet 2015, en ligne sur http://www.presidence.ci [22.07.2015].

Oxford Business Group, The Report Côte d'Ivoire 2015.

PME Magazine N° double : Côte d'Ivoire 1960-2010. 50 ans d'économie, 2010.

PNUD, Rapport sectoriel : élaboration d'une stratégie d'appui au développement de la gouvernance électronique au Burkina Faso, 2010.

Senat.fr, Préserver la confiance des électeurs, en ligne http://www.senat.fr/rap/r13-445/r13-4458.html [03.08.2015].

Sinzé T, Conseil des Ministres, le collège électoral convoqué le 25 octobre, in *Fraternité Matin* n°15 198 du 6, 7, 8, 9 août.

Toupictionnaire, le dictionnaire de politique : le vote, en ligne http://www.toupie.org/Dictionnaire/Vote.htm, [06.05.2014].

Wikipedia,vote electronique, https://fr.wikipedia.org/wiki/Vote_%C3%A9lectronique [20.07.2015].

WODIE Francis, Présidentielle en 2015 - C'est maintenant qu'il faut réfléchir et trouver des solutions aux problèmes qui se posent, in *Fraternité Matin* du Lundi 16 décembre 2013.

YA D, « Economie Numérique. Les pas de géant d'Abidjan » in *Fraternité Matin* du 31 août au 1er septembre 2013.

DIVERSITÉ LINGUISTIQUE ET DÉVELOPPEMENT DURABLE.

AYEWA Noël Kouassi
nayewa@yahoo.fr
Maître de Conférences
Département des Sciences du Langage
UNIVERSITÉ FELIX HOUPHOUET-BOIGNY DE COCODY

Résumé

La multitude des langues africaines, exagérée et présentée comme un épouvantail par l'idéologie colonialiste, ne saurait en réalité être un frein au développement des pays africains. Au contraire, elles peuvent être pourvoyeuses d'emplois permanents et la base d'un développement culturel, économique et industriel durable en Afrique.

Mots-clés

Diversité - Langues - Emplois - Développement - Durable.

Abstract

The vast array of African languages exaggerated and presented as a scarecrow by the colonialist ideology, cannot in fact be an obstacle to the development of African countries. On the contrary, they may be providers of permanent jobs and the basis for a sustainable cultural, economic and industrial development in Africa.

Key words

Diversity, languages, jobs, sustainable development.

INTRODUCTION

Parler de « diversité linguistique » revient à évoquer une pluralité de langues coexistant de manière pacifique ou conflictuelle dans un espace donné, soit la CÔTE D'IVOIRE. Alors, si nous retenons l'exemple de la Côte d'Ivoire, que nous connaissons le mieux, la question qui se pose à nous est de savoir combien de langues sont pratiquées sur le territoire ivoirien. Mais, moins que le nombre des langues parlées en Côte d'Ivoire, la question majeure qui nous préoccupe est de savoir comment s'appuyer sur les langues autochtones pour promouvoir l'épanouissement de la population ivoirienne, dans le cadre d'un développement durable; d'où le sujet de réflexion que nous traitons et qui est le suivant : « **Diversité linguistique et développement durable** ».

La problématique, qui sous-tend ce sujet, se formule alors comme suit : «comment la diversité des langues ivoiriennes, au lieu de constituer un obstacle au développement du pays, peut-elle au contraire devenir un puissant levier pour un développent endogène humain, c'est-à-dire un développement culturel, scientifique et économique, pour la population?

Pour répondre à cette question fondamentale, nous avons suivi un plan, qui s'articule autour de trois axes majeurs : premièrement, nous définissons les expressions clés, qui composent notre sujet d'étude, avant de nous interroger sur la réalité du nombre des langues ivoiriennes; deuxièmement, nous établissons le rapport nécessaire entre la diversité linguistique et la création d'emplois en Côte d'Ivoire; enfin, troisièmement, nous démontrons comment la diversité linguistique peut être le moteur d'un développement durable de ce pays.

I. ÉLUCIDATION DES CONCEPTS ET DIVERSITÉ LINGUISTIQUE EN CÔTE D'IVOIRE

Les expressions, qui gouvernent le sujet à l'étude, sont : « Diversité linguistique » et « Développement durable ». La première expression, qui relève du domaine de la science du langage, évoque la coexistence de plusieurs langues dans un espace géographique donné. La seconde expression, celle du développement durable, nous renvoie cette fois-ci à des acceptions modernes de l'économie, de la sociologie et de l'écologie.

Les termes clés

Nous allons analyser prioritairement l'expression du « Développement durable », avant d'aborder la question linguistique.

Le Développement durable

L'expression, « Développement durable », nous fait mettre les pieds dans le plat d'une science qui n'est pas notre domaine de prédilection : nous serons donc bref, quant à la définition de cette expression. Laconiquement donc, que signifie : le « Développement durable»?

Le « Développement durable » résulte d'une première expression qui était le développement « soutenable ». Mais ce terme a été critiqué et remplacé, en 1987, depuis le Rapport de Brundtland, par celui plus convenable de « durable ». Aussi parle-t-on désormais de « Développement durable » ; car, dit-on, cette dernière expression insiste davantage sur le caractère de la « durabilité » ou de la pérennité du développement : le développement durable est donc un développement qui répond aux besoins du présent des populations, sans compromettre la capacité des générations futures à répondre à leurs propres besoins. Quelques années plus tard, Ignacy Sachs définit le développement comme : « *Un développement endogène et dépendant de ses propres forces, soumis à la logique des besoins de la population entière, conscient de sa dimension écologique et recherchant une harmonie entre l'homme et la nature* » (Sachs 1980).

Ainsi, face à la crise écologique et sociale qui se manifeste désormais de manière mondialisée, par : le changement climatique, la raréfaction des ressources naturelles, la pénurie d'eau potable, le rapprochement du pic pétrolier, les écarts entre pays développés et pays en développement, l'insécurité alimentaire, la déforestation et la perte drastique de la biodiversité, la croissance de la population mondiale au regard de la satisfaction des besoins alimentaires, les catastrophes naturelles et industrielles,... le développement durable est une réponse de tous les acteurs culturels et sociaux du développement, face à tous ces dangers qui menacent le monde. Donc : « *Le développement durable est un mode de développement qui a pour but de produire des richesses tout en veillant à réduire les inégalités, mais sans pour autant dégrader l'environnement.* » (Sachs 1980).

À ce niveau de notre développement, nous recentrons notre problématique en nous posant la question de savoir : « Comment, dans une Côte d'Ivoire moderne, allons-nous exploiter notre diversité linguistique, sans pour cela détruire nos civilisations ancestrales qui ont besoin d'être transmises aux générations futures ? ». Or, parler de ``diversité linguistique``, c'est parler des langues : alors, qu'est-ce qu'une langue ?

La Langue

Au sens le plus courant, « [u]ne langue est un instrument de communication, un système de signes vocaux spécifiques aux membres d'une même communauté. » (Jean Dubois : 2012; 266). D'autre part, nous dit le même Dubois : « *On constate qu'au sein d'une communauté linguistique donnée tous les membres de cette communauté (...) produisent des énoncés qui, en dépit des variations individuelles, leur permettent de communiquer et de se comprendre (...). C'est à ce système abstrait, sous-jacent à tout acte de parole, qu'on a donné le nom de langue.* » (Dubois 2012 : 267).

Donc, chaque langue repose sur au moins deux types de systèmes, qui lui sont propres : d'une part un système complet de sons et d'autre part un système grammatical et sémantique. Ces systèmes, communs à tout l'ensemble des locuteurs de cette langue, caractérisent ceux-ci et les identifient. Ce sont ces systèmes, implicites à chaque parler humain, que Ferdinand de Saussure, Père de la linguistique moderne, appelle : « Langue ».

Bien entendu, à l'intérieur de chaque langue, les variations sont nombreuses et importantes. Ainsi, en partant des considérations de niveaux sociales, les variations linguistiques permettent de distinguer à l'intérieur d'une même langue : une « langue familière », « une langue populaire », par opposition à une « langue soutenue », à « une langue savante » et à « une langue Technique ». Mais, si nous considérons les variations linguistiques au sein d'une même langue, par rapport à des localités géographiques, on parlera cette fois-ci de « dialectes » et de « patois ». Autrement dit:

« *Les dialectes sont des formes de parlers voisins les uns des autres, dont les utilisateurs se comprennent plus ou moins et, par opposition à d'autres, ont l'impression d'appartenir à une même communauté linguistique.* » (Dubois 2012 : 144).

Sur la base de toutes ces définitions scientifiques, combien de langues et combien de dialectes sont-ils répertoriés en Côte d'Ivoire? On constate avec étonnement que, dans ce pays, on dénombre les langues, mais on oublie les dialectes : est-ce à croire que les mots «langue» et «dialecte» sont devenus des synonymes en Côte d'Ivoire?

1.2. Le nombre de langues autochtones parlées en Côte d'Ivoire

Qu'appelle-t-on langue en Côte d'Ivoire ? Et quelle est le nombre des langues autochtones ivoiriennes ?

La première étude linguistique connue, qui concerne la Côte d'Ivoire, a été menée par l'ethnologue Maurice Delafosse. Celui-ci publia : les « *Vocabulaires comparatifs de plus de soixante langues et dialectes parlés à la Côte-d'Ivoire* » (Delafosse : 1904).

Sachons qu'au moment où Maurice Delafosse publiait cet ouvrage, la Côte d'Ivoire à laquelle il se réfère ici comprenait et la Côte d'Ivoire actuelle et une partie de l'actuel Burkina-Faso (qui s'appelait autrefois la Haute-Volta) : la frontière nord de cette Côte d'Ivoire-là se limitait à Bobo-Dioulasso.

Or, au moment des indépendances des pays Africains en 1960, la Côte d'Ivoire a été amputée de la partie de Bobodioulasso : alors, des soixante langues et dialectes recensés par Delafosse, combien en reste-t-il à la Côte d'Ivoire actuelle?

Aucune étude n'a été entreprise à cet effet. Mais à partir du titre de son livre, on a propagé des nombres des langues en Côte d'Ivoire; si bien que trois groupes de linguistes se sont manifestés : il s'agit des linguistes expansionnistes, des linguistes réductionnistes et les chercheurs Ivoiriens.

Les linguistes expansionnistes

Les linguistes expansionnistes multiplient à souhait le nombre des langues ivoiriennes autochtones, à partir du titre du livre de Delafosse. Ainsi, Marie-José Dérive et Suzanne Lafage publient une étude sociolinguistique de la Côte d'Ivoire où elles mentionnent soixante-cinq langues.

André Lamy, rendant compte d'une enquête effectuée auprès des élèves de la classe de sixième des lycées et collèges d'Abidjan, écrit que : « *Les élèves ivoiriens ont, à peu près tous, commencé à parler avec une des quelques 75 langues de Côte d'Ivoire* » (Lamy 1970: 5).

Des travaux linguistiques d'une évidence approximative viennent compléter le tableau, quant à la classification des langues ivoiriennes : à partir d'une liste de trois cent soixante-dix mots lexicaux, Eva Flick et Margueritte Boli (Flick et Boli 1971 : 41) n'identifient plus, à leur tour, qu'une cinquantaine de langues en Côte-d'Ivoire. Quand on sait que le vocabulaire est tout ce qu'il y a de plus fluctuant dans une langue, est-il vraiment raisonnable de s'appuyer sur ce seul critère et sur un corpus de quelques rudiments lexicaux, pour déterminer le nombre des langues usitées dans un pays ?

D'autre part, s'agissant des langues dites «lagunaires» de Côte d'Ivoire et appartenant au groupe Kwa, Laurent Duponchel en dénombre une dizaine ; il écrit : « *Les langues du groupe Kwa : baoulé, agni et une dizaine de langues lagunaires : alladian, abouré, avikam, abé, attié, ébrié, abidji, adioukrou...* » (Duponchel 1971: 28).

C'est à croire que chez les chercheurs Européens d'alors, une idée de diabolisation se cachait derrière cette volonté manifeste de donner aux Ivoiriens, de leurs langues, un nombre foisonnant et ainsi de présenter les langues ivoiriennes comme un épouvantail face au dessein de création d'une nation unifiée au moyen d'une ou de langues autochtones.

Mais pourquoi, dans leurs critères de délimitation des langues ivoiriennes, ces linguistes ne font-ils jamais appel au critère d'intercompréhension entre les membres de ces différents groupes langagiers ? Pourquoi ne mentionnent-ils jamais le nombre de dialectes pratiqués en Côte d'Ivoire?

Les linguistes réductionnistes

Nous employons à dessein le néologisme «réductionnistes», pour qualifier les linguistes Européens, dont les travaux de recherche ont eu pour tendance de réduire considérablement le nombre des langues ivoiriennes.

En effet, la supercherie linguistique des chercheurs Européens précédents a été dénoncée par d'autres linguistes Européens ; aussi peut-on lire au sujet des mêmes langues lagunaires de Côte d'Ivoire, ce qui suit :

« Il est une limite grave. Les propositions de classement sont acculées à manipuler principalement des éléments de vocabulaire, faute d'une systématisation rigoureuse des appareils grammaticaux. » (Houis 1971 : 41). Houis va, par ailleurs, considérer que « *si l'on prend l'exemple des langues lagunaires de Côte d'Ivoire, on est frappé par les divergences de vocabulaire ; par contre, si l'on regarde du côté d'une typologie spécifique de ces langues, on s'aperçoit qu'il est possible de justifier des regroupements car les affinités se manifestent au niveau des structures et des systèmes (...)». (Houis 1971: 41)*

Maurice Houis et Rémy Bole Richard vont plus loin pour aboutir à la conclusion que la multiplicité propagée des langues ivoiriennes relève moins de critères purement linguistiques que d'une propagande politicienne; car, écrivent-ils :

« *Ce trait de la multiplicité des langues a pris et continue de prendre un sens politique (...). Il servit en effet de justification (...) au principe d'exclusivité du français comme langue d'enseignement. Face à la multiplicité des langues africaines, seul le français pouvait assurer unité et homogénéité.* » (Houis et Bole Richard 1978).

L'exclusivité du français en Côte d'Ivoire, comme langue officielle et langue d'enseignement, n'a pour conséquence première que la négation des langues autochtones et de ce fait leur exclusion pure et simple des institutions nationales, telles la radio, la télévision nationale, la presse, l'école, l'administration et même du débat public et politique. Cette politique linguistique exclusionniste a aujourd'hui pour conséquence que « le français [est devenu] une langue ivoirienne » (Ayéwa 2009) puisque, sans compter les variétés ivoiriennes de français qui ont cours dans le pays, le français normé est devenu langue maternelle d'une frange d'enfants Ivoiriens issus de couples mixtes.

La voix des chercheurs Ivoiriens

La voix des chercheurs Ivoiriens s'est exprimée, au sujet des langues ivoiriennes et de leur nombre pléthorique, à travers le Syndicat Africain de la Recherche et de l'Enseignement Supérieur (SYNARES).

Ces universitaires s'élèvent contre le nombre pléthorique des langues ivoiriennes. Et sur la base des travaux linguistiques existant, ils opèrent à partir du critère des affinités syntaxiques, le regroupement en quatre groupes linguistiques des langues pratiquées en Côte d'Ivoire. Ces groupes sont : l'akan (ou kwa), le krou, le mandé et le voltaïque.

En tenant compte des langues les plus véhiculaires à l'intérieur de chaque famille linguistique ainsi définie, dans un mémorandum adressé à la Commission Nationale de la Réforme de l'Enseignement (République de Côte d'Ivoire 1977) qui tenait ses assises à l'Assemblée Nationale en 1977, ces intellectuels Ivoiriens proposent quatre langues à introduire dans l'enseignement formel.

Leur proposition est ainsi libellée : « *Il est temps de prendre à bras le corps le problème des langues nationales, moyens de communication de masse, véhicules millénaires de la culture africaine...* » (Atin et al. 1978).

Ces auteurs relèvent, en outre, que *«contrairement à l'opinion commune, (...) la Côte d'Ivoire selon l'avis des anthropologues, compte quatre grands ensembles linguistiques : Mandé, Voltaïque, Krou, Akan, sur la base desquels nous retenons expressément quatre langues régionales d'enseignement : le Malinké, le Sénoufo, le Bété, le Baoulé ».* Ils considèrent enfin qu' *« un travail systématique de recherche (alphabet, grammaire, dictionnaire, traduction de textes, etc.) peut à terme élever ces langues, comme toutes les langues d'Afrique, au statut de langues scientifiques.* » (Atin et al 1978).

Quand il est question des langues africaines, on est étonné que certaines personnes réputées pour être des linguistes, hommes de haut niveau intellectuel, se détournent des règles élémentaires de leur science et se transforment en hommes politiques, en colons.

1.3. La notion de « Langue nationale » en Côte d'Ivoire

Examinons à présent la notion de «Langue nationale», telle qu'elle est usitée en Côte d'Ivoire.

La Constitution actuellement en vigueur en Côte d'Ivoire a été rédigée en 2000. Elle stipule à son Titre II «De l'État et de sa souveraineté» et au troisième alinéa de l'article 29, que : « *La langue officielle est le français. La loi fixe les conditions de promotion et de développement des langues nationales.* » (République de Côte d'Ivoire : ''Loi n° 2000-513: 531). Qu'appelle-t-on ici « Langues nationales » ? S'agit-il de toutes les langues parlées en Côte d'Ivoire, dans le sens où l'expression «Langues nationales» serait synonyme de « Langues ivoiriennes » ou s'agit-il de l'appellation de certaines de ces langues ivoiriennes, officiellement désignées et traitées comme telles? Alors, lesquelles des langues ivoiriennes bénéficieraient de ce statut privilégié de « Langues nationales »? Aucune réponse précise ne peut être apportée à cette question; si bien qu'il plane une ambiguïté totale sur l'utilisation de la notion de «Langue nationale» en Côte d'Ivoire.

Or, cette notion n'est pas du tout fortuite, en matière d'aménagement linguistique : une langue est déclarée « langue nationale », quand un texte juridique, c'est-à-dire une loi ou un décret présidentiel vient la consacrer comme telle. À notre connaissance, aucune langue ivoirienne n'a jusque-là encore bénéficié d'une telle faveur élective : donc, on ne saurait employer abusivement une expression consacrée en sociolinguistique, pour évoquer une réalité qui n'existe pas encore en Côte-d'Ivoire.

Dans quelques pays africains, les langues africaines véhiculaires ont été érigées en langues nationales ou en langues officielles : c'est le cas du swahili en Tanzanie et en Ouganda, du kinyarwanda au Rwanda et du kirundi et du kiswahili au Burundi, qui sont des langues africaines et langues officielles dans ces pays. Au Mali, tout près de nous, le bambara est une langue nationale, comme l'est aussi le wolof au Sénégal ou l'éwé au Togo. Dès lors qu'une langue locale a été désignée comme « Langue nationale » ou « Langue officielle », les linguistes procèdent pour cette langue à :

« *L'élaboration d'une orthographe normative, d'une grammaire et d'un dictionnaire pour guider l'usage écrit et oral dans une communauté linguistique non homogène* » (Haugen 1972).

D'autre part, la normalisation ou la standardisation d'une langue fait toujours référence au « beau parler », au « bon usage », à la « qualité » et à « l'esthétique » langagières. C'est pourquoi, quand Uriel Weinreich emploie le terme de « standardisation » d'une langue, il fait intervenir dans sa définition l'existence d'organismes officiels (Weinreich 1953) publics ou privés, chargés de procéder au réglage linguistique de la langue. Enfin, les mass-médias, par leur emploi quotidien de cette langue, sont chargés de faciliter son utilisation par toute la communauté nationale. Pour l'instant, la Côte-d'Ivoire ignore encore une telle expérience, en matière d'aménagement linguistique : aucun organisme national n'a été chargé de piloter la politique linguistique, pour la promotion ou le développement des langues ivoiriennes. Par défaut, l'Institut de Linguistique Appliquée (ILA), un institut de recherche universitaire, a été en son temps chargé de cette mission (République de Côte d'Ivoire : Loi du 16 août 1977), mais les moyens n'ont pas suivi ; d'ailleurs la loi n'a jamais été promulguée. Si bien qu'elle est restée lettre morte, quant à la conduite de l'aménagement linguistique en Côte-d'Ivoire.

Or, la diversité linguistique ne devrait jamais épouvanter les autorités politiques, puisqu'elle ne saurait être, sur le plan politique, un obstacle à l'unité nationale du pays, comme sur le plan économique, elle ne saurait constituer une tare au développement.

II. DIVERSITÉ LINGUISTIQUE : EMPLOIS ET DÉVELOPPEMENT DURABLE

La diversité linguistique, si elle est acceptée et gérée rationnellement, peut être une source abondante d'emplois permanents d'une part et d'autre part source d'un développement durable pour la nation ivoirienne.

2.1. Diversité linguistique et emplois

Dans les pays occidentaux, comme le Canada, notamment le Québec, où un point d'honneur est mis sur la question des langues, on parle de plus en plus d'industrie linguistique, tant le développement de la recherche linguistique, de l'informatique et de la technologie a fait exploser le marché des emplois modernes dans ces pays. Et la Côte d'Ivoire ne saurait restée en marge de ce bouillonnement du monde de l'emploi, en rapport avec la diversité linguistique : au niveau de notre pays, les emplois, qu'offrirait la diversité des langues ivoiriennes, se laisseraient classer en plusieurs catégories socioprofessionnelles.

L'alphabétisation

Le taux d'analphabétisme est encore trop élevé en Côte d'Ivoire, un pays qui se veut être sur la voie de l'émergence. Il faut donc s'attaquer prioritairement à ce mal, afin de l'éradiquer. Dans cette perspective, de nombreux jeunes doivent être formés en qualité d'alphabétiseurs, pour tous les villages de toutes les régions du pays. En effet, la population totale de la Côte d'Ivoire est de 20 800 000habitants, depuis 2008. De cette population, 49% sont des femmes et 51% des hommes, soit respectivement 10 192 000 femmes et 10 608 000 hommes.

Or, « *49% des hommes et 54% des femmes sont analphabètes* » (SRDSRP 2009: 53), soit une représentativité de 5 503 680 femmes analphabètes et de 4 137 120 hommes analphabètes. On enregistre donc 9 640 800 analphabètes en Côte d'Ivoire, soit une représentativité de 46,35% de la population globale : pour une population de 9 640 800 analphabètes, et pour un ratio de vingt-cinq auditeurs par classe, il faudrait compter 385 632 jeunes pour couvrir les besoins en alphabétisation, de toutes les localités de la Côte d'Ivoire.

Or, la formation des alphabétiseurs sur le terrain aura nécessité au préalable la formation des formateurs : ceux-ci sont appelés à être déployés dans chaque division administrative du pays, tels les départements, pour former les alphabétiseurs de chaque région, pour enseigner dans la langue du terroir. Si chaque formateur de formateurs est en charge de vingt-cinq formateurs, il faut prévoir au moins 15 425 jeunes pour desservir tous les départements administratifs du pays. Afin de pérenniser l'action des formateurs dans chaque département administratif du pays, il faut doubler leur qualité de formateurs du rôle de superviseurs et évaluateurs des opérations d'alphabétisation dans les villages du département. De ce fait, ils assureront la formation continue de formateurs alphabétiseurs présents sur le terrain. Le cumul des alphabétiseurs de terrain et de leurs formateurs s'échelonne à 401.057 postes d'emplois créés pour les jeunes.

Les formateurs des formateurs ne relèvent pas d'une génération spontanée : eux aussi ont eu besoin d'une formation de formateurs des formateurs qui a été assurée par l'ILA, en collaboration avec le Département des Sciences du Langage de l'Université Félix Houphouët de Cocody. Par ailleurs, ces deux entités ont pour vocation de former des étudiants de haut niveau en matière de recherche linguistique et de la linguistique appliquée. Si la Côte d'Ivoire amorce une nouvelle vision de son développement socio-économique et de sa politique linguistique, ces deux entités peuvent intensifier la formation des doctorants et mettre chaque année, à la disposition du pays, des cadres formateurs des formateurs de formateurs.

Signalons que le but de l'alphabétisation, dans notre vision de la chose, est certes d'apprendre à lire, écrire et à calculer, à tout un chacun, mais d'abord dans sa langue maternelle ivoirienne; puis, en seconde phase, suivra l'alphabétisation en français. Mais le contenu des programmes de cette alphabétisation fera la différence : il s'agira plutôt d'une alphabétisation fonctionnelle, basée sur les activités productrices et rémunératrices auxquelles se livrent quotidiennement les populations concernées par l'opération. Ainsi, par ce biais, les populations seront intéressées à suivre les cours d'alphabétisation, qui leur apporteront des rudiments scientifiques et technologiques dans le but d'améliorer leurs productivités agricoles ou l'exploitation efficiente de leurs outils de travail. C'est d'ailleurs pourquoi la comptabilité élémentaire sera à la base du programme de formation en ville ou au village; car, il faudra bien que chaque citoyen Ivoirien sache tenir une comptabilité personnelle et ainsi gérer ses revenus.

Aussi, pourra-t-il suivre les mouvements de son compte à la banque ou dans son carnet de compte d'épargne.

L'alphabétisation fonctionnelle menée en langue maternelle, puis en français, ayant pour but d'améliorer la productivité agricole ou commerciale de la population analphabète, il est évident que le fruit de ce travail permettra d'attirer un grand nombre de jeunes vers les métiers agricoles; car, la productivité aura accru et leurs gains aussi. Or «*La population rurale représente 59% de la population totale* » (SRDSRP 2009: 37), soit : 12 272 000 personnes hypothétiquement concernées par l'alphabétisation en milieu rurale et qui seraient happées par les métiers agricoles. Ajouter à ce chiffre de 12 272 000 alphabétisés, celui des 401 057 alphabétiseurs, et on aboutit à un chiffre non moins important de 12 673 057 emplois offerts par le moyen de l'alphabétisation, en langues ivoiriennes et en français.

L'enseignement en langues maternelles

L'école ivoirienne connaît d'énormes difficultés. Ces difficultés s'appréhendent au niveau des performances réalisées par cette école. Elles se résument comme suit : « *En ce qui concerne la performance générale de l'enseignement secondaire, seulement le quart des candidats au BEPC et le tiers de ceux du BAC réussissent aux évaluations nationales* » (SRDSRP 2009: 51). Le rapport du Fonds Monétaire International établi en janvier 2009, sur la « Stratégie de Relance du Développement et de Réduction de la Pauvreté» (SRDRP) en Côte d'Ivoire souligne que :

- « *Au niveau de l'enseignement primaire, le redoublement concerne annuellement près de 25 % des élèves, soit 700 000 redoublants par an.* » (SRDRP 2009: 51).
- « *De façon générale, le constat est que le cycle de l'éducation de base rejette près de 10 % de ses effectifs par an.* » (SRDRP 2009 :51).
- « *Seulement 52 % des enfants qui entrent en première année atteignent la cinquième année (CM1). Quant au taux d'achèvement du cycle primaire, il est passé de 47,7 % en 2001/2002 à 42,2 % en 2005/2006, ce qui représente une baisse de plus de cinq points en quatre ans.* » (SRDRP 2009: 51)

Si malgré les réformes pédagogiques entreprises en Côte d'Ivoire, depuis les années soixante avec la télévision scolaire, les taux de réussite aux examens scolaires n'excèdent guère les 25%, c'est qu'en réalité, la raison qui est à la base des difficultés de l'école ivoirienne n'a jamais été effleurée. Et cette raison, c'est la langue d'enseignement, c'est-à-dire le français, qui est une langue étrangère pour les enfants, une langue ignorée par ceux-ci. De ce fait, les contenus de leurs programmes d'enseignement leur sont inaccessibles, d'où les taux d'échec élevés; ce qui, paradoxalement, fait de l'école ivoirienne, une « École d'échec » et non une école de réussite. Or, pour renverser cette tendance fâcheuse, il faut absolument faire des langues maternelles des écoliers des langues d'enseignement, ce qui laisserait ouverte une porte pour l'enseignement bilingue à l'école primaire en Côte d'Ivoire, un enseignement qui se pratiquerait à 100% en langues maternelles ivoiriennes à l'école maternelle et introduirait progressivement l'apprentissage du français à partir de la classe de CP1.

L'enseignement bilingue, que nous appelons de tous nos vœux, est différent de celui pratiqué en ce moment par le « Projet École Intégrée » (PEI) où l'usage plein des langues ivoiriennes n'excède pas les classes d'initiation à l'école primaire, c'est-à-dire le CP1 et le CP2; car, à partir de ce cycle, les langues africaines tendent à disparaître à l'emploi du temps, n'étant plus utilisées que pour les activités ludiques telles que la danse et la chanson du terroir; car au PEI, l'utilisation des langues ivoiriennes est exclue de l'enseignement des disciplines fondamentales, telles que les mathématiques, les Sciences de la Vie, etc. Mais dans le cadre d'un enseignement bilingue véritable, il est évident que les épreuves aux examens seront libellées en langues ivoiriennes et en français. Donc, quand nous parlons d'enseignement bilingue, il s'agit d'utiliser conjointement les deux types de langues en classe pour l'enseignement de toutes les disciplines scolaires, et cela à tous les niveaux du cycle primaire. Mais toujours dans la perspective d'un enseignement bilingue, une solution intermédiaire consisterait aussi en la pratique de la «Pédagogie par convergence», qui permettrait de réaliser un tel exploit à peu de frais. Qu'est-ce à dire? Pour chaque contenu à enseigner en classe, on part de la structure de base connue en la langue maternelle par l'enfant pour lui présenter la notion en langue cible, soit le français : les points de divergence entre les structures de base, dans les deux types de langue, sont mis en relief au cours de la leçon afin que l'enfant se les approprie, ajoutant ainsi un plus à sa connaissance linguistique et scientifique de base. Avec une réforme pédagogique bilingue, il est évident que les écoliers comprendront mieux le discours du maître et maîtriseront mieux les concepts, qui leurs sont enseignés en classe.

Par conséquent, ils maîtriseront mieux le français et ils réussiront davantage aux examens de fin d'année ou de fin de cycle. La réussite scolaire des écoliers de ce type d'école est garantie, parce que les parents alphabétisés s'impliqueront pleinement dans l'éducation scolaire de leurs enfants, en assurant le suivi pédagogique de leurs travaux à la maison. De surcroît, l'intégration culturelle de ces écoliers dans la société africaine sera effective, parce qu'ils auront une opinion positive des langues maternelles au moyens desquelles ils auront en partie été formés à l'école, d'où une pérennité de ces langues et de la culture africaine qu'elles véhiculent.

D'autre part, la mise en œuvre d'un tel enseignement bilingue biculturel nécessite la formation de nombreux jeunes enseignants à la pratique de la pédagogie par convergence, à la production de nouveaux manuels scolaires et guide maîtres, etc.

Sur la base de la population de la Côte d'Ivoire évaluée à 20 800 000 d'habitants en 2008, « *16% de la population totale est à vacciner (0à5 ans) dont 3,5 % de moins d'un an, 8,6% de la population totale à scolariser dans le préscolaire*» (SRDSRP 2009: 46), soit 1 788 800 enfants à scolariser dans le préscolaire. Si un enseignant a en charge 25 enfants, il faudrait recruter 71 552 enseignants pour le préscolaire; les 15% de la population globale sont âgés de 6 à11ans, soit 3 120 000 enfants à scolariser dans le primaire, pour l'encadrement desquels il faudrait former 124 800 enseignants, soit au total 196 352 enseignants à recruter pour l'enseignement bilingue à l'école primaire.

Faisons une remarque, sur l'enseignement en langue maternelle et le cas du Nouchi, pour dire qu'en milieu urbain, le dénombrement des langues maternelles à introduire dans l'enseignement ne saurait exclure le nouchi; car, beaucoup d'enfants citadins ignorent toute langue ivoirienne autochtone. Mais, ils déclarent volontiers avoir le français pour langue maternelle. Or, si 5% de nos écoliers Ivoiriens peuvent avoir le français standard pour langue maternelle, la plupart de ceux qui disent ne parler que le français pratique en réalité un français qui, par ses caractéristiques lexicales et syntaxiques, est loin du français scolaire. Le français qu'ils parlent s'apparente davantage au nouchi : cette langue est leur langue maternelle. Il faut donc aussi en tenir compte, dans le décompte des langues ivoiriennes et des langues maternelles d'enseignement. C'est pourquoi le nouchi, que les jeunes revendiquent comme leur patrimoine linguistique, mérite une étude descriptive complète pour être mieux connu scientifiquement et être exploité à des fins pédagogiques, en classe.

L'industrie du livre

L'alphabétisation ne met pas seulement face à face un enseignant et des enseignés. La réussite de cette opération nécessite la disponibilité d'outils didactiques, dont la production fait appel à une chaîne de métiers des didacticiens, des éditeurs et des libraires, sans compter les vendeurs ambulants. Les didacticiens, qui sont des chercheurs de haut niveau universitaire, conçoivent les contenus des manuels scolaires à partir des programmes officiels d'enseignement mis à leur disposition par le Ministère de l'Éducation Nationale. Ces manuels scolaires sont accompagnés, pour les élèves, de cahiers d'exercices, de cahiers d'entraînement ou de renforcement, et pour les enseignants de guide-maîtres.

Les protocoles de ces différents outils didactiques sont mis à la disposition des maisons d'édition qui les reproduisent en série et les mettent à la disposition des publics concernés une fois qu'ils ont été agréés par le Ministère de l'Éducation Nationale. Ces outils didactiques apparaissent alors en librairie ou chez les petits distributeurs des quartiers. À chaque maillon de la chaîne du livre, ce sont des emplois qui sont créés pour les jeunes, mais ces emplois sont difficilement quantifiables, quoique leur probabilité soit fortement réelle.

L'alphabétisation réussie sera à la base de la création d'une société démocratique en Côte d'Ivoire; car, les textes de lois votés par l'assemblée nationale seront traduits et édités dans chaque langue maternelle ou nationale. Ainsi, les populations connaîtront les textes qui régissent leur vie et en fonction desquels ils sont jugés par les tribunaux du pays. Le texte suprême, qui sera traduit le premier, est l'hymne national de la Côte d'Ivoire, que chaque Ivoirien a besoin de connaître et pour en saisir la profondeur des paroles qui le composent.

L'ingénierie linguistique

La diversité linguistique fait également appel aux métiers de l'informatique et de l'audiovisuel, que nous classons sous le vocable d'ingénierie linguistique.

Diversité linguistique et informatique

Il s'agit de créer toutes sortes d'outils informatiques qui permettent d'apprendre une langue étrangère, mais aussi des logiciels de traduction du français à la langue ivoirienne et vice-versa. L'outil informatique permet aussi de créer des laboratoires de langues, pour apprendre les langues ivoiriennes aux enfants de la diaspora qui ignorent souvent un traitre mot des langues du terroir.

Diversité linguistique et audiovisuel

La langue est d'abord la parole; aussi le désir d'apprendre une langue inconnue peut-il être assouvi grâce à une cassette audio qui est un guide efficace pour apprendre à parler une langue étrangère. Dans ce domaine, la chanson reproduite sur un support audio aide beaucoup à apprendre une langue étrangère, en même temps qu'on se distrait en écoutant une belle musique.

Diversité linguistique et production audiovisuelle

Il peut arriver que la méthode audio-oral soit couplée d'images ; tel fut le cas, en France en 1961, de la méthode d'enseignement du français appelée « Voix et Image de France » (CREDIF 1961), qui était destinée aux étrangers vivant en France. Mais c'est aussi le cas des films produits à des fins pédagogiques par les religieux, dans les langues ivoiriennes les plus véhiculaires, indiquant ainsi une voie moderne d'exploitation et de diffusion de ces langues : tous ces secteurs, de l'informatique et de l'audiovisuel, sont des secteurs pourvoyeurs d'emplois pour les jeunes.

III. DIVERSITÉ LINGUISTIQUE ET DÉVELOPPEMENT DURABLE

Rappelons les exigences d'un développement durable : il est d'abord et avant tout un développement endogène, c'est-à-dire un développement qui s'appuie sur les forces propres, internes, des populations concernées, dans le but de la recherche de solutions à leurs problèmes de développement et d'une harmonie de vie entre l'homme et la nature. De ce point de vue, le peuple abouré de Bonoua nous donne un exemple épatent de développement durable.

Or, comment une population d'un pays à 46,35% analphabète peut-elle prendre une part active dans cette Côte d'Ivoire moderne, qui semble évoluer vers l'émergence, quand on sait que «*L'émergence*» ne peut être obtenue que grâce à «*L'assainissement du cadre macroéconomique*» du pays, mais aussi grâce à la :

«*Créativité d'emplois et de richesses par le soutien au monde rural et promotion du secteur privé comme moteur de la croissance...et enfin grâce à la transformation des produits agricoles, minéraliers et énergétiques sur place»* ? (SRDSRP 2009: XIII-XIV).

Pour faire entrer rapidement, par la grande porte, cette masse de la population active analphabète dans le train de l'émergence, l'État doit logiquement rendre obligatoire l'alphabétisation au même titre que l'est la scolarisation des enfants du pays. C'est à cette condition que la Côte d'Ivoire amorcera un véritable développement culturel, technologique, économique et politique durable. Comment ?

3.1. Développement culturel du pays

L'alphabétisation fait passer la population de la civilisation de l'oralité à celle de l'écrit. Grâce à la maîtrise de la lettre, la population sachant désormais lire et écrire, recueillera d'elle-même les contes, les légendes et les proverbes de chaque terroir du pays. Elle consignera par écrit l'histoire de sa tribu ainsi que les règles et coutumes qui régissent la vie de cette tribu. Dans cette même perspective, des registres seraient tenus sur la délimitation des parcelles de forêt de chaque famille d'une localité : ainsi personne ne s'aventurerait plus à vendre les terres du voisin. Ainsi, on éviterait les conflits fonciers. Et la paix, nécessaire au développement durable d'une nation, règnerait dans le pays.

3.2. Développement économique

Le Président Houphouët-Boigny, disait avec raison, que le développement de la Côte d'Ivoire repose sur l'agriculture. Mais il faut reconnaître que les paysans Ivoiriens, jusqu'à ce jour, n'ont pratiqué que de l'agriculture extensive qui détruit les forêts, utilise abusivement la force de travail de l'homme, et cela pour un faible rendement à la production. Mais grâce à l'alphabétisation en langues maternelles et en français et grâce à la maîtrise de l'écriture/lecture par toute la population, celle-ci sera désormais à même de suivre correctement les consignes écrites des agents de l'ANADER. Elle pratiquera alors une agriculture moderne, avec l'utilisation raisonnable de l'engrais et des produits phytosanitaires. Ainsi la productivité agricole s'accroîtra et la Côte d'Ivoire passera de l'agriculture extensive à une ère de l'agriculture intensive : de ce fait, le paysan exploitera peu de superficie, mais produira beaucoup à l'hectare. Il accroitra ses revenus et améliorera ses conditions de vie, tout en préservant la forêt ancestrale pour les générations futures. Et l'agriculture deviendra un métier attractif pour les jeunes.

Analphabètes, les agriculteurs ont eu l'habitude de conserver leur argent dans leurs maisons, dans des canaris ou sous leurs matelas. Mais grâce à la maîtrise de la lettre et du système de calcul, ils n'hésiteront plus désormais à confier leur argent à la banque et à suivre avec attention l'évolution de leurs revenus.

D'autre part, on notera que l'absence de l'écriture a jusque-là amené les populations rurales à ne pas enregistrer par écrit les différentes plantes qu'elles utilisent, ainsi que les vertus médicinales de ces plantes pour le traitement de certaines pathologies fréquentes dans les régions du pays. Or ces populations guérissent facilement les personnes atteintes de maladies, à l'aident des plantes du terroir : une riche pharmacopée nationale pourrait donc être constituée par la somme de toutes ces plantes médicinales transcrites, par ceux qui en possèdent les secrets thérapeutiques. Or, il n'y a pas de doute que ces plantes puissent servir de matières premières pour le développement d'une industrie pharmaceutique efficiente en Côte d'Ivoire, produisant et mettant à la disposition de la population des molécules traditionnellement adaptées à leurs besoins de santé. Avec l'avènement d'une telle révolution industrielle en Côte d'Ivoire, des linguistes seront sollicités pour traduire les notices des médicaments en langues ivoiriennes, ce qui garantirait une administration rationnelle des médicaments aux patients.

3.3. L'alphabétisation et l'émergence d'un État démocratique

Sur le plan politique, dans une Côte d'Ivoire qui fonctionne exclusivement sur la base du français langue officielle, l'analphabétisme et l'ignorance qu'il engendre sont les causes de bien des maux, qui secouent les pays africains et qui sèment la désolation au sein de des populations innocentes.

En effet, le texte de la Constitution ainsi que les autres textes de lois régissant la vie du pays et le fonctionnement de la société sont totalement méconnus de la majeure partie de la population, précisément de celle qui est analphabète : en Afrique, un fait est devenu notoire, celui du « *Juge ivoirien qui condamne en français un paysan qui ne parle pas cette langue.* » (J.-L. Calvet 1970: 205).

Analphabètes et ignorants, des citoyens Ivoiriens ne peuvent pas efficacement jouer leurs rôles; par exemples, leur vote n'est pas libre dans la mesure où ils ne peuvent pas analyser et comprendre le programme de gouvernement d'un candidat à la magistrature suprême de l'État. De ce fait, les populations analphabètes sont transformées en un bétail électoral qu'on manipule à souhait, au prix de quelques pacotilles qu'on leur apporte comme cadeaux à la veille des élections. Or, nous dit le Ministre Allemand de l'Éducation :

« *La démocratie a besoin de citoyens responsables : instruits, informés, éclairés, qui jugent d'eux-mêmes et qui, pour reprendre la formule si pertinente de Kant, savent faire usage de leur raison.* » (Wulff 2014:14)

Outre l'achat des consciences de ces populations analphabètes et pauvres, leur choix électoral ne peut être guidé que par un relent de tribalisme : on vote un tel du fait qu'il est ressortissant de notre région et non parce qu'il est porteur d'un projet de transformation qualitative de la société. Ainsi, en Afrique, on ne perd jamais une élection présidentielle : tous les candidats se proclament à la fois vainqueurs, malgré les verdicts des Commissions Nationales Électorales ; car, on est sûr d'être fils d'une région qui compte tel nombre d'habitants, donc d'office on se dit qu'on a tant de votants pour soi.

L'imposition de la langue française dans tous les secteurs de la vie de la nation ivoirienne entraîne nécessairement l'analphabétisme, l'obscurantisme, la pauvreté et des conflits, qui retardent l'avènement du développement durable. Pour conjurer ce triste sort, il est possible de penser à la création d'une nation ivoirienne sur la base du développement durable, en faisant la promotion des quatre langues régionales sélectionnée en 1877, par le SYNARES.

3.4. Le modèle de développement de Bonoua

De toutes les localités de la Côte d'Ivoire, la commune de Bonoua est une synthèse harmonieuse entre la tradition africaine et le modernisme européen, un modèle réussi de développement durable.

À côté de l'administration étatique, fonctionne en parfaite symbiose avec le représentant du pouvoir étatique l'administration traditionnelle, symbolisée par le roi de Bonoua. Celui-ci est le garant des us, coutumes et de l'histoire du peuple Abouré. Car, depuis longtemps, grâce au génie éclairé des cadres comme le Professeur Ahouli, les Abouré ont appris à lire, à écrire et à transcrire les textes juridiques traditionnels régissant leur communauté. Ainsi, grâce à la maîtrise de la lettre, la vivacité de la tradition n'a pas empêché le peuple Abouré d'entrer de bon pied dans le modernisme : c'est un peuple qui pratique depuis des décennies une agriculture moderne et motorisée; c'est aussi le seul peuple de Côte d'Ivoire qui, grâce à son organisation sociale interne, a su bâtir des industries solides sur son sol et pratiquer le développement endogène dans sa commune : aussi, le petite ville de Bonoua, qui dispose aujourd'hui de grandes écoles et une université privée, se développe-t-elle sans endettement ou appuis budgétaires étrangers. Car, à Bonoua, tout est pensé et se fait par le peuple Abouré lui-même, grâce aux ressources propres de ses populations.

CONCLUSION

La diversité linguistique est un fait en Côte d'Ivoire, même si nous ignorons avec précision le nombre des langues ivoiriennes autochtones pratiquées dans le pays.

Bien que vivantes, ces langues n'ont jamais existé au niveau des textes juridiques du pays. De ce fait, l'ensemble de ces langues s'oppose au français, seule langue officielle et seule langue d'enseignement en Côte d'Ivoire. D'ailleurs, il convient aujourd'hui d'ajouter au répertoire des langues ivoiriennes autochtones, le nouchi, un parler hybride créé par les jeunes Ivoiriens à partir du français et des langues ivoiriennes.

Sans nous attarder sur le nombre exact des langues ivoiriennes, ni sur le statut juridique de celles-ci, nous pouvons au moins exploiter la multiplicité de ces langues pour créer des emplois divers pour les jeunes du pays, tant au niveau de l'alphabétisation, de l'enseignement primaire qu'au niveau de l'industrie du livre et/ou de l'informatique et de l'audiovisuel. Par ailleurs, l'adoption des langues autochtones comme outils de développement et comme langues d'enseignement sera une chance inouïe pour l'école ivoirienne de passer de l'ère d'une école de l'échec à une ère d'une école de la réussite.

Enfin, la chance qu'offre l'alphabétisation à la Côte d'Ivoire est de préparer sa population analphabète, tant sur le plan culturel, économique que politique, à entrer dans l'ère de la civilisation de l'écrit et du développement durable, un développement endogène qui s'appuie sur ses propres forces pour s'élancer vers un progrès irréversible, tel le modèle de Bonoua.

RÉFÉRENCES BIBLIOGRAPHIQUES

Ouvrages

ATIN Kouassi, *CIRL N°3 : Langues africaines, instrument de développement,* Abidjan : ILA, 1978.

CALVET Louis-Jean, *Linguistique et colonialisme. Petit traité de glossophagie*, Paris, Payot, 1974, 236 p.

CREDIF, *Voix et Images de France : une méthode rapide de français*, cours de débutants adultes. ENS Saint-Cloud/Didier Nevers. Paris, 1961, 197 p.

DELAFOSSE Maurice, *Vocabulaires comparatifs de plus de soixante langues et dialectes parlés à la Côte-d'Ivoire*, 1904, Leroux. Paris, 286 p.

DUBOIS Jean et al, *Le dictionnaire de linguistique et des sciences humaines,* Larousse, Paris, 2012, 514 p.

HOUIS Maurice et BOLE-RICHARD Remy, Intégration des langues africaines dans une politique d'enseignement, Paris, UNESCO, ACCT, 1977, 72 p.

HOUIS Maurice, *Anthropologie linguistique de l'Afrique Noire*. PUF, Paris, 1971, 230 p.

SACHS Ignacy, *Stratégies de l'écodéveloppement*, Paris, Les Éditions Ouvrières, 1980, 140 p.

WEINREICH Uriel, *Languages in contact: Findings and problems*, The Hague : Mouton, 2nd edn, 1953.

WULFF Christian, « Les universités populaires sont des écoles pour toute la vie », in *Éducation des Adultes et Développement, n° 77*, Dvv International. Berlin, 2014.

Articles

AYEWA Noël Kouassi, *Une enquête linguistique; le français une langue ivoirienne*, Le Français en Afrique, n°25, 2009, Université d'Aix-En-Provence, Aix-En-Provence, pp.117-134 pages.

DUPONCHEL Laurent, « Réflexions sur l'enseignement du français en Côte d'Ivoire », *in* CANU Gaston *et al.* (ed.), *Langues négro-africaines et enseignement du français,* Conférences et comptes rendus XXVII. Abidjan: I.L.A. 1971, pp. 18-36.

FLICK Eva et BOLI Margueritte, *Vocabulaire comparatif de cinquante langues de Côte d'Ivoire*, 1971, S.D. Abidjan.

Textes et lois

RÉPUBLIQUE DE CÔTE D'IVOIRE (1977) : Loi du 16 août 1977 Portant Réforme de l'Enseignement. Assemblée Nationale. Abidjan.

RÉPUBLIQUE DE CÔTE D'IVOIRE (2000) : ''Loi n° 2000-513 Portant Constitution de la République de Côte d'Ivoire'', in *Journal Officiel de la république de Côte d'Ivoire,* n°30, 529. Imprimerie Nationale. Abidjan.

RÉPUBLIQUE DE CÔTE D'IVOIRE (2009) : Stratégie de Relance du Développement et Réduction de la Pauvreté (SRDSRP). FMI. Washington, D.C.

LEADERS D'OPINIONS ET TRIBULATIONS POLITIQUES EN CÔTE D'IVOIRE (1993-2011)

Kouakou Laurent ASSOUANGA
laureass@yahoo.fr
Docteur en Histoire
Assistant au Département d'Histoire
Université Félix Houphouët-Boigny d'Abidjan (Côte d'Ivoire)

Résumé

La détérioration du climat politique en Côte d'Ivoire, depuis le décès du président Félix Houphouët-Boigny en 1993 jusqu'à l'épilogue de la crise postélectorale de 2011, résulte de plusieurs facteurs. D'abord, elle est consécutive aux querelles intestines entre les acteurs politiques, ensuite tributaire de l'instrumentalisation des dignitaires religieux et des chefs traditionnels à des fins politiques et enfin inhérente à l'immixtion des mouvements syndicaux et organisations de défense des droits de l'homme dans le débat politique.

Mots-clés

Leaders d'opinions, opinion publique, tribulations, crispation politique, crise.

Abstract

The deterioration of the political climate in Côte d'Ivoire since the death of President Félix Houphouët-Boigny in 1993 until the epilogue of the post-election crisis of 2011 is due to several factors. First, it is consecutive to internecine struggles between political actors, the exploitation of religious and traditional authorities for political purposes and finally inherent to the interference of labor unions and human rights organizations in the political debate.

Key words

Opinion leaders, public opinion, tribulations, political tension, crisis.

INTRODUCTION

Le 7 décembre 1993, la Côte d'Ivoire havre de stabilité depuis son accession à l'indépendance en 1960 connaît un regain de tension politique. Après la guerre des héritiers[136] entre le président de l'Assemblée nationale et le Premier ministre du défunt président, le pays bascule dans une crise identitaire qui accentue la fracture sociale et communautaire[137]. Le coup d'État du 24 décembre 1999, loin de décrisper le climat politique, ravive l'imbroglio politique. Les élections d'octobre 2000 censées solder la décennie de crise politique après une transition militaire chaotique sont récusées par les principaux partis de l'opposition. Ce climat délétère conduit inéluctablement à une tentative avortée de putsch militaire le 19 septembre 2002[138] qui se mue en rébellion armée scindant ainsi le pays en deux zones, dont l'une contrôlée par le gouvernement et l'autre tenue par la rébellion. Après plusieurs sommets sur la crise ivoirienne, les élections d'octobre 2010 se soldent par une violente crise postélectorale. À l'instar des crises en Afrique, les Ivoiriens imputent la responsabilité de ce cycle de violence à leur classe politique. Mais s'il est indéniable que les hommes politiques ont une grande responsabilité dans les crises[139] successives en Côte d'Ivoire, il n'en demeure pas moins que les guides religieux, les chefs traditionnels, les syndicats professionnels et estudiantins ont pris une part active dans la détérioration du climat politique en Côte d'Ivoire. Mais alors quel fut le rôle des leaders d'opinion dans l'escalade de la violence[140] en Côte d'Ivoire depuis le décès du président Félix Houphouët-Boigny en 1993 jusqu'à la crise postélectorale en 2011?

Leader d'opinion désigne, dans le cas de notre étude, les acteurs politiques, guides religieux, chefs traditionnels, responsables des organisations de défense des droits de l'homme, des mouvements syndicaux professionnels et estudiantins qui ont pris une part active

---

[136] G. Amani, 1995, *La longue marche*, Abidjan, les Editions Bécélli, pp19-31.

[137] J-P Dozon, « La Côte d'Ivoire au péril de l'ivoirité » in *Afrique contemporaine*, n°193, p13.

[138] R. Banégas et B. Losch, « La Côte d'Ivoire au bord de l'implosion » in *Politique africaine*, n°87, 2002, pp139-161.

[139] J-L Chaléard, « La Côte d'Ivoire éclatée » in *Géopolitique africaine*, n°19, (C), 2003, pp.9-20.

[140] B. Danigo, 2005, *Côte d'Ivoire : des lambeaux de République,* Paris, Jean-François-Gerbillon, 228p.

dans le cycle de violence politique en Côte d'Ivoire de 1993 à 2011. L'année 1993 marque le décès du « père de la nation » président Félix Houphouët-Boigny, donc l'épilogue de trois décennies de stabilité politique. 2011 constitue le point d'orgue de la violence politique en Côte d'Ivoire avec la crise postélectorale qui a ébranlé le pays.

À partir de l'exploitation de revues scientifiques spécialisées dans la géopolitique ivoirienne (politique africaine, géopolitique africaine et Afrique contemporaine), de sources écrites notamment la presse ivoirienne qui recèle d'articles sur l'actualité politique ivoirienne, d'interviews et de témoignages oraux nous montrerons le rôle des leaders d'opinion dans les soubresauts politiques en Côte d'Ivoire.

Le thème de cette étude s'inscrit dans la dynamique de l'histoire politique telle que perçue par le juriste et philosophe britannique Jeremy Bentham dans son ouvrage *Introduction to the Principles of Morals*. En effet, ce thème pose la problématique de l'éthique morale et de la responsabilité politique comme l'un des principes fondamentaux de la démocratie. En sus, il met en relief la chaine des relations entre les composantes de la société comme l'énonce L. Sindjou dans son ouvrage *Sociologie des relations internationales africaines*. Cette étude a donc pour but de définir, à partir d'une étude comparée des crises qui ont émaillé la Côte d'Ivoire, la co-responsabilité des différentes composantes de la société ivoirienne. Elle se propose d'élucider d'abord le rôle des hommes politiques, ensuite celui des guides religieux et des chefs traditionnels, enfin ceux des mouvements syndicaux et des organisations de défense des droits de l'homme. De cette analyse découle trois principaux axes de recherche que sont :

-les luttes fratricides entre les acteurs politiques ivoiriens

-l'intrusion des guides religieux et des chefs traditionnels dans le débat politique

- l'immixtion des mouvements syndicaux dans les intrigues politiques.

I. LES LUTTES FRATRICIDES ENTRE LES ACTEURS POLITIQUES IVOIRIENS

1. Les intrigues de succession entre Bédié et Ouattara

Le 7 décembre 1993, le président Félix Houphouët-Boigny tire sa révérence après trois décennies de règne. Dès lors, le Premier ministre, Alassane Ouattara, est investi du devoir de prononcer une allocution funèbre à la nation. Mais dans son adresse à la nation, il ignore, le président de l'Assemblée nationale, le dauphin constitutionnel. Or, la loi n°90-1529 portant modification de la Constitution telle qu'adoptée le 6 novembre 1990 stipule en son article 11 qu'*« [e]n cas de vacance de la présidence de la République par décès, démission ou empêchement absolu constaté par la Cour suprême saisie par le gouvernement, les fonctions de président de la République sont dévolues de plein droit au président de l'Assemblée nationale. Les fonctions du nouveau président de la République cessent à l'expiration du mandat présidentiel en cours »*[141]. Certes, « *La Côte d'Ivoire est une République et l'on ne saurait condamner le Premier ministre de n'avoir pas respecté la manière akan d'annoncer la mort d'un roi ou d'un grand chef »*[142]. Cependant, dans une République, les usages républicains recommandent que le décès du président soit annoncé au nom du nouveau chef d'État et de la famille éplorée.

En effet, les rivalités entre le Premier ministre et le Président de l'Assemblée Nationale ont entraîné une cacophonie au sommet de l'État et mis à rude épreuve la stabilité de la Côte d'Ivoire d'autant plus que les télégrammes de condoléances envoyés par certains pays de la sous-région *« (...)lors de la disparition d'Houphouët-Boigny à Alassane Ouattara alors Premier ministre et non pas comme l'usage le voulait, à Henri Konan Bédié, président de l'Assemblée nationale et, en tant que tel, successeur constitutionnellement désigné »*[143] ont ravivé la guéguerre entre les deux héritiers politiques.

Bref, en cas de vacance du pouvoir dû au décès du président de la République, toute démarche autre que celle prescrite par la Constitution est une atteinte à la loi fondamentale et une forme déguisée de remise en cause de l'autorité de l'État. Certes, le président de l'Assemblée nationale a pris possession du palais en vertu de l'article 11 de la Constitution. Mais son accession au pouvoir en dehors de toute formalité protocolaire[144], s'est apparentée à une auto-

---

[141] la loi n°90-1529 portant modification de la Constitution telle que adoptée le 6 novembre 1990.

[142] G. Amani, 1995, *La longue marche*, op.cit.p22.

[143] R. Banégas et R. Octayeck, « Le Burkina Faso dans la crise ivoirienne » in *Politique africaine*, n°89 de mars 2003, note infrapaginale n°10, p75.

[144] La voiture présidentielle, après la Mercédès à gyrophare de sécurité était seulement précédée d'une patrol, et d'une voiture Peugeot 505, toutes deux bourrées de gendarmes commandos. À peine arrivé, deux commandos descendent

proclamation. Par ailleurs, la démission du Premier ministre et de son gouvernement, sur le perron de la Primature, sans notification officielle au nouveau chef d'État, témoigne de l'inimitié que le président de l'Assemblée nationale, Henri Konan Bédié et le Premier ministre, Alassane Ouattara se vouaient réciproquement.

Aussitôt investi à la magistrature suprême, le président Bédié durcit les conditions d'éligibilité à la Présidence de la République en modifiant l'article 49 du code électoral afin d'éloigner l'ex-Premier ministre de l'arène politique ivoirienne : « *Nul ne peut être président s'il n'est âgé d'au moins 40 ans révolus et s'il n'est Ivoirien de naissance, né de père et de mère eux-mêmes Ivoiriens de naissance* »[145]. Or l'ancien code électoral stipule que *« sont électeurs les nationaux des deux sexes et les personnes ayant acquis la nationalité ivoirienne soit par naturalisation soit par mariage »*[146]. Dès lors, le nouveau code électoral écarte de la course présidentielle ceux des Ivoiriens qui ont acquis la nationalité par naturalisation, par le biais du mariage ou ceux des Ivoiriens ayant l'un de leurs géniteurs étrangers.

Ces nouvelles dispositions du Code électoral provoquent l'ire de l'ex-Premier ministre challenger du président Bédié : *« Le nouveau code électoral ne me permet pas d'être candidat. Je ne veux pas violer la loi car pour quelqu'un qui a assuré l'intérim du chef de l'État, pour quelqu'un qui a fait voter des lois par ce même Parlement, cela ne serait pas décent »*[147]. En effet, Premier ministre de la République de Côte d'Ivoire de 1990 à 1993, Alassane Ouattara a assuré en vertu de l'article 24 de la première République tel qu'amendé le 6 novembre 1990, la suppléance du pouvoir lors de la convalescence du président Houphouët-Boigny. Par ailleurs, la Constitution ivoirienne qui *« assure à tous l'égalité devant la loi, sans distinction d'origine, de race, d'ethnie, de sexe et de religion »*[148] doit être impersonnelle. Manifestement, l'article 49 du Code électoral tel qu'amendé le 13 décembre 1994 viole le principe de l'égalité de tous les Ivoiriens

---

vaillamment et débarquent *manu militari*, les policiers commis à la surveillance de la RTI et la suite présidentielle entre en plein cœur de la cour de la télévision. In G. Amani, *La longue marche*, op.cit., pp24-25.

[145] Article 49 de la loi n°94-642 tel qu'amendé le 8 décembre 1994.

[146]Article 9 du décret n°94-662 du 21 décembre 1994 déterminant les modalités d'établissement, de révision et de refonte de la liste électorale.

[147] F. Bally « Grand Nord ivoirien : la grande déchirure » in *Fraternité Matin*, n°13723 du jeudi 5 août 2010, p3.

[148] F. Zagbayou « Cohésion sociale et unité nationale, une épreuve pour les différents régimes » in *Fraternité Matin*, n°spécial de l'An 51 du 6 août 2011, p11.

devant la loi parce que ce code électoral dénie aux Ivoiriens nés d'un parent ivoirien ou ayant acquis la nationalité par naturalisation ou par mariage le droit de briguer la magistrature suprême. Ce nouveau code électoral devient la principale pomme de discorde entre les acteurs politiques ivoiriens.

2. Le recours à la violence comme une arme politique

Soucieux de donner un contenu idéologique à sa reforme politique, le président Bédié crée le concept de l'ivoirité qui avait pour objet de *« forger une culture commune pour tous ceux qui vivent sur le sol ivoirien, étrangers comme nationaux (...), toutes les ethnies et toutes les régions confondues afin de créer un vaste mouvement d'intégration et d'assimilation pour qu'ils (...) se reconnaissent dans une synthèse culturelle et se sentent solidaires du destin de la Côte d'Ivoire »*[149]. Mais ce concept loin de fédérer les Ivoiriens autour de la mère patrie a été manipulé et vidé de sa substance par ses thuriféraires et ses détracteurs. Dès lors, la crise identitaire se substitue à la guerre de succession.

Aux émeutes urbaines des militants du RDR[150] et du FPI[151] réunis au sein de la coalition du Front Républicain, la police et la gendarmerie répondent par une répression sans précédent. Aux boycotts actifs, marches et meetings décrétés par l'opposition, le gouvernement procède à des interpellations, des arrestations et des condamnations des dirigeants de l'opposition pour les actes de vandalisme commis par leurs militants lors des marches de l'opposition. L'émission d'un mandat d'arrêt[152] international en 1999 contre l'ex-Premier ministre contraint, de facto, Alassane Ouattara à l'exil en France et accentue la fracture communautaire en Côte d'Ivoire.

La crise politique de 1994 née de la restriction des conditions d'éligibilité à la Présidence de la République et du concept de l'ivoirité entraine une stratification communautaire et sociale et crée une crispation politique sans précédent qui conduit inéluctablement au coup d'État du 24 décembre 1999. Promu porte-parole des mutins, le

---

149 Philippe Decraene, « l'éviction du président Bédié : une revue des faits » *Afrique contemporaine* n°193 du 1er trimestre 2000, p.5

150 Rassemblement Des Républicains

151 Front Populaire Ivoirien

152 R. Banégas et B. Losch, « La Côte d'Ivoire au bord de l'implosion » in Politique africaine, n°87, 2002, pp149 note infra paginale 24.

général Guéi, déclare, après l'échec des négociations avec le président Bédié qu'*« à partir de cet instant, Henri Konan Bédié n'est plus président de la République »*[153]. En sus, le chef de la junte annonce la dissolution des institutions de la République et de la Constitution ainsi que la création d'un « comité de salut public ».

Aussitôt le président Bédié évincé, les deux leaders de l'opposition, Alassane Ouattara et Laurent Gbagbo s'en félicitent et couvrent d'éloges le chef de la junte et les soldats. *« Le pays vient de vivre une véritable Révolution des œillets à l'ivoirienne »*[154] déclare Alassane Ouattara de retour de Paris le 29 décembre 1999. *« Ce coup d'État est un coup de pouce à la démocratie »*[155] assène Laurent Gbagbo de retour de Libreville. En dépit de l'adversité entre le président déchu et ses opposants, la décence politique, voudrait qu'Alassane Ouattara et Laurent Gbagbo fassent une condamnation de principe de l'usage de la force comme voie d'accession au pouvoir d'État tout en prenant acte du coup d'État militaire. Certes, l'inimitié que le président Bédié vouait à ses opposants ne laissait présager aucun remords de ceux-ci à sa destitution. Mais en se félicitant du putsch militaire, Alassane Ouattara et Laurent Gbagbo faisaient insidieusement l'apologie de la violence comme mode d'accession au pouvoir d'État.

L'alliance tacite entre le RDR d'Alassane Ouattara et le FPI de Laurent Gbagbo vole en éclat au lendemain de l'éviction du président Bédié du pouvoir. Le 5 janvier 2000, Laurent Gbagbo refuse d'entrer dans le cabinet du général Guéi. *« Qu'on nous le dise si c'est un coup d'État RDR et que les choses soient claires »*[156]. Mécontent de la répartition des portefeuilles ministériels, le leader du FPI précise *« nous avons refusé d'être le faire-valoir d'Houphouët-Boigny, nous avons refusé d'être le faire-valoir du président Bédié, nous ne serons pas celui du général Guéi »*[157]. Durant la transition militaire, plusieurs factions armées et milices notamment les brigades rouges, la *Cosa*

---

[153] Philippe Decraene, « l'éviction du président Bédié : une revue des faits » *Afrique contemporaine* n°193 du 1er trimestre 2000, p4.

[154] Philippe Decraene, « l'éviction du président Bédié : une revue des faits » *Afrique contemporaine* n°193 du 1er trimestre 2000, p7.

[155] Propos de Laurent Gbagbo sur les ondes de la Radio ivoirienne au lendemain du putsch de Noel 1999.

[156] Philippe Decraene, « l'éviction du président Bédié : une revue des faits » *Afrique contemporaine* n°193 du 1er trimestre 2000, p7.

[157]Philippe Decraene, « l'éviction du président Bédié : une revue des faits » *Afrique contemporaine* n°193 du 1er trimestre 2000, p7.

Nostra et la *Camorra* qui ont essaimé la ville d'Abidjan se sont illustrées par de nombreuses exactions.

Au pouvoir depuis le 24 décembre 1999, le général Guéi enfourcha dès le premier semestre de l'année 2000, le concept de l'ivoirité qui faisait l'objet de litige entre Bédié et Ouattara. Le chef de la junte militaire, adulé dès les premières heures du putsch par les militants du RDR, reproche à ce parti politique d'avoir pour leader *« un président qui a la carte d'identité d'un pays dans la poche droite et celle d'autre pays dans la poche gauche »*[158]. Après le putsch du *cheval blanc*[159] avorté de juillet 2000, le général Guéi accuse le RDR et s'approprie le combat contre Alassane Ouattara en déclarant que *« l'ivoirité est un bon concept »*[160] .

Dès lors, *« certains nordistes, de sensibilité ouattariste, se sont sentis trahis puis menacés »*[161]. Exclus des positions de responsabilité, arrêtés et réprimés, ils nourrissent de forts ressentiments contre le chef de la junte militaire, au point de mener plusieurs conjurations, notamment le « vrai-faux » complot de septembre qui conduit à de sévères purges au sein de la junte. Le 22 octobre 2000, ces milices, mécontentes de l'éviction d'Alassane Ouattara de la liste des candidats au scrutin présidentiel, ont affronté les soldats loyaux au général Guei qui refusait d'abdiquer nonobstant sa défaite électorale face à Laurent Gbagbo.

Au lendemain de l'accession de Laurent Gbagbo au pouvoir d'État dans des conditions qu'il a lui-même qualifiées de *« calamiteuses »*[162], les militants du RDR, mécontents du rejet de la candidature d'Alassane Ouattara par la Cour suprême, descendent dans la rue pour réclamer de nouvelles élections. La répression du régime FPI vire au pogrom et au charnier. Les 7 et 8 janvier 2001, ces ex-soldats, en rupture de ban avec leur hiérarchie, initient une tentative de coup d'État contre le nouveau président Laurent Gbagbo. Pourchassés par les autorités, ces soldats ivoiriens prirent la fuite dans les pays voisins au Ghana, au Libéria, au Mali et surtout au Burkina Faso d'où ils

---

[158] L.Fofana., *Côte d'Ivoire, La longue marche du RDR*, op.cit.,p118.

[159] K. Mushana, « Un général, peut-il gérer un pays quand il ne contrôle déjà pas son armée ? » in le mensuel, *Africa international*, n°336 de juillet août 2000, pp18-20.

[160] Interview du général Guéi accordée au quotidien *Le Jour* du jeudi 24 février 2000

[161] R. Banégas et B. Losch, « La Côte d'Ivoire au bord de l'implosion » in Politique africaine, n°87, 2002, pp144.

[162] A.M Djéhoury, 2000, *La guerre de Côte d'Ivoire, la dernière expédition coloniale*, Paris, l'Harmattan, 274p.

lancent la tentative avortée de putsch du 19 septembre 2002 qui se noua en rébellion armée et qui scinda le pays en deux jusqu'en 2011. La *Cosa Nostra*[163], dirigée par le sergent-chef Ibrahim Coulibaly, un des « hommes forts » de la junte militaire de Robert Guéi avant de tomber en disgrâce et de s'exiler en août 2000, aurait servi de *« noyau organisationnel à l'insurrection »*[164]. Bien que le chef de la rébellion, Soro Guillaume, eût affirmé que *« notre combat n'a rien à voir avec lui (Alassane Ouattara), puisqu'il n'a pas suffisamment de courage pour dire que notre combat est juste »*[165] cependant, plusieurs indices montrent une possible collusion entre l'insurrection armée et le RDR.

D'abord, l'origine des militaires rebelles, tous nordistes et dont certains membres de la garde rapprochée d'Alassane Ouattara alors Premier ministre de 1990 à 1993. Ensuite, la trajectoire politique de leur représentant civil, Soro colistiers d'Henriette Dagri Diabaté, n°2 du RDR aux élections législatives de décembre 2000 à Port-Bouët. Puis, les revendications de la rébellion notamment l'abrogation de l'article 35 de la Constitution qui restreint les conditions d'éligibilité à la Présidence de la République, la réhabilitation politique d'Alassane Ouattara, le rejet de l'ivoirité, de la xénophobie et de l'exclusion, qui rejoignent celles formulées par le RDR et son leader. Enfin, la publication sur le site du MPCI des seuls articles du Patriote, le principal quotidien du RDR. Outre le recours à la violence, l'instrumentalisation des dignitaires religieux et des chefs traditionnels a alimenté la violence politique en Côte d'Ivoire.

III. L'INTRUSION DES GUIDES RELIGIEUX ET DES CHEFS TRADITIONNELS DANS LE DÉBAT POLITIQUE

1. L'instrumentalisation de la religion à des fins politiques

En 1999, Alassane Ouattara contraint à l'exil par un mandat d'arrêt international affirme depuis Paris : *« on m'empêche d'être candidat à*

---

163 L'une des brigades de la junte militaire au pouvoir en Côte d'Ivoire de décembre 1999 à octobre 2000

164 R. Banégas et B. Losch, « La Côte d'Ivoire au bord de l'implosion » in Politique africaine, n°87, 2002, pp144.

165 Ibid.,p146.

la présidentielle parce que je suis du Nord et musulman»[166]. Mécontent, Laurent Gbagbo lui rétorque que *« ce n'est pas bon pour un dirigeant politique de parler de religion, tout comme ce n'est pas sain pour des religieux de faire la campagne pour un homme politique »*[167]. *« On fait des amalgames. Les statistiques sont claires : globalement, les musulmans sont les plus nombreux dans l'ensemble de la population de Côte d'Ivoire. Mais si on tient compte des nationaux, les chrétiens sont plus nombreux que les musulmans. »*[168].

En s'appropriant la lutte contre l'exclusion et la xénophobie, le mentor du RDR, Alassane Ouattara, se présentait comme la principale victime de l'ivoirité et le symbole de cette frange ethnique, religieuse et communautaire taxée d'étranger, donc frappée d'apatridie en Côte d'Ivoire. De ce fait, l'amalgame a été fait entre l'éligibilité d'Alassane Ouattara et l'ivoirité, un concept culturel censé fédérer les Ivoiriens : « si Alassane n'est pas ivoirien, nous ne le sommes pas non plus »169, scandaient les militants du RDR. En instrumentalisant à son profit le concept de l'ivoirité, le leader du FPI, Laurent Gbagbo cherchait opportunément à s'attirer le soutien des Ivoiriens de la moitié Sud du pays à majorité chrétienne et ceux des Ivoiriens hostiles aux étrangers afin de supplanter politiquement le RDR aussitôt le PDCI170 déchu du pouvoir d'État. Or, par le jeu de l'immigration, les musulmans sont devenus plus nombreux que les chrétiens (41% musulmans contre 29% de chrétiens) d'où l'hostilité du FPI au droit de vote accordé aux étrangers par Félix Houphouët-Boigny.

Dès lors, le concept de l'ivoirité[171] attise de multiples oppositions réelles ou fausses : « *Nord/Sud, chrétiens/musulmans,*

---

[166] F. Bailly « Les pages du cinquantenaire : charte du Nord, la déchirure » in *Fraternité Matin*, n°13723 du jeudi 5 août 2010, p2. Ou Cf., L. Fofana, 2009, *Côte d'Ivoire, la longue marche du RDR,* Paris, Editions Sépia, 180p, p114.

[167] *Jeune Afrique Economique* n°314 art.cit.p45.

[168] *Jeune Afrique Economique* n°314 du 7 août au 3 septembre 2000, p45.

[169] S. Bredeloup, « Côte d'Ivoire, l'étrange destin des étrangers » in *Revue Européenne des Migrations internationales*, art.cité.p88

[170]Parti Démocratique de Côte d'Ivoire

[171]Selon le président Bédié, « l'ivoirité a été détourné de son sens originel, par calcul politique et volonté de désinformer, car il avait pour objet de forger une culture commune pour tous ceux qui vivent sur le sol ivoirien, étrangers comme nationaux (...), toutes les ethnies et toutes les régions confondues afin de créer un vaste mouvement d'intégration et d'assimilation pour qu'ils (...) se reconnaissent dans une synthèse culturelle et se sentent solidaires du destin de la Côte d'Ivoire » *in* Philippe Decraene, « l'éviction du président Bédié : une revue des faits » *Afrique contemporaine* n°193 du 1er trimestre 2000, p.5 ou cf Curdiphe, « l'Ivoirité ou

Dioula/étrangers »[172]. Affligé par les risques d'une fracture communautaire, El Hadj Aboubacar Fofana[173] crie son ras-le-bol : *« Nous n'accepterons plus l'exclusion et l'humiliation. Dans les années 1940, nos parents se sont mobilisés pour Félix Houphouët-Boigny contre un des leurs, Sékou Sanogo, pourtant musulman. Nous n'avons regardé ni l'ethnie, ni la religion, depuis les années 1940 jusqu'à sa mort nous sommes restés fidèles à Félix Houphouët-Boigny ».*[174] Et Fofana de relève que *« depuis 1993, nous subissons des sentiments de haine, dans les bus, dans les bureaux, il y avait des policiers qui déchiraient nos cartes d'identité sous nos yeux, jusqu'en décembre 1999. Notre pays doit rester laïc, multiethnique, multiconfessionnel et multidimensionnel, car les musulmans sont présents dans tous les partis politiques. »*[175]. Mécontent de l'immixtion du guide religieux dans le débat politique, le chef de la junte militaire, Robert Guéi, somma les dignitaires musulmans d'*« éviter de tenir des propos à tendance politique pendant leurs sermons »*[176].

En s'attirant la sympathie de cette communauté religieuse, Alassane Ouattara s'affiche comme *« le porte-flambeau des musulmans »*[177] afin de s'assurer de leur fidélité dans son combat contre l'exclusion et la xénophobie. En outre, le leader du RDR veut capitaliser les voix de cette frange importante de la société ivoirienne afin d'engranger leurs suffrages lors des élections. En réalité, cette instrumentalisation de l'islam à des fins politiques est anticonstitutionnelle car la Constitution ivoirienne prône la laïcité de l'État. Dans le titre II relatif à l'État et à la Souveraineté, l'article 30 stipule que *« La Côte d'Ivoire est une et indivisible, laïque démocratique et sociale »*[178]. Ainsi, la loi fondamentale assure à tous l'égalité devant la loi, sans distinction d'origine, de race, d'ethnie, de

---

l'esprit du nouveau contrat social du président Henri Konan Bédié » in *Ethnics*, Presse Universitaire d'Abidjan n°1.

[172] S-P Ekanza, 2007, *Côte d'Ivoire : de l'ethnie à la nation, une histoire à bâtir…*, Abidjan, Les Éditions du Cerap, 88p, p.3.

[173] Le porte-parole de la communauté musulmane de Côte d'Ivoire.

[174] K. Mushana, « Côte d'Ivoire, Robert Guéi est-il fini ? » in le mensuel *Africa international*, de juillet août 2000, pp19-20.

[175] K. Mushana, « Côte d'Ivoire, Robert Guéi est-il fini ? » in le mensuel *Africa international*, de juillet août 2000, pp19-20.

[176] L. Fofana, *Côte d'Ivoire, la longue marche du RDR,* op.cit., p127.

[177] Ibidem., p82.

[178] F. Zagbayou « Cohésion sociale et unité nationale une épreuve pour les différents régimes » in *Fraternité Matin*, n°spécial an 51 du 6 août 2011, p11.

sexe et de religion. De ce fait, aucune religion ne peut s'arroger une quelque hégémonie par rapport à une autre et aucune sélection ne doit se faire sur une base religieuse.

En vérité, le RDR n'est pas le seul parti politique qui convoite les musulmans. Depuis Félix Houphouët-Boigny jusqu'à Laurent Gbagbo tous les chefs d'État qui se sont succédé au pouvoir en Côte d'Ivoire ont été attentifs aux besoins des musulmans. Certes, l'islam ne bénéficiait pas de dotation budgétaire formalisée, mais les fonds alloués au Hadj étaient faramineux[179]. Cette attention particulière avait pour but de contrôler les musulmans et de bénéficier le cas échéant de leurs suffrages. À défaut d'obtenir leur soutien, les successeurs du président Houphouët-Boigny divisaient les musulmans afin qu'ils ne soutiennent pas de façon unanime le RDR. Par ailleurs, les autorités ivoiriennes veulent s'assurer que l'islam ne fasse pas le lit de la violence comme au Nigéria avec la secte Boko Haram. Pendant que le président du Conseil Supérieur des Imans (COSIM) El hadj Diaby Moustapha œuvrait pour le président Bédié, El hadj Idriss Koudous, le président du Conseil National Islamique (CNI), s'alliait au RDR d'Alassane Ouattara. Sous le régime de Laurent Gbagbo, les musulmans suspectaient Idriss Koudous d'avoir rallié le FPI tandis que Cheik Boikary Fofana du COSIM était réputé pro-Ouattara.

Dans son homélie du 1er novembre 2000 à la paroisse Saint-Albert-le-Grand, l'archevêque d'Abidjan, Mgr Bernard Aggrey a fait un aveu qui témoigne de l'immixtion des dignitaires religieux dans la politique : « *Nous avons honte de certaines choses qui se sont passées. Nous regrettons nos fautes avec les hommes politiques qui ont commandité ce qui est arrivé. (...). Refusez de pactiser avec ceux et celles, hommes politiques et religieux, qui font un amalgame du politique et du religieux. (...). Ne participez jamais à ces campagnes ignobles.* »[180].

Depuis 1990, pouvoir et opposition se disputent la sympathie des hommes religieux. Sous les régimes des présidents Houphouët-Boigny et Konan Bédié, l'Église catholique bénéficiait d'une ligne budgétaire officieuse pour entretenir les prêtres et les édifices religieux. Lorsque Laurent Gbagbo accède au pourvoir d'État le 26 octobre 2000, les évangéliques supplantent les catholiques dans l'ordre de bienséance au

---

[179] C. Mamadou « Religion, politique et argent, la mission divine des leaders religieux mis à mal par les pouvoirs des hommes » in *Fraternité Matin*, n°spécial an 51 du 6août 2011, p20.

[180] François Gaulme « Côte d'Ivoire : la logique des urnes et celles de la violence » in *Afrique contemporaine* n°196 du 4 trimestre 2000, p105.

Palais présidentiel. Le bishop Benjamin Boni de l'Église Méthodiste Unie de Côte d'Ivoire et le pasteur Koré Moïse étaient de fervents partisans du président Gbagbo. Ces alliances entre leaders politiques et chefs religieux sont guidées par l'argent[181].

Dans l'antichambre du palais, loin des caméras et des micros se déroulent ces transactions sous forme de pots de vin. En contrepartie des largesses des hommes politiques, ces dignitaires religieux doivent obtenir de leurs fidèles un soutien indéfectible aux acteurs politiques. Hormis les chefs religieux, l'instrumentalisation des dépositaires des us et coutumes a ravivé la crise ivoirienne.

2. L'allégeance des chefs traditionnels aux leaders politiques

Au lendemain du premier tour de l'élection présidentielle d'octobre 2010, le pays baoulé, vivier électoral[182] du PDCI, parti ayant recueilli 25% des suffrages, devient le centre d'attraction du président Laurent Gbagbo (LMP[183] : 38%)[184] et de son principal challenger, Alassane Ouattara (RDR : 32%), qualifiés pour le second tour des élections. Dans la foulée des résultats, le président Gbagbo initie une visite expresse à Sakassou, la capitale du royaume baoulé, afin de solliciter le soutien de la reine et de sa communauté en prélude au second tour de la présidentielle du 28 novembre 2010. Cette visite du chef de l'État avait pour but d'obtenir, à défaut d'un soutien massif des Baoulé, les suffrages d'une frange de cette communauté afin de faire échec à tout report de voix à son adversaire, Alassane Ouattara. En effet, fort de son alliance avec le PDCI-RDA au sein du RHDP, le RDR d'Alassane Ouattara bénéficia du soutien de son grand allié, le PDCI. En vertu des clauses du RHDP, le candidat du RDR devait bénéficier du report de voix des autres formations de cette coalition. Pour faire droit au report de voix, le président du PDCI, dont le pays baoulé est le bastion, obtient des chefs traditionnels baoulé, réunis sous son égide à Yamoussoukro, un serment de loyauté au candidat

[181] C. Mamadou « Religion, politique et argent, la mission divine des leaders religieux mis à mal par les pouvoirs des hommes » in *Fraternité Matin*, n°spécial an 51 du 6août 2011, p20.

[182] J.P Dozon, « La Côte d'Ivoire entre Démocratie, Nationalisme et Ethnonationalisme » in *Politique Africaine* n°78 de juin 2000, pp45-62.

[183] La Majorité Présidentielle

[184] Rapport Final « Côte d'Ivoire 2010 élection présidentielle 31 octobre-28 novembre 2010 » de la Mission d'Observation Electorale de l'Union Européenne, 68p.

Alassane Ouattara en prélude au second tour du scrutin présidentiel du 28 novembre 2010. Comme des instructions à la lettre, les dépositaires des us et coutumes ont sensibilisé leurs communautés respectives afin d'exécuter les mots d'ordre de soutien au candidat Alassane Ouattara.

Par ailleurs, les ballets incessants des chefs traditionnels[185], à l'appel du président Gbagbo, au palais présidentiel étaient l'occasion pour certains gardiens de la tradition d'arborer sans le moindre scrupule des pagnes ou des tee-shirts à l'effigie du candidat président. Ces rencontres étaient l'occasion pour les garants de la tradition[186], de couvrir leur hôte de motions dithyrambiques, lui prédire un destin messianique, d'implorer le chef de l'État à rempiler au terme de son mandat prescrit par la Constitution et de faire don de sa personne à l'État de Côte d'Ivoire. Chants, louanges, prières, bénédictions étaient le réceptacle des libations que les chefs traditionnels prononçaient à l'entame des rencontres avec les hommes politiques. Au cours de ces meetings, les chefs traditionnels esquivaient et éludaient volontiers les sujets susceptibles de heurter les sensibilités des leaders politiques. Ces rencontres étaient le lieu propice pour les responsables des partis politiques de solliciter le suffrage des chefs et de leurs communautés respectives en prélude aux joutes électorales. Pour conditionner les chefs, les leaders politiques leur offraient, loin des regards indiscrets, des espèces sonnantes et trébuchantes[187], afin de relayer leurs slogans de campagne ou programmes de société auprès de leurs administrés. En complicité avec des chefs de villages, certains hommes politiques convoyaient dans les villages, à l'orée ou à la veille des scrutins, des engins de travaux publics, des poteaux d'électrification villageoise, des pompes d'adduction d'eau afin de susciter ferveur et enthousiasme au sein de l'électorat et des villages récalcitrants, lassés des promesses démagogiques des hommes politiques. À peine le scrutin terminé, ces engins de travaux publics étaient retirés des sites vers d'autres cieux. Bref, l'instrumentalisation des chefs traditionnels se faisait au détriment des communautés villageoises et du développement. Outre

---

[185] S-P Ekanza, 2007, *Côte d'Ivoire : de l'ethnie à la nation, une histoire à bâtir...*, Abidjan, Les Editions du Cerap, 88p.

[186] J.P Dozon, « La Côte d'Ivoire entre Démocratie, Nationalisme et Ethno-nationalisme » in *Politique Africaine* n°78 de juin 2000, pp45-62.

[187] C. Mamadou « Religion, politique et argent, la mission divine des leaders religieux mis à mal par les pouvoirs des hommes » in *Fraternité Matin*, No spécial an 51 du 6août 2011, p20.

les dépositaires de la tradition, les mouvements syndicaux ont pris une part active dans la crise ivoirienne.

III. L'IMMIXTION DES MOUVEMENTS SYNDICAUX DANS LES INTRIGUES POLITIQUES

1. L'arrimage des syndicats professionnels aux chapelles politiques

Le 18 février 1992, à l'appel du FPI, la LIDHO[188] participe à une marche de l'opposition pour exiger du gouvernement la mise en place d'une commission indépendante chargée de faire la lumière sur les exactions des soldats sur le campus. Certes, la LIDHO, organisation de défense des droits de l'homme, doit faire de la lutte contre l'impunité son leitmotiv. Cependant, participer à une marche de l'opposition, qui a dégénéré en émeute urbaine, dans un contexte de crispation politique entre pouvoir et opposition, peut être interprété comme une connivence tacite entre la LIDHO et l'opposition. Ce soutien au FPI, est une manière déguisée des responsables de la LIDHO de sacrifier les principes fondamentaux inhérents aux droits de l'homme que sont l'impartialité et l'intégrité sur l'autel de leurs ambitions politiques.

En vertu de la législation régissant le fonctionnement des organisations non gouvernementales, la LIDHO est dispensée de toute activité politique. Ainsi, la LIDHO pouvait, dans une déclaration de principe, condamner l'indifférence du gouvernement face aux sévices infligés aux étudiants ou organiser, en collaboration avec des organisations apolitiques, une marche de protestation pacifique, pour ne pas prêter le flanc à une récupération politique. Mais s'allier aux partis de l'opposition pour exiger des sanctions contre l'armée c'est troquer le manteau du défenseur des droits de l'homme pour arborer la toge des hommes politiques.

Le 26 octobre 2000, Laurent Gbagbo, l'opposant historique accède à la magistrature suprême après dix ans d'âpres combats politiques. Opposant et syndicalisme, Laurent Gbagbo a bénéficié, dans sa stratégie de conquête du pouvoir d'État, du soutien des syndicats professionnels dont le SYNARES[189]. Si prompt aux revendications sous le régime des présidents Félix Houphouët-Boigny et Henri

[188] Ligue Ivoirienne des Droits de l'Homme
[189] Syndicat National des Recherches et Enseignants du Supérieur

Konan Bédié, les secrétaires généraux du SYNARES, Marcel Etté et Niamien Messou, rechignent toutes revendications des enseignants sous la présidence de Laurent Gbagbo. Certes, le contexte de crise militaro-politique que traversait le pays prédisposait peu le chef de l'État à accorder de l'intérêt aux revendications sociales. Néanmoins, prétexter la trêve sociale exigée par le Premier ministre Affi N'Guessan pour dénier le droit ou le principe de revendications aux syndicats est une façon subtile d'enfreindre aux libertés individuelles et collectives. Par ailleurs, cette posture de modérée du secrétaire général du SYNARES, Niamien Messou, connu pour sa verve oratoire et son intransigeance à l'égard du président Bédié, pose la problématique de la collusion entre SYNARES et le régime de Laurent Gbagbo. Or le but d'un syndicat est la défense des intérêts de ses adhérents auprès des pouvoirs publics.

En vérité, dans l'opposition, certaines revendications du FPI relatives à la revalorisation des salaires des enseignants et l'amélioration de leurs conditions de travail, rejoignaient, en partie, celles du SYNARES d'où l'élan de proximité entre ce parti politique et cette structure syndicale. Mais cette indulgence du SYNARES, cheville ouvrière des revendications des enseignants, à l'égard du régime de Laurent Gbagbo est une forme déguisée d'instrumentalisation de la structure syndicale à des fins politiques. En effet, les meetings géants organisés par la jeunesse patriotique[190] pour soutenir le président Laurent Gbagbo confronté à une rébellion armée, étaient des tribunes offertes au secrétaire général du SYNARES pour afficher son soutien indéfectible au régime d'Abidjan.

La ligne politique affichée par le secrétaire général du SYNARES au détriment des revendications syndicales crée le schisme au sein du syndicat. Conduit par Traoré Flavien, la CNEC[191], rivale du SYNARES, est créée en 2005, pour accorder la primauté aux revendications corporatistes des enseignants du supérieur. En faisant de la revalorisation des salaires et de l'amélioration des conditions de travail des enseignants sont cheval de bataille, la CNEC a progressivement vidé le SYNARES de ses adhérents et s'est imposée comme le principal syndical professionnel du milieu universitaire. Mais, à l'instar du SYNARES, la CNEC n'est pas exempte de

---

[190] Y. Konaté, « Les enfants de la balle. De la Fesci aux mouvements de patriotes » in *Politique africaine* n°89 de mars 2003, p58

[191] La Coordination Nationale des Enseignants-Chercheurs

reproches, car nombre d'enseignants suspectaient le secrétaire général, Traoré Flavien de collusion avec la coalition de l'opposition RHDP[192]. Sa nomination comme inspecteur général du travail après l'accession d'Alassane Ouattara, l'un des leaders du RHDP au pouvoir d'État en 2011 ne fait que corroborer les soupçons de connivence entre la CNEC et le RHDP sous le régime de Laurent Gbagbo. Activiste embastillé à maintes reprises sous le régime de Laurent Gbagbo, le secrétaire général du SYNESCI, syndicat des enseignants du secondaire, Soro Mamadou, proche du RDR, a été promu PCA de la MUGFCI193 dès l'accession de la coalition du RHDP au pourvoir. Ces nominations sont une reconnaissance implicite du rôle important, notamment l'agitation sociale, que ces syndicats proches de l'opposition ont joué dans la stratégie de conquête du pouvoir d'État par l'opposition sous le régime de Laurent Gbagbo. Hormis les syndicats professionnels, les syndicats estudiantins ont rejoint l'arène politique.

2. L'inféodation des syndicats estudiantins aux partis politiques

Créée le 21 avril 1990, la FESCI[194], le tout puissant syndicat estudiantin, s'est apparentée au FPI. Fustigeant le MEECI[195], érigé en section du PDCI et imposé comme la seule et unique voix du monde scolaire et estudiantin, la FESCI multiplie les actions violentes pour imposer son leadership sur les campus universitaires. Au nom de l'unité d'action contre le PDCI, l'adversaire commun, la FESCI noue une alliance naturelle avec le FPI, le principal parti d'opposition. Ainsi, tous les secrétaires généraux qui se sont succédé à la tête de la FESCI ont fait allégeance à Laurent Gbagbo et son parti, le FPI. Lors d'un meeting le 10 août 1997, le leader socialiste s'enorgueillit publiquement : *« (...) Je voudrais affirmer ici haut et fort pour tout le monde que c'est un honneur pour le Front Populaire Ivoirien que de soutenir les mouvements syndicaux en lutte »*[196]. En s'arrogeant ce puissant moyen de contestation, le leader du FPI pouvait ameuter la ville d'Abidjan et infléchir les décisions du gouvernement.

---

[192] Rassemblement des Houphouëtistes pour la Démocratie et la Paix
[193] Mutuelle Générale des Fonctionnaires de Côte d'Ivoire
[194] Fédération Estudiantine et Scolaire de Côte d'Ivoire
[195] Mouvement des Elèves et Etudiants de Côte d'Ivoire
[196] Y. Konaté, « Les enfants de la balle. De la Fesci aux mouvements de patriotes » in *Politique africaine* n°89 de mars 2003, p58

Mais en 1995, le RDR, né d'une scission du PDCI en 1994, conteste le leadership de l'opposition au FPI. Fort de son alliance avec le FPI au sein du front républicain, le RDR bénéficia du soutien de cet instrument de contestation à la dévotion du FPI. La croisade du leader du RDR, Alassane Ouattara, contre l'ivoirité, la xénophobie et l'exclusion élude progressivement le duel idéologique entre le PDCI, parti de la droite libéral au pouvoir et le FPI de la gauche socialiste dans l'opposition. Dès lors, la redéfinition de la ligne politique au sein de la FESCI vis-à-vis du front républicain s'avère cruciale d'autant plus que le syndicat est traversé par deux courants de pensée, dont l'une proche du FPI et l'autre du RDR. Accusé d'être proche de Laurent Gbagbo, Soro Guillaume, le leader de la FESCI déclare : *« Nous sommes capables de poser nous-mêmes nos problèmes sans être manipulés. Pourquoi nous reprocherait-on de saluer (...) Laurent Gbagbo ? (...) »*[197].

Certes, la FESCI est un syndicat de gauche donc *a priori* opposé au RDR transfuge du PDCI qui est de droite. Mais dans la seconde moitié de la décennie 90, le concept de l'ivoirité, les affinités ethniques et les réflexes communautaires l'emportent sur la rhétorique idéologique. Dès lors, Laurent Gbagbo suspecte Soro Guillaume, le secrétaire général de la FESCI d'accointances avec le RDR. Plusieurs raisons expliquent cette réserve de Laurent Gbagbo vis-à-vis du leader de la FESCI. D'abord, les affinités ethniques qui existent entre Soro Guillaume et le leader du RDR Alassane Ouattara. Soro Guillaume est Sénoufo de Ferké et Alassane Ouattara Malinké de Kong. Or, Ferké et Kong sont deux localités voisines du Nord de la Côte d'Ivoire. En outre, l'ivoirité et sa vague de stigmatisations et d'amalgames entre Ivoiriens du Nord et étrangers resserrent les liens entre Soro Guillaume et Alassane Ouattara. Habile manœuvrier, Blé Goudé, l'un des responsables de la FESCI proche de Laurent Gbagbo, déclenche une guerre préventive au sein de la structure afin d'écarter la tendance proche du RDR de la direction de la FESCI[198].

L'objectif de cette guerre larvée est de se hisser à la tête de la FESCI, lui le Bété originaire de Gagnoa comme Laurent Gbagbo, afin d'en faire un instrument de combat politique dévoué au FPI et à son leader. En réalité, Blé Goudé avait pour mission de coaliser tous les

[197] Ibid.,p57
[198] Entretien Djè Ngbo chef fesciste de la cité universitaire de Port-Bouët III en 2005.

fescistes du Sud contre ceux du Nord qui veulent brader la FESCI à Alassane Ouattara donc aux étrangers. Au départ de Soro Guillaume en 1998, Blé Goudé et Doumbia Major se sont livré une violente guerre des machettes. Doumbia Major convoitait la direction du syndicat pour le compte du RDR. Après des heurts sanglants, la tendance pro-Gbagbo l'emporte sur les pro-Ouattara grâce au chef de la junte militaire. Après le putsch de 1999 et la disgrâce entre le chef de la junte et le RDR, Blé Goudé, appuyé par l'armée, prit possession de toutes les résidences universitaires. Après son succès, Blé Goudé prévient : *«Quiconque comme Alassane Ouattara tentera, de l'extérieur avec l'argent amassé ici, d'opérer un hold-up sur la Côte d'Ivoire pour être le chef suprême (...) sera combattu (...) s'il le faut au prix de notre vie (...) »*[199]. Ouf, *« La Côte d'Ivoire délivrée de la menace d'une horde d'étrangers barbares conduite à ses frontières par Alassane Ouattara.»*[200].

---

[199] *Le Démocrate* du mardi 7 septembre 1999.

[200] C.I. Bacongo., 2008, *Alassane Ouattara une vie singulière*, Abidjan, CEDEA-NEI, p105.

CONCLUSION

Les tribulations politiques en Côte d'Ivoire, depuis le décès du président Félix Houphouët-Boigny en 1993 jusqu'à l'épilogue de la crise postélectorale de 2011, ont revêtu plusieurs connotations. D'une crise politique en 1994 consécutive à la restriction des conditions d'éligibilité à la présidence de la République, le pays a basculé dans une crise identitaire avec le concept de l'ivoirité en 1996. Du putsch militaire du 24 décembre 1999, la Côte d'Ivoire a sombré dans une décennie de guerre civile du 19 septembre 2002 jusqu'au 11 avril 2011. Les acteurs de cette détérioration du climat politique en Côte d'Ivoire sont variés et multiformes. D'abord, les leaders politiques à travers leurs querelles intestines, ensuite les dignitaires religieux et les chefs traditionnels pour leur instrumentalisation à des fins politiques et enfin les mouvements syndicaux et organisations de défense des droits de l'homme pour leur immixtion dans le débat politique.

RÉFÉRENCES BIBLIOGRAPHIQUES

Ouvrages

AMANI Georges, *La longue Marche*, Abidjan, Editions Bécélli, 1995, 215p.

BACONGO Ibrahim Bacongo, *Alassane Dramane Ouattara, une vie singulière*, Abidjan, CEDA-NEI, 2008, 228p.

DANIGO Bérangère, *Côte d'Ivoire : des lambeaux de République*, Paris, Jean-François-Gerbillon, 2005, 228p.

DJÉHOURY Anicet-Maxime, *La guerre de Côte d'Ivoire, la dernière expédition coloniale*, Paris, L'Harmattan, 2000, 274p.

EKANZA Simon-Pierre, *Côte d'Ivoire : de l'ethnie à la nation, une histoire à bâtir...*, Abidjan, Les Editions du Cerap, 2007, 88p.

TOURÉ Saliou (dir), L'Ivoirité, ou, L'esprit du nouveau contrat social du Président Henri Konan Bédié, *in Ethnics (Abidjan, Côte d'Ivoire), revue de la CURDIPHE*, No 1, PUCI, 1996, 179 p.

WEBER Max, *Le savant et la politique*, Paris, Plon, 1959, 224 p.

Articles

BOUQUET Christian, « Le poids des étrangers en Côte d'Ivoire », *in Annales de Géographie*, n°630, 2003 (B), pp.115-145.

BREDELOUP Sylvie, « La politique migratoire en Côte d'Ivoire » *in Revue Européenne des migrations Internationales*, vol 10, n°3, 2003, pp.33-55.

CHALÉARD Jean-Louis, « La Côte d'Ivoire éclatée » *in Géopolitique africaine*, n°19, (C), 2003, pp.9-20.

DOZON Jean-Pierre, « La Côte d'Ivoire au péril de l'ivoirité » *in Afrique contemporaine* n°193 du 1er septembre 2000, pp. 13-24.

DOZON Jean-Pierre, « La Côte d'Ivoire entre Démocratie, Nationalisme et Ethno-nationalisme » *in Politique Africaine* n°78 de juin 2000, pp.45-65.

Textes et lois

-Article 49 de la loi n°94-642 de la constitution tel qu'amendé le 8 décembre 1994.

-Article 9 du décret n°94-662 du 21 décembre 1994 déterminant les modalités d'établissement, de révision et de refonte de la liste électorale.

Article 35 de la loi n°2000-513 du 1er aout 2000 portant constitution de la Côte d'Ivoire.

-Article 36 de l'ordonnance n°2011-262 du 28 septembre 2011 relatif à la réorganisation administrative de la Côte d'Ivoire.

-Code Electoral élaboré par le Ministère de l'Intérieur tel qu'édicté par l'Imprimerie Nationale de Côte d'Ivoire, dépôt légal n°99916—4ème trimestre 1995.

Quotidiens, hebdomadaires, mensuels

Fraternité Matin, n°13723 du jeudi 5 août 2010.
Soir Info du 28 avril 1999.
Notre voie du mercredi 14 novembre 2001.
Nouveau Réveil, n°2606 du jeudi 26 août 2010.
Jeune Afrique Economique, n°320 du 20 au 3 décembre 2000
Jeune Afrique n°2042 du 29 février au 5 mars 2000.
Jeune Afrique n°1223 du 13 juin 1984.
Africa International, n°303, avril 1997.
La marche du temps n°30 de Mai à Août 1990

DE LA PÉDAGOGIE PAR OBJECTIFS (PPO) À L'APPROCHE PAR COMPÉTENCES (APC)

Essai de clarification par un retour sur les fondements épistémologiques, paradigmatiques et pratiques

AGBA Yoboué Kouadio Michel
agbamichelyoboue@gmail.com
Enseignant-chercheur
Département des langues- section anglais
École Normale Supérieure d'Abidjan, Côte d'Ivoire

Résumé

Au cours des dix dernières années, l'Approche Par Compétences (APC) a été adopté par les praticiens de l'enseignement des langues en Afrique et plus particulièrement par ceux de la Côte d'Ivoire où elle a trouvé sur le terrain, l'Approche Communicative (AC) présentée comme relevant de la Pédagogie Par les Objectifs (PPO). Cette situation a entrainé de nombreuses confusions quant aux bien fondé de l'APC qui en de nombreux points pourtant, se rapproche de l'approche communicative. Cet article vise donc à clarifier la PPO et l'APC en s'appuyant sur leurs fondements et principes et à situer l'approche communicative par rapport à l'Approche Par les Compétences. Pour y parvenir, l'auteur confronte l'approche par compétences à la pédagogie par objectifs. Puis, montre en quoi celle-ci se distingue de l'Approche Communicative.

Mot-clés

Approche Par les Compétence, Pédagogie Par Objectifs, Positivisme, Constructivisme, Socioconstructivisme, Progressisme, Approche Communicative.

Abstract

Over the past decade, the Competency-Based Approach (CBA) has been adopted by practitioners in Africa, and particularly by those in Côte d'Ivoire were the Communicative Approach (CA) deemed close to the Objective Oriented Pedagogy was already being implemented. This situation has created confusions as to the validity of the competency based approach that seems nonetheless in many ways, similar to the Communicative Approach. This article therefore aims to clarify the Objective Oriented Pedagogy and Competency Based Approaches relying on their foundations and principles, and to position the Communicative Approach with respect to the Competency Based Approach. To achieve this aim, the author first confronts the objective-oriented pedagogy and the competency based approach. Then, he shows how these differ from the Communicative Approach.

Keywords

Competency Based Approach, Objective Oriented Pedagogy, positivism, constructivism, socio-constructivism, progressivism, Communicative Approach

INTRODUCTION

Le mouvement de reforme baptisé 'Approche Par Compétences' (APC) qui a traversé l'Europe et l'Afrique au cours des dernières décennies, a finalement atteint la Côte d'Ivoire en 2002. L'intérêt qu'il suscite sous nos cieux s'est accru à tel enseigne qu'il a pris les allures d'une « frénésie des compétences ». Pour ses zélateurs, la justification de cet intérêt est néanmoins toute trouvée : la pédagogie par objectifs (PPO) en cours depuis de longues années, même si elle a fait «fait ses preuves», a «fini par montrer ses limites». Il faut donc améliorer la qualité du système d'enseignement, réécrire les curricula selon les termes d'un paradigme plus performant et plus prometteur qui permettrait à l'école d'«*effectuer un bond qualitatif, non seulement pour s'adapter à certaines exigences internationales, mais aussi et surtout pour améliorer les indicateurs de performance ... notamment le taux de réussite scolaire*»[201].

Ainsi, aucune année ne s'écoule sans son corollaire de séminaires et de formation visant à mieux outiller le personnel éducatif aux pratiques de l'APC et à garantir leur implantation durable. Cependant, nombre d'enseignants continuent d'instruire ou de concevoir leurs enseignements selon les principes de la PPO. Par ailleurs, la réforme n'est effective qu'au premier cycle (6eme, 5ème, 4ème et 3ème) alors que prédomine encore dans les classes du second cycle (2nde, 1ère et Tle), l'Approche Communicative considérée très proche de la PPO par les uns et similaire à l'APC par les autres.

À l'évidence, notre école se trouve aujourd'hui entre deux paradigmes. Sur le terrain éducatif se côtoient Pédagogie Par Objectif et Pédagogie Par les Compétences. Paradoxalement, l'Approche Communicative encore en usage dans nos classes, bien que relevant en certains aspects de la PPO dont on veut se départir constitue également le ferment de l'APC dont on prône l'application. Cette situation fait qu'au fil des années, les appréhensions des enseignants quant à une application nette et claire de l'APC qui la distingue de la PPO et la situe clairement par rapport à l'Approche communicative ne font que s'accentuer. Bref, la mise en application concrète de l'APC soulève encore de nombreuses difficultés en liens avec ses concepts,

---

[201]http://leforumdeieptoure.ivoire-blog.com/archive/2012/09/18/education-nationale-de-la-fpc-a-l-apc-un-virage-a-bien-negoc.html. Consulté le Mardi 25 septembre 2015 à 12h28mns.

ses modes opératoires et ses pratiques d'évaluation. L'enjeu majeur d'une implémentation efficiente de l'APC reste alors la réduction d'un 'gap', supposé ou visible, entre ce que les enseignants croient savoir de l'APC et de la PPO et ce que ces approches impliquent réellement aux niveaux théorique et pratique.

Le présent article vise à mettre à nu les incompris d'une part sur les fondements épistémologiques, paradigmatiques et éducatifs, et d'autre part sur les implications pédagogiques et pratiques de l'APC et de la PPO. Il s'agit également de contribuer à former une base de compréhension commune sur ce qu'est l'APC et d'aider ainsi à lever les obstacles supposés ou avérés à l'implémentation de la réforme en cours. Ces objectifs sont sous-tendus par la question suivante : de la PPO a l'APC qu'est ce qui change réellement ?

Cette question fondamentale entraine trois questions intermédiaires :

- Quels paradigmes et principes sous-tendent la PPO et l'APC ?
- Y a-t-il des pratiques pédagogiques distinctes liées à la PPO et à l'APC ?
- Peut-on distinguer l'APC de l'approche communicative (AC) ?

Pour répondre à ces questions, nous adopterons une démarche qui consistera tout simplement à comparer la PPO et l'APC, puis à déterminer la place de l'AC entre ces deux approches. Aussi, nous clarifierons dans un premier temps, les origines de la PPO et de l'APC. Puis, nous expliquerons les fondements épistémologiques et paradigmatiques de ces deux approches afin de lever la confusion sur le sens des pratiques enseignantes propres à ces dernières. Enfin, nous expliquerons ce qui change réellement ou demeure, lorsqu'on opère le passage de l'approche communicative (AC) à l'approche par les compétences (APC).

I. APPROCHE DÉFINITOIRE

La PPO et l'APC relèvent d'origines qui bien que communes, se distinguent en de nombreux points. Une clarification préalable s'avère donc nécessaire.

I.1. LA PPO : qu'est ce que c'est ?

La Pédagogie Par les Objectifs (PPO) est née d'une certaine volonté de rendre d'une part, plus rationnel les processus de fabrication industrielle pour une productivité accrue et d'autre part, pour apporter plus de cohérence à l'action pédagogique en adoptant le modèle de la direction par objectifs (DPO) qui répond au principe qu'il faut fixer des objectifs à toute tâche et trouver les moyens et le temps nécessaire à sa réalisation. En fait, elle apparait au cours des années 1920, dans un contexte socio-économique et scientifique dominé par une vision tayloriste de la production industrielle fondée sur le découpage de toute production en tâches élémentaires à réaliser par des actions répétitives simples. Au cours de cette même période prévaut la logique behavioriste, qui consiste à réduire la complexité des phénomènes par le découpage des éléments en unités de plus en plus simples, précises ou en de courtes séquences observables. De la sorte, la PPO est la conjonction d'idées en provenance du monde du travail et de celui de la psychologie expérimentale, en l'occurrence le comportementalisme ou behaviorisme. Cette conjonction traduite en termes pédagogiques se résume à

« établir une liste de comportements particuliers considérés comme des objectifs à atteindre et à concevoir les moyens pédagogiques d'y parvenir» (Cuq, 2003 : 192).

Une telle liste permet de mettre en place un programme de comportements à acquérir par étapes, ponctué par une évaluation à l'issue de chaque étape. C'est une logique de progression par paliers successifs justifiée par le sectionnement de l'apprentissage final en une série d'objectifs comportementaux observables et articulés les uns sur les autres selon un ordre de complexité croissante (Nnang, 2013). On ne peut alors passer à un nouvel apprentissage qu'après s'être assuré que les pré-requis nécessaires à celui-ci ont été installés chez l'apprenant. Ainsi se mettra en place l'apprentissage par la maitrise ou *'mastery learning'* autre appellation de la Pédagogie Par Objectifs aux USA, qui établit un niveau de performance à «maîtriser» par tous les élèves avant de progresser vers l'unité suivante (Slavin, 1987).

I.2. L'APC : comment la comprendre ?

L'Approche Par les Compétences (APC), émerge également à une période où la visée de la pédagogie est de faire en sorte que les pratiques d'enseignement soient une réplique des pratiques du monde du travail. Elle apparait donc dans les mêmes contextes et circonstances que la PPO. De ce fait, dès les premières heures, l'idée des compétences est d'abord comprise comme faisant référence au comportement, **à** la pratique, **à** la performance et **à** l'action (Gage &

Winne, 1975; Hamilton, 1973). Elle dénote de l'idée qu'il faut observer des comportements extérieurs, évidents, manifestes et concrets (Woodruffe, 1992 ; Spady, 1977) qui traduisent une certaine compétence. Il s'agit ainsi dans l'instruction, de mettre l'accent sur ce que peut faire un apprenant (what a learner can *do*) plutôt que sur ce qu'il connait (what he *knows*) (Smith & Patterson, 1998) afin de rapprocher les pratiques d'enseignement et les pratiques du monde du travail et de produire une qualification qui repose sur des performances attestées dans la pratique réelle (& Stinnett, 1973; Nash & Agne, 1971). On veut voir à l'œuvre l'utilisation pratique et efficace de la connaissance et de la compréhension (*knowledge and understanding*) d'une chose. Ne pas seulement se contenter de « connaître » mais de le démontrer également par l'expérience (Houston, 1974). Telle semble être la maxime.

Aujourd'hui comme hier, l'idée des compétences s'associe avec celle d'économie de marché. Avec ses corolaires que sont la libre concurrence et la compétitivité, le diplôme peut s'avérer insuffisant même si l'on détient les connaissances et/ou les techniques nécessaires. Face à ces situations des temps nouveaux, l'individu compétent apparait alors comme celui qui «agit, entreprend, organise et gère» (Rogiers (2006) efficacement. Cela revient à mettre l'accent sur des aptitudes telles que l'adaptabilité, la flexibilité et la performance (Nnang , 2013). De telles aptitudes se situent au delà des conceptions tayloriste et comportementaliste et permettent un glissement vers une référence plus cognitiviste (Kim Lien, 2003) voire constructiviste selon laquelle la compétence est le résultat de l'association entre la pensée et l'expérience (Chomsky, 1969). La « *cognition est [dans ce cas] subordonnée à l'action* » (Crahay, 2006). A partir de là, les compétences deviennent des processus mentaux mobilisés par un individu pour faire face à une situation pratique[202]. Dans ce cas, comme le souligne Perrenoud (1999 : 2), il s'agit de

> *« [d'] adapter, (de) différencier, (d') intégrer, (de) généraliser ou (de) spécifier, (de) combiner, (d) orchestrer, (de) coordonner, bref conduire un ensemble d'opérations mentales complexes qui, en les connectant aux situations, transforment les connaissances».*

[202] In Dossier d'actualité de la VST, n° 34 – avril 2008, p.6), http:// www.inrp.fr/vst

L'idée des compétences aujourd'hui nous éloigne donc des exercices de classe fondés sur l'accumulation des connaissances, la répétition et la reproduction exacte. Elle prend appui sur une gamme de savoirs : «savoir-agir, savoir-mobiliser «savoir- intégrer» «savoir-transférer ou transposer».

II. FONDEMENTS ÉPISTÉMOLOGIQUES DE LA PPO ET DE L'APC

Pour remonter aux fondements, aux principes et aux méthodes de l'objet d'une connaissance, c'est à l'épistémologie que l'on se réfère (Legendre 1993). Elle nous conduit à porter la réflexion sur les écoles de pensée ou paradigmes, dont les postulats permettent d'éclairer la compréhension d'un objet. Alors, quels fondements sous-tendent la PPO et l'APC ?

II.1. LA PPO : une posture positiviste

Si l'on part du principe que tout comportement peut être façonné dans une direction souhaitée alors,

> « *enseigner quelque chose, c'est inviter l'élève à s'engager dans de nouvelles formes de comportement, clairement définis, dans des occasions clairement définis elles aussi*» (Boutin, 2003 : 43)

C'est sur cette thèse comportementaliste que s'aligne la PPO. Cette posture la relie également au positivisme- une doctrine **qui ne reconnait que** 'la réalité de premier ordre', celle qui est intimement liée à la perception sensorielle correcte, à la vérification objective, répétable et scientifique (Watzlawick ,1978). Le paradigme positiviste perçoit donc tous les phénomènes comme mesurables et classifiables et l'environnement comme manipulable.

Parce qu'il vise la connaissance instrumentale, le positivisme s'intéresse au contrôle technique que l'on peut avoir sur les objets naturels (Carr et Kemmis, 1986) et veut prévoir l'environnement. Dans une salle de classe par exemple l'enseignant doit être en mesure de façonner un comportement ou mieux de déclencher chez les élèves une réponse comportementale souhaitée. Ainsi pourra-t-il observer les effets patents, incontestables de son enseignement relativement à un comportement qu'il comptait observer chez eux à un moment précis.

La pédagogie par objectif, dans la logique positiviste et à l'image des principes tayloristes et comportementalistes, propose finalement une organisation **scientifique et** rationnelle de **l'enseignement et de l'apprentissage. Elle procède à une** description opérationnelle des « comportements observables » sur les plans cognitifs, affectifs et moteurs (Bloom 1956) qu'elle subdivise hiérarchiquement en catégories d'objectifs qui permettent aux enseignants de donner une visée précise à leurs cours, de préparer des évaluations et de concevoir des stratégies d'enseignement conformes aux objectifs visés.

II.2. L'APC : une posture constructiviste

L'APC adopte une posture qui met plutôt l'accent sur l'apprenant en tant qu'être pensant, qui s'assume et prend des décisions en regard de ce que lui propose l'environnent. Ainsi, à la philosophie du « produit » née du behaviorisme, on oppose celle du « processus » et du « surgissement » (BARBIER, 2002), fondée sur l'action non directive de l'enseignant pour permettre au sujet apprenant d'apprendre de façon active. Cette action consiste surtout à obtenir que l'apprenant réfléchisse par lui-même, examine les questions et prenne part au processus d'apprentissage (Bruner, 1966). L'APC se rattache ainsi à la doctrine constructiviste qui prend en compte le 'construit' ou le 'non-donné' c'est-à-dire, la mise en place par l'apprenant lui-même des éléments de la connaissance qui lui permettrons de traiter la réalité à laquelle il est confronté en s'appuyant sur ses expériences et les interactions avec son environnement (Glaserfeld, 1995).

Ainsi, *l'activité cognitive de l'élève consistera essentiellement à mettre lui-même en ordre les expériences qu'il a des situations dans lesquelles ses connaissances ont pu fonctionner* (Jonnaert, 1996).

Selon le constructivisme, les produits de la connaissance, tout comme leurs démarches de construction, se présentent alors différemment d'un individu à un autre. Ce qui importe, c'est la ' viabilité' d'une connaissance, d'une solution par rapport à son contexte d'application et à l'objectif visé. On s'écarte alors des exercices scolaires, de type associationniste et comportementaliste fondés sur des objectifs prédéterminés qui exigent simplement la mise en œuvre rigoureuse d'une procédure adéquate. Dans leur quête du savoir, les apprenants doivent pouvoir (se) poser des questions, explorer et évaluer par eux-mêmes, une situation problématique. Il leur faut pour cela mobiliser un ensemble de ressources (affectives, cognitives, et psychomoteurs) interne et externe afin de répondre de façon créative et adaptée à toute situation nouvelle complexe (*Perrenoud (1995* ; Raynal, et Rieunier, 1997 ; Tardif, 2006). On ne façonne donc pas des comportements, mais on donne aux apprenants, les moyens d'apprendre à apprendre par leurs propres efforts (Clark 1987). Il s'agit de: « *Faire ce qu'on ne sait pas faire pour apprendre à le faire* » (Meirieu, 1996). Toutefois, s'il appartient aux apprenants de construire par eux-mêmes la connaissance, ils le font dans un contexte social et par le biais des interactions sociales.

II.2.3....et socioconstructiviste

L'APC se relie subséquemment également au socioconstructivisme qui fait sien les idées du constructivisme mais souligne que le fait social, l'adulte ou l'autre plus expérimenté, joue un rôle significatif dans la construction du savoir et la mise en place des « outils pour penser » (Vygotsky 1978 ; Bruner, 1966). Dans ce sens,

> *« ce sont les interactions avec les pairs et l'environnement qui façonnent nos connaissances et par lesquelles nous créons nos propres connaissances »*[203].

La marche vers la connaissance devient alors un processus par lequel le savoir s'échange, se construit et se transforme au sein d'un groupe social. L'individu entre dans un rapport de construction et de co-construction du savoir avec d'autres pour apprendre. À travers les interactions (élèves-élèves et élèves-enseignant), il développe la capacité à apprendre, à comprendre, à analyser, à maîtriser des outils de pensée. Une telle conception donne tout son sens aux concepts de l'étayage et de la zone proximale de développement (ZPD) dont l'idée centrale est que le rôle de l'adulte, particulièrement de l'enseignant implique des modes d'intervention qui, sans exécuter la tâche à la place de l'élève, lui permettent d'apprendre dans un intervalle qui se situe entre ce qu'il peut faire avec l' aide de l'enseignant et ce qu'il peut tout seul, sans aide.

Les fondements épistémologiques ainsi exposés, quels fondements éducatifs sous-tendent la PPO et l'APC ?

---

[203] D. RAYMOND, Qu'est-ce que apprendre ? Ou apprendre, oui mais...Université de Sherbrooke ; <http:/webct.usherbrooke.ca/PED859_A2007/Etape_2/DanielleRaymondLesapprochepédagogiques.pdf>. Consulté le 10 octobre 2007.

III. FONDEMENTS PHILOSOPHIQUES ÉDUCATIONNELS DE LA PPO ET DE L'APC

Les postures philosophiques et politiques modèlent bien souvent les actions éducatives. En ce qui concerne la PPO et l'APC, nous nous tournons vers les courants philosophiques reconstructionniste et progressiste pour appréhender les principes éducationnels qui les fondent.

III.1. Principes reconstructionnistes sous-jacents a la ppo

Tout comme la PPO considère que les contenus d'enseignement doivent être organisés de manière linéaire et enseignés au groupe classe selon un découpage bien préparé et des progressions méticuleusement agencées avec des activités ordonnées de façon hiérarchique et dans les moindres détails, le reconstructionnisme envisage le progrès social, économique, intellectuel et spirituel comme pouvant être rationnellement planifié. L'éducation constitue le moyen de travailler de façon consensuelle à l'avènement d'un monde meilleur dans lequel tous les citoyens seront égaux quel que soit leur niveau de compétence et de réussite. Cet idéal, fondé sur une meilleure compréhension et l'unité entre les peuples, ne saurait se réaliser sans un accent particulier sur la promotion de la capacité à communiquer et sur l'apprentissage des langues étrangères.

A partir de ce qui précède, l'enseignement de la langue selon les reconstructionnistes repose sur la planification, la fixation d'objectifs à atteindre, et l'intervention raisonnée dans le système éducatif afin d'y apporter des changements sociétaux. En amont, dans la mise en place d'une telle vision éducative, des objectifs sont fixés avec résultats comportementaux à atteindre envisagés, et des exercices sont conçus pour atteindre les buts initialement fixés (Taba, 1962). Cela suppose au plan opérationnel, une pratique systématique des habiletés langagières en vue de développer la capacité de communiquer.

Au total le reconstructionnisme propose la rationalité, la hiérarchisation, voire la fragmentation en vue de construire l'éducation par la langue étrangère. Une telle conception s'oppose à la philosophie progressiste, qui change de paradigme pour s'intéresser à l'apprenant et aux processus qu'il convoque pour apprendre.

III.2. principes progressistes sous-jacent a l'apc

La doctrine progressiste dans laquelle nous situons l'APC, considère que les expériences d'apprentissage qui n'ont pas d'impact sur la condition humaine ont une valeur éducative limitée. Elle met l'accent sur le développement de l'apprenant avec ses besoins intellectuels, émotionnels et sociaux et non pas comme un intellect désincarné ou un 'habile exécutant' de programmes comportementaux. L'apprentissage est selon le progressisme, plus gratifiant lorsqu'il est pertinent pour la vie des apprenants qui doivent résoudre en classe, des problèmes similaires à ceux qu'ils pourraient rencontrer dans leur vie quotidienne. C'est la capacité à s'adapter et à changer qu'il faut encourager car seul le processus de recherche de la connaissance permet de garantir la connaissance (Rogers 1969)[204]. Cette connaissance n'est rien d'autre qu'une capacité créative de résolution de problèmes liée à l'aptitude à extraire des schèmes mentaux appropriés et à utiliser tout ce qui peut permettre d'aborder une situation pour modifier des structures conceptuelles existantes. Ainsi le processus mis en œuvre pour la résolution d'un problème est plus important que l'atteinte d'objectifs prédéterminés. Il faut dans le travail en classe, plutôt favoriser la recherche, l'action, la discussion, la réflexion et les explications personnelles ouvertes. L'enseignant ne jouera que le rôle de guide ou de facilitateur.

Des doctrines reconstructionnistes et progressistes, vont découler les pendants pédagogiques que sont l'approche communicative et l'approche par les compétences.

IV. IMPLICATIONS PÉDAGOGIQUES DE LA PPO ET DE L'APC

En lien avec les approches éducatives dont elles découlent, portons un regard sur les principes et pratiques de l'Approche Communicative (AC) et de la Pédagogie Par les Compétences (APC) qui ont parfois des implications pratiques qui s'entremêlent et qui pourtant ne s'allient pas toujours.

IV.1. L'approche communicative (ac) en lien avec la ppo

L'Approche Communicative est plus en harmonie avec la philosophie reconstructionniste qui fonde l'enseignement et l'apprentissage de la langue étrangère sur des situations de

[204] Clark, 1987, p.49.

communication de la vie réelle. Dès 1971, un groupe d'experts étudie la possibilité de développer des cours de langue selon un système de décomposition des tâches d'apprentissage en "portions ou 'unités qui correspondent chacune à une composante des besoins de l'apprenant et qui sont systématiquement liées à toutes les autres parties "(van Ek et Alexander 1980: 6). Parallèlement, Wilkins (1972) propose une définition fonctionnelle ou communicative de la langue fondée sur les notions tels que le 'temps' , les 'séquences' , la 'quantité' , le 'lieu' , la 'fréquence' etc., et les fonctions telles que les 'requêtes' , les 'refus , les 'offres', les 'plaintes' (Richards et Rodgers, 1987) . Il fait ainsi une analyse des significations communicatives dont pourrait avoir besoin un apprenant pour comprendre et s'exprimer dans la langue. Plutôt que de décrire la structure de la langue à travers les concepts traditionnels de grammaire et de vocabulaire, Wilkins (1972) veut mettre en évidence le système de signification qui sous-tend les usages communicationnels de la langue. Son objectif est,

> *«de veiller à ce que l'apprenant sache comment différents types de significations sont exprimés, de sorte qu'il peut alors adapter et combiner les différents éléments de cette connaissance, selon les exigences d'un acte particulier de communication». (Wilkins, 1973 :131).*

Le « renversement de perspective didactique » que propose Wilkins permet alors de passer d'une méthodologie qui sélectionne des éléments de la langue puis les organise suivant une logique linguistique (du plus simple au plus complexe), à une méthodologie qui identifie d'abord les besoins langagiers de l'apprenant, en fait des inventaires (selon une logique qui n'est pas celle de la langue) et organise les contenus : Cela donne lieu à un programme basé sur l'apprenant plutôt que sur un programme grammatical (Wilkins, 1973). Cependant, à la pratique, la perspective communicative :

> « *accorde [également] une attention systématique aux aspects aussi bien structuraux que fonctionnels…*» (Littlewood, 1981 :1).

Aussi, le succès dans l'apprentissage de la langue étrangère est jaugé par rapport à la capacité à appliquer de façon efficace les principes grammaticaux de base (compétence grammaticale), à la capacité à exécuter les fonctions communicatives de la langue selon le contexte social (compétence sociolinguistique), et à l'utilisation appropriée des stratégies de communication (compétence stratégique) (Canale and Swain, 1980). Autrement dit, la compétence communicative résulterait de la bonne connaissance des normes grammaticales *(compétence linguistique)* et de la maitrise de leurs normes d'emploi *(règles d'usages)* (*Hymes, 1972).* L'extrait de programme ci-dessous (figure1) indique bien clairement comment sont pris en compte et organisés, le contexte, les fonctions, la grammaire (les structures) et le vocabulaire dans un enseignement communicatif de la langue.

Units	**Functions**	**Grammar**	**Vocabulary**
Unit 1: Names and numbers *Lesson 1* : Good morning class *Lesson2*: What's number one? *Lesson 3*: How many? **Check1**	-Greetings -Introducing people	-Present simple -What -How many? -Possessive adjectives -There is/there are	-Greetings -Classroom objects and people -Numbers1-10 -The alphabet
Unit 2: Places, people and work *Lesson1*: Buildings *Lesson2:* People *Lesson3*: Jobs **Check 2**	-Asking for information	-How old are…? -I am…old. -What are you? -What's your job? -I am… -Personal pronouns	-Names of buildings -Names of jobs -Numbers:11-20

Figure 1 : un aperçu du contenu du manuel Go for English 6ème (Cripwell et al. 1992).

*La mise en œuvre d'un tel programme se traduit par des activités de pre-communication ou de précision (accuracy) qui préparent à l'*utilisation correcte de la langue. Plus principalement, l'accent est mis sur la maitrise des structures qui forment des fonctions langagières données. Avec la fonction 'Asking for information' (Se renseigner), la préparation à l'utilisation correcte de la langue se fera en mettant l'accent sur les structure grammaticales que telles que 'How old are…?', 'I am…old', 'What are you?'etc., et sur le vocabulaire. Suivrons ensuite des activités de communication qui permettent à l'apprenant d'activer et d'intégrer ses connaissances précommunicationnelles pour communiquer du sens. A ce niveau, les apprenants essayeront de combiner, fonctions langagières et vocabulaire en fonction des situations de communication qui leurs sont proposées.

Pour certains donc, l'AC ne signifie rien de plus qu'une intégration de l'enseignement de la grammaire et des fonctions. Pour d'autres, elle signifie l'utilisation des procédures de travail en paires ou en groupes pour que les apprenants utilisent les ressources linguistiques disponibles pour résoudre des problèmes de type communicationnel. Dans tous les cas, Howatt note qu'en définitive, il existe une version «forte » et une version «faible» l'enseignement communicatif des langues : « *La version faible (...) souligne l'importance de fournir aux apprenants, des occasions d'utiliser leur anglais pour des buts de communication et de façon caractéristique, tente d'intégrer ces activités dans un programme plus large d'enseignement des langues.* (Howatt 1984 : 297). Soucieux de relever la différence entre les deux versions, Howatt indique que *« La version forte affirme que la langue est acquise par la communication, de sorte qu'il n'est pas seulement question d'activer une connaissance existante mais inerte de la langue, mais de stimuler le développement du système linguistique lui-même »* (Howatt 1984: 297).

Puis, l'auteur de conclure que, si la première version peut être considérés comme " *apprendre à utiliser l'anglais* ‘‘, la seconde peut être décrite comme " *utiliser l'anglais pour apprendre* " (Knight, 2001).

Quelle que soit la perspective adoptée, la conception des programmes d'enseignement tend à adopter une configuration qui place en premier lieu l'acquisition de capacités par les apprenants.

IV.1.1. Une entrée par les capacités (objectifs)

Lorsque toute action d'éducation est conduite par un ou des objectifs (s) pédagogiques (s) ou intentions (s) d'apprentissage précédemment défini (s), avant d'aboutir à un comportement observable et mesurable, alors l'entrée dans le programme d'étude ne peut que s'opérer par les capacités. L'approche communicative s'inscrit dans cette perspective. En amont, elle met l'accent sur la définition des buts de l'enseignement et sur la clarification des objectifs de l'apprentissage. Elle fait une analyse de l'enseignement qui permettra de préciser le résultat attendu de l'apprentissage

(Springer : 94). Elle est donc fondamentalement guidée par les objectifs et les résultats qu'elle définit en termes de capacité. Ainsi, c'est à l'apprenant et à la capacité nouvelle qu'il doit acquérir que l'on s'intéresse : « ...sera capable de...». Tout le dispositif pédagogique est de ce fait relatif à celui qui apprend et la tâche de l'enseignant se résume à apporter certains changements pré-spécifiés chez ce dernier.

IV.1.2. Quelle type d'évaluation pour l'approche communicative ?

Avec l'approche communicative, l'évaluation sert en conséquence à fournir à l'enseignant, des informations sur la capacité de l'apprenant à effectuer dans la langue cible, certaines tâches contextuelles spécifiques. Elle vise ainsi à montrer si oui ou non (ou comment) l'apprenant peut effectuer une série d'activités déterminées. On parle, dans ce cas "d'évaluation critériée". Si le critère est « les élèves doivent être en mesure de se saluer en utilisant des expressions appropriées », alors, un test critérié rendra compte de la performance de l'apprenant uniquement en relation avec sa capacité à atteindre correctement ou non, ce critère. L'évaluation criteriée fournit ainsi des informations explicites quant à ce que l'individu peut et ne peut pas faire ". L'accent est de ce fait mis, lorsqu'il s'agit de tester les compétences productives (écrire, parler), sur le caractère approprié des réponses plutôt que sur la formation des phrases grammaticalement correctes. Relativement aux compétences réceptives (lire, écouter), l'accent est mis sur la compréhension de l'intention communicative du locuteur.

L'évaluation ou le test communicatif doit finalement selon Boddy and Langham (2000):

- Refléter des situations de vie réelle nécessitant l'utilisation de la langue cible ;
- Jauger les compétences transversale utilisable la vie réelle par les apprenants ;
- Refléter le discours normale parlé et permettre aux apprenants d'initier ; et
- Montrer leur capacité à utiliser de façon efficiente la langue dans une situation de communication qui implique l'acte de parler, d'écouter, de lire et de comprendre, d'écrire, ou qui implique l'intégrer des quatre macros habiletés (parler, écouter, écrire, lire.

A l'instar de l'approche communicative, l'approche par les compétences veut développer chez l'apprenant, la compétence communicative. Mais ce concept embrasse de nouveaux contours dans cette seconde approche.

IV.2. L'enseignement des langues par les compétences

Avec l'APC, l'idée des compétences est fondamentalement associée à celle d'apprendre à utiliser la langue dans des situations authentiques c'est-à-dire, susceptibles d'être rencontrées en dehors de la salle de classe. Cependant, une lecture attentive des diverses définitions proposées dans la littérature laisse entrevoir qu'il s'agit principalement d' « *un savoir-agir complexe* ... » (Tardif, 2006 ; Le Boterf, 2000) qui s'active tant au niveau spécifique de la discipline à travers par exemple, la capacité à communiquer oralement ou la capacité à communiquer par écrit, qu'au niveau transversal à travers des attitudes, des démarches mentales et méthodologiques telles que la capacité à démontrer un esprit de synthèse, un esprit critique etc., communes à différentes disciplines. C'est un savoir-agir qui intègre efficacement les savoirs (connaissances spécifiques à la discipline), les savoir-faire (habilité à résoudre des problèmes pratiques), habiletés ou 'skills' qui mobilisent des savoirs limités de type procédural, les savoir-être (habilité d'ordre affectif associé aux savoir être, aux attitudes) (MEN-RCI, 2006). Elle est

Ainsi, *« la mise en œuvre par une personne ... d'un ensemble diversifié mais coordonné de ressources ; cette mise en œuvre repose sur le choix, la mobilisation et l'organisation de ces ressources et sur les actions pertinentes qu'elles permettent [de réaliser].»* (Jonnaert, Boufrahi, Barette, et Masciotra, 2005 :664).

L'enseignement des langues, en s'intéressant aux compétences, va opérer un glissement vers ce que peut faire l'apprenant avec la langue en lieu et place de ce qu'il sait de la langue. Il s'agit en d'autres termes de : (1) mettre l'accent sur ce que l'élève doit maîtriser et non sur ce que l'enseignant doit enseigner, (2) rendre l'apprentissage significatif en montrant à l'élève ce à quoi sert tout ce qu'il apprend en classe, et (3) attester les acquis de l'élève par rapport à des situations concrètes qu'il aura résolues (Roegiers , 2000). Ce glissement convoque également chez l'apprenant des savoirs, savoir-faire et attitudes nécessaires à la résolution d'un problème ou d'une situation complexe authentique. Il s'agit par exemple de communiquer de façon effective dans une situation qui convoque en temps réel l'écoute, le parler, la lecture, et l'écrit.

Dans la figure 2 ci-dessous, on note que le programme d'enseignement est plutôt développé autour des compétences et des habiletés nécessaires à leur maîtrise, et les unités organisées autour des habiletés nécessaires pour les conduire les élèves vers cette maîtrise. Aussi, le programme est divisé en parties et en sous-parties et la compétence communicative est construite à partir des sous-parties mises ensemble. Par ailleurs, il inclus l'apprentissage du système linguistique et la pratique communicative en vue de développer de l'écoute, la lecture, l'écriture et les compétences dont ont besoin les apprenants pour échanger des idées et des informations et pour répondre à leurs besoins et intérêts. Dans l'ensemble selon la figure 2, l'unité '*Have you heard the news ?*' traite d'une situation qui implique des compétences en trois leçons qui conduisent à terme, l'utilisation intégrée des quatre habiletés (écouter, parler, écrire, lire).

Unit	Lesson	Listening & speaking (skills)	Reading skills	Writng skills	Grammar/ structure	Vocabulary & pronunciation
Have you read the news ?	Lesson 1	-Listen to news and give the right information -Talk about news -Ask and answer questions about a TV program	Read different texts in news papers	Complete sentences	Prepositions Adverbs of frequency	Newspapers Pronunciation of difficult words
	Lesson 2	-State opinion about a text -Answer questions Make predictions -Give advice	Read and understand an authentic text	Complete and correct sentences	Use modal verbs to express possibility, give advice and make suggestions.	Horoscopes and opinions Dictionary definitions
	Lesson 3	-Talk about current events in the news -Compile a short radio program	Read … to understand what, when, and to whom something happened	Write a short newspaper article.	Understand form and use the present perfect tense	Natural disasters.

Figure2 : Un aperçu du contenu du manuel 'Let's Keep in Touch' 4ème. (Okpo et al.,2009)

En définitive, L'APC est bâtit autour du développement de compétences à travers des situations. Ces deux aspects clés de cette l'approche vont déterminer la démarche curriculaire à adopter par les décideurs. Autrement dit, il faudra choisir entre une entrée par les compétences ou une entrée par les situations.

IV.2.1. L'entrée par les compétences

Elle consiste d'abord construire des devis de compétences qu'on utilise ensuite pour identifier et organiser les « contenus » des programmes d'études. Ces « contenus » correspondent essentiellement aux ressources cognitives, conatives, affectives et corporelles que les compétences sont susceptibles de mobiliser lors de leur exercice (Masciotra, 2013). La compétence est alors un contenant, qui sert d'organisateur des contenus du curriculum. Elle est divisible en composantes hiérarchisées. Elle est par exemple, décomposée en capacités qui sont décomposées en habiletés finalement découpées en connaissances (Masciotra, 2006). Cette organisation se fait sur la base d'un profil de sortie exprimé à l'aide d'un objectif terminal d'intégration (OTI) qui intègre les compétences. Après la délimitation des compétences, on peut alors décrire l'ensemble des savoirs, des savoir-faire, et des savoir-être à utiliser pour réaliser une tâche complexe liée à une compétence, et de proposer des situations d'évaluation. (MILED, 2005).

Profil de sortie	Décomposition de la compétence			Critères d'évaluation			
	Compétence	Capacité	Habileté				
résoudre en interagissant, une situation problème de communication orale qui implique la construction de phrases simples à partir de structures clés de la langue.	Communiquer oralement en anglais	Interagir dans une situation de communication	Manifester une capacité d'écoute…	Pertinence de la réception	Qualité du résumé oral	Production d'énoncés cohérents	Choix judicieux du registre
			Manifester un esprit de synthèse				
	Savoir faire / Savoir faire / Savoir être	-Utiliser un langage correct	Construire des phrases courtes				
			Employer des connecteurs logiques appropries				
			Adapter le registre a la situation de communication				

Figure 3 : un aperçu du curriculum de Formation Par les Compétences 6ème/5ème. Domaine des langues (Anglais) (MEN-CO, 2006)

A partir de la figure 3, on note donc que sur la base du profil de sortie, se développent la compétence qui se décompose à son tour en capacités et en habiletés. Les critères d'évaluation balisent pour finir les conditions de maitrise de la compétence. On retrouve ici une démarche d'organisation assez proche de celle d'un programme par objectifs ou la finalité relève plus du produit que du processus.

IV.2.2. L'entrée par les situations

Quant au mode d'entrée par les situations, il prend appui sur le postulat selon lequel une compétence se développe en situation, définie comme l'ensemble des circonstances dans lesquelles se trouve une personne (Masciotra, 2007) et qui sont susceptibles de l'emmener à construire des connaissances (Faerber). Elle est également «*le résultat du traitement achevé d'une situation ...dans un contexte déterminé.* » (Jonnaert et al. 2004). Ainsi, une entrée par les situations dans les programmes suggère un ensemble d'ingrédients qu'un enseignant peut mettre en scène dans des situations pour que ses élèves y développent des compétences. Ces compétences apparaissent à travers les traitements que les élèves mettent en place pour gérer efficacement les différents défis que leur posent ces situations (Jonaert, 2010 : 26)

Rousseau (1772-1778) laissait déjà supposer que pour que l'enfant apprenne il doit être confronté à des situations, non pas nécessairement déjà connues, mais inédites et qui l'emmène à rechercher, à analyser, à comparer, à utiliser ce qu'il a appris (ce qu'il sait déjà ou vient d'apprendre) et à confronter le tout à une la situation-problème pour aboutir à une solution originale. L'idée de la situation d'apprentissage était par ailleurs déjà partagée par Dewey (1959-1952) qui soutenait dès 1902 que toute l'activité se déroule dans un milieu, une situation, et en référence à ses conditions. De ce fait, l'apprentissage des aspects contextuels d'une activité en situation d'apprentissage, peut être plus important que l'acquisition du contenu de la leçon elle-même Selon Allal (2001: 407). Autrement dit, les situations sont productrices de connaissances par le biais de l'activité qu'elles induisent. Aussi, lorsque le développement de compétences devient une des finalités d'un système éducatif, les situations doivent être placées au cœur des programmes (Jonnaert, 2010). Dans ce cas, il s'agit plutôt de mettre l'accent sur les situations, les actions et les ressources utiles à leur traitement compétent. Cela implique de proposer des ensembles de situations et les ingrédients utiles et nécessaires pour les traiter avec succès car, la compétence se développe dans l'action et en situation repose sur le choix, la mobilisation et l'organisation de ressources diverses et sur les actions pertinentes qu'elles permettent pour un traitement réussi d'une situation (Jonnaert, 2007).

La construction d'un programme scolaire selon la logique situationnelle consiste donc d'abord à établir une banque de situations pertinentes pour la construction des connaissances et le développement des compétences. Ces situations sont par la suite structurées en classes de situations auxquelles sont attribuées des activités pouvant y être menées. On prend également soins de répertorier les ressources primordiales et utiles au développement des compétences en situation (Jonnaert, 2006). Comme l'indique la figure 4, une matrice du traitement compétent des situations (MTCS) se construit à partir d'un cadre situationnel avec des familles de situations et des exemples de situations, d'un cadre d'action avec des catégories d'actions et des exemples d'actions, d'un cadre de ressources et d'un cadre d'évaluation avec ce qui est attendu de l'élève face aux situations.

Cadre situationnel		Cadre d'action		Cadre de ressources			Cadre d'évaluation	
Familles de situations	**Exemple de situations**	**Catégories d'actions**	**Exemple d'actions**	**Savoirs**	**Attitudes**	**Autres ressources**	**Attentes**	**critères**
Ensemble de situations qui partagent une propriété commune	Ensemble de circonstances dans lesquelles une personne se trouve dans un contexte et a un moment déterminé.	Ensemble d'actions qui permettent le traitement des situations de la famille.	Actions représentatives de la catégorie.	Notions, techniques, méthodes ou stratégies nécessaires pour agir dans les situations de la famille.	Dispositions personnelles nécessaires pour agir avec pertinence sur les situations	Ressources sociales, matérielles ou autres utiles aux actions.	Précisions du traitement attendu des situations de la famille.	Eléments de référence quant à la qualité du traitement compétent de la situation de la famille.

Figure4 : Extrait de la matrice du traitement compétent des situations (MTCS) (Joannaert, 2010)

La situation est alors un instrument d'action pédagogique qui permet d'une part a l'enseignant de situer l'apprentissage dans un contexte et d'autre part, à l'apprenant(e) de donner un sens à sa démarche de construction de ses connaissances et de développer ses compétences. Il existe différents types de situations utilisables par l'enseignant en fonction de leurs finalités. Il s'agit de la situation d'apprentissage, la situation d'application, la situation problème, et la situation d'évaluation qui constitue un aspect essentiel de l'évaluation des compétences.

IV.2.3. L'évaluation des compétences

En raison du caractère intégratif des compétences, leur évaluation se fonde sur l'articulation par l'apprenant des différentes ressources mobilisées plutôt que de la stricte somme « arithmétique » de celles-ci, on ne peut préjuger de leur mobilisation pertinente par une personne que par rapport à une situation (Roegier, 2001) qui l' engagent activement dans la prospection, les choix éclairés, la prise de risques, la coopération avec les autres, et le transfert des connaissances ou des compétences acquises à de nouveaux contextes. C'est donc en situation de résolution de problème que peuvent être valablement inférées les compétences (Tardif 1999 ; Scallon, 2004).

La situation problème place l'apprenant dans une attitude de découverte et d'intégration de nouvelles connaissances (De Vecchi, 2007). De la sorte, l'activité qu'il déploie est tout aussi éducative que l'acquisition de la réponse au problème (Dugal, 1992). Une situation - problème comporte selon (De Ketele, 2013), deux composantes essentielles :

- la contextualisation, c'est-à-dire qu'elle correspond à une situation réelle
- une tâche complexe qui nécessite le recours à tout un processus, à un ensemble de savoirs et de savoir-faire, à une série d'activités et ou de manipulations.

L'évaluation, tout comme les activités, doivent alors être authentiques. Demander par exemple aux apprenants d'une classe de langue de décrire un problème de santé serait plus judicieux que de leur demander de dessiner un poster ou un tableau du corps humain avec les systèmes nerveux et digestifs. Dans la vie quotidienne on demanderait plutôt aux personnes de décrire la douleur, de dire où elle se situe. Bien évidemment, la connaissance de la langue (par exemple, les parties du corps humain ou le présent simple) est nécessaire pour parfaire la compétence spécifique qui est d'expliquer un problème de santé à un médecin, mais l'évaluation portera plutôt sur la capacité à utiliser ces connaissances en contexte (Griffith et Lim,2014).

Au total, d'après Wiggins (1990), pour être authentique et viser la compétence, l'évaluation doit se caractériser entre autres, par :

1. une tâche et une situation d'évaluation réalistes.
2. un contexte d'évaluation qui reproduit ce que l'apprenant pourrait rencontrer dans la réalité.
3. un apprenant qui effectue lui-même les tâches amenant à la résolution du problème.
4. le jugement et à la créativité de l'apprenant.

5. l'utilisation efficace par l'apprenant de ses connaissances et de ses habiletés pour résoudre des problèmes.

6. les ressources nécessaires et la (e)rétroaction de l'enseignant.

La participation active de l'apprenant est en conséquence une des caractéristiques essentielles de l'évaluation des compétences. Par exemple, enseignants et apprenants négocient les devoirs à effectuer et s'accordent sur les procédures par lesquelles ils doivent les effectuer. On encourage les apprenants à décrire et à évaluer le processus que l'activité implique, et à réfléchir sur l'efficacité des stratégies d'apprentissage ou d'«action» adoptées, puis à examiner leur impact sur eux.

L'évaluation couvre donc non seulement les aspects cognitifs de l'apprentissage, mais invite également les apprenants à exprimer ce qu'ils pensent de ce qu'ils ont fait. À la suite de la réflexion sur leurs expériences d'apprentissage, ils sont censés apprendre comment exécuter au mieux leurs tâches d'apprentissage; autrement dit, ils savent apprendre.

IV.3. l'AC ET l'APC : Convergences et divergences

L'Approche communicative (AC) adopte au plan des curricula, de nombreux aspects de la PPO, principalement sa propension à la " fragmentation " ou au découpage de l'objet d'apprentissage en des tâches intermédiaires qui visent la maitrise d'habiletés ou de savoir-faire qui favorisent la répétition et la réplication mais dont la réussite par l'apprenant ne témoigne aucunement de sa capacité à réaliser la globalité de la tâche : « le *tout est* plus que *la somme des parties* » disent les Gestaltistes. Par ailleurs, la tâche de l'enseignant a été réduite à apporter certains changements pré-spécifiés chez les élèves à travers des exercices pratiques prédéterminés, d'une façon stéréotypée et organisés et plus souvent pensés par les concepteurs de manuels.

L'AC partage cependant avec L'APC les principes de la pédagogie active et une vision fonctionnelle et interactionnelle de l'apprentissage de la langue qui repose sur l'utilisation des règles grammaticales et du vocabulaire pour exprimer des notions et des fonctions utilisées comme un outil de communication en vue construire et de maintenir les relations sociales entre les personnes dans tout contexte de communication. Ainsi, APC et AC soutiennent que l'apprentissage doit se faire sur la base de la réalité quotidienne et que l'apprenant doit être placés dans des situations qui lui permettre de remplir des rôles sociaux en usant des compétences linguistiques appropriées et déterminés par le contexte. Toutefois, on reproche à l'Approche Communicative de supposer qu'il y a une identité totale entres les besoins de communications des apprenants de la langue étrangère et les pratiques langagières quotidiennes des locuteurs natifs, alors que ce dont souffrent le plus les premiers cités, c'est d'un manque de stratégies pour résoudre des problèmes de communication en toute situation. Aussi, le savoir-faire telle que prôné par l'AC apparait plus restrictif que la compétence 'prêchée' par l'APC qui fait appel à la mobilisation par l'apprenant lui-même de ressources diverses qui ne lui sont pas nécessairement données. Il ne s'agit pas d'appliquer ni même d'utiliser de façon routinière des savoirs et savoir-faire qui viennent d'être appris. Il s'agit plutôt de traiter des situations qui en appellent à des compétences. Celles-ci devraient permettre à l'apprenant d'aller au delà des savoir faire sans être sanctionné pour n'avoir pas su répliquer un modèle. Bien au contraire. La créativité est encouragée. Elle est souhaitée.

Finalement, avec l'Approche Par les Compétences, les objectifs d'enseignement ne font donc plus référence à de contenus à transférer mais plutôt d'une capacité d'action à atteindre par l'apprenant. Autrement dit, les objectifs sont relatifs au traitement réussi de situations. Ce traitement est dit réussi appelle une réponse individuelle ou collective viable. Toutefois, les compétences n'apparaissent pas *ex nihilo*, elles présupposent des connaissances (savoir, savoir-faire, savoir être) et une capacité à les mobiliser de façon efficiente. Dans ce sens, L'APC nous ramène à la maitrise de savoir-faire disciplinaires et transversaux telle que prônée par la PPO, de certaines habiletés comportementales observables.

CONCLUSION

Pour comprendre ce qui distingue fondamentalement la PPO et l'APC et pour situer l'AC par rapport à ces deux approches, il est essentiel de rappeler que la Pédagogie Par les Objectifs (PPO) et l'APC sont fondamentalement née des conceptions tayloristes et comportementales. Cependant, au niveau de leurs philosophies éducationnelles alors que la PPO s'inspire des valeurs reconstructionnistes, l'APC s'allie aux principes progressistes dans lesquels on peut également inscrire le constructivisme et le socioconstructivisme. Par ailleurs, l'APC tire profit de la rigueur dans les dispositifs pédagogiques prônée par la PPO. Ce qui facilite sa démarche globale de planification pédagogique et renforce la cohérence interne des programmes d'enseignement par les compétences. En outre, l'APC, ne conteste pas dans les faits, l'idée d'objectifs mais les définis plutôt en termes de situation à traiter pour développer des compétences (ou inversement), et non pas en termes de contenus disciplinaire découpés en petite unités. Cela nous permet de situer l'approche communicative qui, bien qu'ayant de nombreux points en commun avec l'APC demeure une approche foncièrement tournées vers les objectifs et les habiletés, décomposables, mesurables et observables. Elle se différencie ainsi fondamentalement de l'APC qui favorise l'acquisition de macro habiletés ou compétences, dont l'utilisation ne manifeste que par le biais de situations.

Pour finir, cet article n'a pas la prétention d'avoir clarifié entièrement les points potentiels d'amalgame entre ces approches qui bien souvent aboutissent à des résistances chez les enseignants. Il aura cependant essayé d'ouvrir une lucarne qui permettra peut-être d'amorcer chez certains une démarche de compréhension plus fouillée de la PPO et de l'APC.

RÉFÉRENCES BIBLIOGRAPHIQUES

BARBIER, R. L'approche transversale. L'écoute sensible en sciences humaines, Athropos 1997, Paris.

BODDY, N. & LANGHAM, C. *Communicative language testing: an attainable goal? (*2000). URL. http:// www.tsukuba-g.ac.jp/ library/ kiyou/2000/5.LANGHAM.pdf Accédé le 2 Décembre 2009.

BOUTIN, G. & JULIEN, L., L'obsession des compétences. Son impact sur l'école et la formation des enseignants. Editions Nouvelles., 2000, Montréal.

BOUTIN, G., *Le Béhaviorisme et le Constructivisme ou la guerre des paradigmes*, 2003. **URL: http:**//id.erudit.org/iderudit/56026 Accédé le 29 juin 2006.

BROWN, H. D. *Language assessment: Principles and classroom Practices.* Longman, 2003, White Plains, New York

BROWN, J. D. *Testing in language program.* McGraw-Hill, 2005, New York.

BRUNER J.S. Toward a Theory of Instruction, Cambridge, Mass.: Belkapp Press. 1966, New York.

CANALE, M.; SWAIN, M. *"Theoretical bases of communicative approaches to second language teaching and testing" (PDF). Applied Linguistics 1(2), 1980. pp 1–47. Accédé le 09 Mars, 2016.*

CHAIRE UNESCO DE DÉVELOPPEMENT CURRICULAIRE - Université du Québec à Montréal, Cahier 5, 1010. Matrice Du traitement compétent d'une situation, Cahiers de_la CUDC 10105, numéro thématique En ligne http// : cudcuqamcauploadfiles7matricepdf#pf1a Consulté le 24 Mai, 2016.

CLARCK, J.L *Curriculum Renewal in Foreign Language Learning.* OUP, 1987, London.

CRAHAY Marcel « Dangers, incertitudes et incomplétude de la logique de la compétence en éducation ». in Revue française de pédagogie, n° 154 (154), · Septembre 2006, pp.97-110.

CRIPWELL K. , J.KEANE, J.TAYLOR, J.ALAMOU, J. DAGO, A.GUEYE ET L.KOFFI Go for English, Mac Millan, Edicef, 1992, Londres, Abidjan.

CUQ , J-P (2003) Dictionnaire de didactique du français langue étrangère et seconde in J-P 2003(Dir.), Asdifle, Clé international, Paris.

DE KETELE J.-M. L'Évaluation de la formation : l'évaluation de tâches complexes. Actes du Colloque de l'AFIRSE, 1er février 2013, Lisbonne.

DE VECCHI, Gérard *Un projet pour enseigner par situations-problèmes*.2007, Delagrave, Paris.

HYMES, D. H.Vers la compétence de communication («On Communicative Compétence»,1972), trad. France Mugler, 1991 Hatier/Didier, Paris.

KIM LIEN, Do. L'exploration du dialogue de Bohm comme approche d'apprentissage: une recherche collaborative. Thèse de doctorat. Université de laval, 2003. Québec.

DUGAL, J.P., *Dicodidac*, CRDP, 1992 Limoges.

GAGE, N. L. & WINNE, P. H. Performance-based teacher education. Dans Ryan, K. (Ed.), *Teacher education. The 74th Yearbook of the NSSE, Part II*. Chicago, IL : University of Chicago Press, 1975, Chicago.

GLASERFELD, Von E. « Pourquoi le constructivisme doit-il être radical ». *Revue des sciences de l'éducation*, vol 20, N°1, 1994, pp.21-28.

GRIFFITH ET LIM 'Introduction to Competency-Based Language Teaching' In Mextesol, journal. **Special issue:** *Competency-Based Education in Mexico* Vol. 38 No. 2, 2014. http://www.mextesol.net/journal/index.php?page=journal&id_article=519 retrieved 10/06/16.

HAMILTON, P. *Competency-based teacher education*. Menlo, CA : Stanford Research and Statistics, 1973, USA.

HARRISON, A. Communicative testing: jam tomorrow? In A. Hughes and D. Porter (eds.). *Current Developments in Language Testing*. London: Academic Press Inc., 1983, London.

HOUSTON, R. W. Competency based education. Dans Houston, R. W. (Ed.), *Exploring competency based education* Berkeley, CA: McCutchan, 1974, pp. 3-15.

HOWATT A.P.R. A History of Language Teaching. Oxford University Press, 1984, Oxford.

IRELAND, G. Are communicative language classes being tested communicatively? *Bunkyo Institute University Foreign Language Section*, 1, 2000, pp.31-48.

JONNAERT, Ph. Approche par situations – Matrice du traitement compétent d'une situation. Cahiers de la CUDC, (1010)5, in Jonnaert, Ph. (Dir.);. numéro thématique, 2010 https://www.researchgate.net/publication/264971440. Consulte le 24 May 2016.

JONNAERT, PH. S. BOUFRAHI, J.BERRETTE,ET D. MASCIOTRA *«Contribution critique aux programmes de d'étude : compétences, constructivisme et interdisciplinarité», Revue des sciences de l'éducation, 30, (3), 2005, p.667-696.*

KITAO, K. & KITAO, K. Testing grammar. The Internet TESL Journal, 2(6), 1996.

LE BOTERF, Guy, Construire les compétences individuelles et collectives. Editions d'organisations, 2000, Paris,

LINDA Allal. Situated cognition and learning: From conceptual frameworks to classroom Investigations' in Revue Suisse des sciences de l'éducation 23 (3) 2001, p.407.

MASCIOTRA. Un curriculum par compétences en formation des adultes : l'entrée par les situations, 2005. URL: https://www.academia.edu/2966472/Un_curriculum_par_comp%C3%A9tences_en_formation_des_adultes_l_entr%C3%A9e_par_les_situations. Consulte le 01, juin, 2016.

MEIRIEU, PH., DEVELAY, M., DURAND, C. ET MARIANI, Y. (dir.) *Le concept de transfert de connaissance en formation initiale et continue*, CRDP, 1996, Lyon.

MILED. Un cadre conceptuel pour l'élaboration d'un curriculum selon l'approche par les compétences, *La refonte de la pédagogie en Algérie – Défis et enjeux d'une société en mutation*, Alger : UNESCO-ONPS, 2005, pp. 125-136.

NASH, R. J. & AGNE, R. M. Competency in teacher education: A prop for the status quo? *The Journal of Teacher Education,* 22(2), 1971 1, pp.47-156.

Nnang E L. Approche Par Compétences Dans les pays en développement effet de reformes curriculaires en Afrique subsaharienne. Thèse soutenue à l'Université de Bourgogne, 2013 . *https://halshs.archives-ouvertes.fr/tel-01103705/. Consultée le 29/05/2016.*

NUNAN, D. *Second language teaching and learning.* Thomson Heinle, 1999, Boston

NUNAN, D. *Introduction to task-based teaching.* Cengage Learning, 2009, Singapore.

OKPKO, D. A.KITAN,K.APPIAH, N.KANGA, A.KOGDJOHON, K.POKOU (2009), Let's Keep in Touch, Edicef/Hodder, Abidjan.

PERRENOUD, P. *Construire des compétences dès l'école*. ESF, 1997, Paris,

Perrenoud, Ph. Transférer ou mobiliser ses connaissances ? D'une métaphore l'autre : implications sociologiques et pédagogiques, 1999. http://www.unige.ch/fapse/SSE/teachers/perrenoud/php_main/php_1999/1999_28.rtf, Consulté le 16/16/ 2016.

PERRENOUD, Ph., *Construire des compétences dès l'école*. ESF, 1997, Paris,

PHAN, S. Communicative language testing. *TESL Working Paper Series*, 6(2), 2008, pp.1-10.

ROEGIERS *X*. Une pédagogie de l'intégration : compétences et intégration des acquis dans l'enseignement (2ème éd.). De Boeck, 2001, Bruxelles.

ROEGIERS, X. *Une pédagogie de l'intégration*. De Boeck, 2000, Bruxelles.

SCALLON G. *L'évaluation des apprentissages dans une approche par compétence. Québec :* Éditions du Renouveau pédagogique, 2004.

SMITH, J., & PATTERSON, F. Positively Bilingual: Classroom Strategies to Promote the Achievement of Bilingual Learners. Nottingham: Nottingham Education Authority, 1998.

SPADY, W. G. (1977). Competency-based education: A bandwagon in search of a definition. *Educational Researcher,* 6(1), 9-14.

TARDIF, *Le transfert des apprentissages. Les Editions Logiques, 1999, Montréa.*

TARDIF, J. « Chapitre 1 : Le concept de compétence », *L'évaluation des compétences,* Chenelière Éducation, 2006, Montréal, p.15-35.

VYGOTSKY, Mind in Society. The Development of Higher Psychological Processes, Harvard University Press, 1978, MA,Cambridge.

WEIR, C.J. Communicative language testing. Prentice Hall, 1990, London.

WIGGINS G. P. *The case for authentic Assessment*. ERIC Digest [archive], 1990, http://ericae.net/db/edo/ED328611.htm. Accessed. 04/07/16.

WOODRUFFE, C. What is meant by a competency? Dans Boam, R. & Sparrow, P. (Eds.), *Designing and achieving competency*, 1992, McGraw-Hill. London, pp. 16-30.

Côte d'Ivoire
aux éditions L'Harmattan

Dernières parutions

LE FORFAIT SANITAIRE AU SECOURS DE LA COUVERTURE MALADIE UNIVERSELLE EN CÔTE D'IVOIRE
Robé Donatien
Avec la contribution de Serge Blafond - Préface de René Hokou Légré
Ce livre traite de l'accès des Ivoiriens aux soins de santé. Il fait un inventaire de toutes les politiques de santé initiées en Côte d'Ivoire depuis l'indépendance en 1960 à ce jour, notamment le projet de couverture maladie universelle (CMU) en voie de mise en œuvre depuis l'accession au pouvoir d'Alassane Ouattara. L'auteur, critique vis-à-vis de ce projet, met en exergue ses failles techniques dans le mode de financement, la gestion du risque maladie et la maîtrise des dépenses, non sans pointer du doigt ses insuffisances sur le plan de l'équité, de l'égalité face à la maladie et de la solidarité nationale.
(Coll. Points de vue, 12.50 euros, 116 p.)
ISBN : 978-2-343-09723-7, ISBN EBOOK : 978-2-14-001515-1

LA CÔTE D'IVOIRE ET SES ÉTRANGERS
Viti Fabio
Cet ouvrage travaille sur la question de la présence et du rôle des étrangers en Côte d'Ivoire. Le discours public autour de cette question y est analysé, ce qui permet de dégager une typologie de l'État et de la société ivoirienne. Véritable «société de sociétés», où différents rapports aux figures plurielles d'étrangers coexistent, la Côte d'Ivoire nous est présentée sous un jour différent. Un ouvrage collectif qui affine et complexifie le regard.
(Coll. Études africaines, 28.00 euros, 278 p., Illustré en noir et blanc)
ISBN : 978-2-343-08366-7, ISBN EBOOK : 978-2-14-001437-6

LES MIGRANTS ENVIRONNEMENTAUX EN CÔTE D'IVOIRE
Quels droits, quelles protections ?
Gallon Kémonthé Marius-Jonas
Après un examen des instruments et mécanismes internationaux et régionaux, des politiques gouvernementales et des données factuelles recueillies sur le terrain, l'auteur propose une esquisse de solutions efficaces et durables pour une meilleure garantie des droits des migrants environnementaux.
(Coll. Afrique : politiques publiques, sécurité, défense, 18.50 euros, 178 p.)
ISBN : 978-2-343-09149-5, ISBN EBOOK : 978-2-14-001409-3

LA MODERNISATION DE L'ADMINISTRATION PUBLIQUE EN CÔTE D'IVOIRE
Politiques de réforme de la fonction publique (1957-2015)
Yao Wozanhou Benjamin - Préface de Dominique Bangoura
Cet ouvrage est une contribution au débat sur la modernisation de l'État en Afrique. L'auteur se demande si les réformes administratives menées en Côte d'Ivoire depuis près de six décennies y

ont contribué. Ce livre consiste à identifier les principes et les conditions de toute administration moderne et à relever les limites des réformes entreprises en Côte d'Ivoire.
(Coll. Afrique : politiques publiques, sécurité, défense, 18.00 euros, 174 p.)
ISBN : 978-2-343-09148-8, ISBN EBOOK : 978-2-14-001400-0

L'ALCOOL EN CÔTE D'IVOIRE
Histoire, usage et signification
Brou Konan Denis - Préface du Professeur Opadou Koudou
Avec l'indépendance de la Côte d'Ivoire en 1960, l'alcoolo-dépendance qui a pris naissance en 1946 semble gagner toutes les strates sociales. L'on assiste résolument à un alcoolisme de type moderne, occidental, dont les avatars se font de plus en plus sentir sur les rapports sociaux. Pour en atténuer l'acuité, l'auteur pense que l'on doit désormais considérer l'alcoolo-dépendance comme un problème de santé publique ; introduire l'enseignement de l'alcoologie à l'école ; instituer de façon formelle l'injonction thérapeutique ; veiller à la répartition équitable des richesses du pays.
(Harmattan Côte-d'Ivoire, 21.50 euros, 212 p.)
ISBN : 978-2-343-09700-8, ISBN EBOOK : 978-2-14-001583-0

LES PRIX DE TRANSFERT DANS L'INDUSTRIE DES MATIÈRES PREMIÈRES STRATÉGIQUES EN CÔTE D'IVOIRE
Aspects juridiques, fiscaux et économiques
Kouame Noel-Faustin - Postface de Abdourahmane Cissé
A partir de l'exemple du café et du cacao, secteur dans lequel la Côte d'Ivoire est leader mondial en termes d'exportations, ce livre vise à démontrer que l'arsenal fiscal ivoirien qui a fait florès hier semble devenu aujourd'hui obsolète, dépassé et incapable de répondre aux défis d'une économie désormais globalisée. L'analyse purement juridique des problématiques d'évaluation des échanges intragroupes devrait nécessairement céder le pas à une analyse économique du droit, moins dogmatique et plus pragmatique.
(39.00 euros, 422 p.)
ISBN : 978-2-343-07482-5, ISBN EBOOK : 978-2-14-001386-7

ANALYSES EN GRAMMAIRE FRANÇAISE
Pour une approche rénovée dans l'enseignement en Afrique
Adopo Achi Aimé - Préface de François Adopo Assi
L'auteur rappelle quelques méthodes et principes d'analyse en grammaire pour expliquer certaines vérités grammaticales et montre ainsi comment s'approprier ces méthodes et ces principes d'analyse pour identifier correctement les mots, groupes de mots et propositions, ainsi que leurs fonctions dans la phrase. Il remet par ailleurs en question certaines analyses grammaticales traditionnelles devenues des «vérités éternelles» et fait des propositions novatrices.
(Harmattan Côte-d'Ivoire, 22.50 euros, 218 p.)
ISBN : 978-2-343-07813-7, ISBN EBOOK : 978-2-14-001517-5

POLITIQUE OU GUERRE DES ESPRITS EN CÔTE D'IVOIRE
Gueu Denis
La dynamique politique et démocratique en Afrique noire, et en Côte d'Ivoire en particulier, se manifeste dans la passion, avec pour décor la violence, le fétichisme, la sorcellerie. Il s'agit d'un combat non démocratique caractérisé par la négation de l'adversaire par tous les moyens occultes. Cet ouvrage interpelle la conscience collective ivoirienne, en vue d'adhérer à une démocratie constructive avec des projets crédibles sans hypocrisie, en vue d'une cohésion sociale durable.
(Coll. Harmattan Côte-d'Ivoire, 11.00 euros, 72 p.)
ISBN : 978-2-343-07173-2, ISBN EBOOK : 978-2-336-39409-1

SI LA CÔTE D'IVOIRE RENONÇAIT AU MODÈLE DÉMOCRATIQUE FRANÇAIS
Zra-Bi Claude
Un refrain parcourt cette œuvre : renonçons en Côte d'Ivoire à la démocratie républicaine française. Que chaque groupe ethnique (ou région) choisisse son représentant. Et tous les représentants choisissent parmi eux un président pour un mandat de 5 ou 7 ans, non renouvelable

mais tournant. Et les représentants de chaque région siégeront comme des vice-présidents, attendant, chacun, son tour de gouverner. Cette politique préserve l'identité des ethnies évitant ainsi l'immixtion de prédateurs politiques ou économiques dans le débat politique interne. Utilisons ce modèle et non la République qui met au rebut le camp adverse.
(Coll. Harmattan Côte-d'Ivoire, 12.50 euros, 98 p.)
ISBN : 978-2-343-07793-2, ISBN EBOOK : 978-2-336-39706-1

CÔTE D'IVOIRE, ALASSANE OUATTARA ET LES DROITS DE L'HOMME
Diaby Moustapha Ben Ismaïla - Préface de Diaby Moussa Abdoul Kader
Les droits de l'Homme en Côte d'Ivoire et l'action d'Alassane Ouattara dans ce domaine constituent une question cruciale. Quelle orientation voudrait-on donner aux droits de l'Homme en Côte d'Ivoire aujourd'hui ? La construction d'un État démocratique devra être fondée sur la promotion des droits de l'Homme, cela à travers la recherche des objectifs de développement, qui ne vont pas sans le respect des droits fondamentaux de l'homme. Ce livre essaie d'analyser les avancées constatées dans la construction d'un espace démocratique et d'exercice des droits de l'Homme en Côte d'Ivoire.
(Coll. Harmattan Côte-d'Ivoire, 18.00 euros, 170 p.)
ISBN : 978-2-343-07044-5, ISBN EBOOK : 978-2-336-39443-5

IDÉOLOGIE, CONSCIENCE ET COMBAT POLITIQUE EN AFRIQUE
Koné Katinan Justin - Préface de Lazare Koffi Koffi
Faisant suite à son premier ouvrage *Côte d'Ivoire, L'audace de la rupture*, Justin Koné Katinan montre qu'il est un citoyen libre et qu'il a pleine conscience de l'histoire. Il s'inscrit à la suite des devanciers de la lutte, particulièrement du président Gbagbo, victime du néocolonialisme. Il appelle à un sursaut nationaliste et panafricaniste.
(Coll. Afrique liberté, 26.00 euros, 262 p.)
ISBN : 978-2-343-07691-1, ISBN EBOOK : 978-2-336-39507-4

CÔTE D'IVOIRE
Du chaos à la renaissance – Derniers assauts contre la souveraineté
Kouame Bibli Robert-Jonas - Préface de Lazare Koffi Koffi
En Côte d'Ivoire, s'oppose depuis des années les nostalgiques de la soumission à l'Occident et à la France et les défenseurs de la refondation du pouvoir et du combat pour les libertés. Entre les deux positions, le fossé reste abyssal. Mais, malgré les fractures, bouleversements et atteintes au respect de l'humanité, l'auteur reste optimiste quant à la restauration d'une République de Côte d' Ivoire, démocratique et jalouse de sa souveraineté.
(Coll. Afrique liberté, 25.00 euros, 248 p.)
ISBN : 978-2-343-07692-8, ISBN EBOOK : 978-2-336-39506-7

RÉFLEXIONS SUR LA CÔTE D'IVOIRE
Yahot Christophe - Préface de Gisèle Dutheuil
Réfléchir sur la Côte d'Ivoire d'aujourd'hui nous permet de présenter un certain nombre de réalités et de pratiques qui interpellent à la fois les politiques, les décideurs et la société civile. Les sujets abordés, d'ordre politique, social, culturel, économique, spirituel sont une invitation adressée à tous les citoyens, acteurs directs ou indirects de la construction d'une société moderne articulée autour de certains principes et valeurs, notamment républicains.
(Coll. Harmattan Côte-d'Ivoire, 26.00 euros, 258 p.)
ISBN : 978-2-343-07897-7, ISBN EBOOK : 978-2-336-39692-7

ONE REPUBLIC, TWO PRESIDENTS
My cry of heart for Côté d'Ivoire
Dandi Lou Amanan Hélène – Préface Georges Alula
This book features the testimony of a humanitarian worker who witnessed the aftermaths of war : Dandi Lou saw danger coming and tried to thwart it from exploding in Côté d'Ivoire, preaching peace to all the politicial leaders of her country and those who claimed to be heirs of late President Houphouet-Boigny. Yet, it did not save the country from burning since these

leaders found nothing better than make fun of her. Called «the cry baby», she decided to write this book to yearn for peace and a renewed and united country, land of opportunities and welfare for all the Ivorian people.
(Coll. Harmattan Côte-d'Ivoire, 30.00 euros, 294 p.)
ISBN : 978-2-343-07732-1, ISBN EBOOK : 978-2-336-39618-7

LA CÔTE D'IVOIRE DE NOTRE RÊVE
Comment peut-elle éclore ?
N'Guettia Kouassi René
Cet ouvrage aide à mieux appréhender l'essentiel des vertus cultivées et enseignées par Félix Houphouët-Boigny, qui a fait de la recherche permanente de la paix et de l'unité nationale, la clé de voûte de sa politique de développement. Ce livre offre donc aux Ivoiriens, et particulièrement à la classe politique, une boîte à outils dans laquelle elle peut puiser des ressources pour consolider le pacte républicain ou le contrat pour le «vivre ensemble», et servir d'aiguillon à la pratique de la bonne gouvernance politique et économique.
(Coll. Études africaines, 17.50 euros, 160 p.)
ISBN : 978-2-343-06634-9, ISBN EBOOK : 978-2-336-39300-1

POURQUOI FAUT-IL LIBÉRER LAURENT GBAGBO ?
Pour une vraie réconciliation en Côte d'Ivoire
Kouamé Séraphin Sky
Pour l'auteur, le maintien de Laurent Gbagbo en prison à la Haye ne peut servir à rien d'autre qu'à raviver les tensions et à retarder la réconciliation entre les Ivoiriens. Que l'on soit du côté du pouvoir, de celui de l'opposition ou de la société civile, cette situation interpelle tout le monde. C'est pourquoi l'auteur invite tous les Ivoiriens, tous les partis politiques et surtout les présidents Bédié et Ouattara à s'impliquer activement dans cette cause. Dans l'intérêt supérieur de la Côte d'Ivoire.
(Harmattan Côte-d'Ivoire, 8.00 euros, 48 p.)
ISBN : 978-2-343-07424-5, ISBN EBOOK : 978-2-336-39307-0

LE CHEF DE L'ÉTAT QUI A PERDU LE NORD DE LA CÔTE D'IVOIRE
Cla Charles
Ce livre est le récit des faits marquants parfois pathétiques qui ont jalonné la vie publique en Côte d'Ivoire durant plus d'une décennie; et il répond à la question : «Qu'est-ce qui a pu réellement se passer pendant cette dernière décennie en Côte d'Ivoire, dans ce pays autrefois paisible, pour conduire à la guerre et son chef d'État devant la Cour pénale internationale ?
(Harmattan Côte-d'Ivoire, 16.50 euros, 148 p.)
ISBN : 978-2-343-07196-1, ISBN EBOOK : 978-2-336-39332-2

LE MORONOU, TERRE MÉCONNUE DE CÔTE D'IVOIRE
Géographie, Agriculture et Sociétés
Ekanza Simon-Pierre
Le Moronou est un grand méconnu sur le territoire ivoirien. L'ouvrage est consacré à l'aspect physique, à la société et à l'économie du Moronou ancien, cette période de son histoire antérieure à l'intrusion européenne. Outre la nature et la qualité exceptionnelles du sol, le climat subtropical et la végétation qui y prévalent, les facteurs humains tiennent, dans l'ouvrage, une large place. En dégageant les grandes orientations et les tendances économiques du Moronou, l'ouvrage souligne les habitudes et les structures permanentes de cette région.
(Coll. Études africaines, 20.50 euros, 192 p.)
ISBN : 978-2-343-05105-5, ISBN EBOOK : 978-2-336-39353-7

L'HARMATTAN ITALIA
Via Degli Artisti 15; 10124 Torino
harmattan.italia@gmail.com

L'HARMATTAN HONGRIE
Könyvesbolt ; Kossuth L. u. 14-16
1053 Budapest

L'HARMATTAN KINSHASA
185, avenue Nyangwe
Commune de Lingwala
Kinshasa, R.D. Congo
(00243) 998697603 ou (00243) 999229662

L'HARMATTAN CONGO
67, av. E. P. Lumumba
Bât. – Congo Pharmacie (Bib. Nat.)
BP2874 Brazzaville
harmattan.congo@yahoo.fr

L'HARMATTAN GUINÉE
Almamya Rue KA 028, en face
du restaurant Le Cèdre
OKB agency BP 3470 Conakry
(00224) 657 20 85 08 / 664 28 91 96
harmattanguinee@yahoo.fr

L'HARMATTAN MALI
Rue 73, Porte 536, Niamakoro,
Cité Unicef, Bamako
Tél. 00 (223) 20205724 / +(223) 76378082
poudiougopaul@yahoo.fr
pp.harmattan@gmail.com

L'HARMATTAN CAMEROUN
TSINGA/FECAFOOT
BP 11486 Yaoundé
699198028/675441949
harmattancam@yahoo.com

L'HARMATTAN CÔTE D'IVOIRE
Résidence Karl / cité des arts
Abidjan-Cocody 03 BP 1588 Abidjan 03
(00225) 05 77 87 31
etien_nda@yahoo.fr

L'HARMATTAN BURKINA
Penou Achille Some
Ouagadougou
(+226) 70 26 88 27

L'HARMATTAN SÉNÉGAL
10 VDN en face Mermoz, après le pont de Fann
BP 45034 Dakar Fann
33 825 98 58 / 33 860 9858
senharmattan@gmail.com / senlibraire@gmail.com
www.harmattansenegal.com

Achevé d'imprimer par Corlet Numérique - 14110 Condé-sur-Noireau
N° d'Imprimeur : 135833 - Dépôt légal : février 2017 - *Imprimé en France*

www.ingramcontent.com/pod-product-compliance
Lightning Source LLC
LaVergne TN
LVHW011018061026
849535LV00006B/1948

* 9 7 8 2 3 4 3 1 0 8 8 6 5 *